Strafgesetzbuch

für das Deutsche Reich

in der Fassung der Novelle vom 19. Juni 1912

nebst Einführungsgesetz und ergänzenden Gesetzen.

Textausgabe mit kurzen Anmerkungen und Sachregister.

Herausgegeben
von
Dr. Friedrich Doerr,
K. II. Staatsanwalt, Privatdozent an der Universität
München.

2. ergänzte Auflage.

1912.
München und Berlin.
J. Schweitzer Verlag (Arthur Sellier).

Druck: Dr. F. P. Datterer & Cie., München u. Freising.

Vorbemerkung.

Das „Strafgesetzbuch für das Deutsche Reich“ in der Fassung des Gesetzes vom 15. Mai 1871 — ursprünglich als Strafgesetzbuch für den Norddeutschen Bund vom 31. Mai 1870 gemäß dem Einführungsgesetz hierzu vom gleichen Tag am 1. Januar 1871 in Kraft getreten — hat seit seinem Bestehen zahlreiche Aenderungen durch folgende Gesetze erfahren:

1. Gesetz vom 10. Dezember 1871, wodurch § 130a (sog. Kanzelparagraph) eingeschaltet wurde;

2. Gesetz über den Markenschutz vom 30. November 1874, das den § 287, und

3. Gesetz, betr. die Beurkundung des Personenstandes 2c., vom 6. Februar 1875, das den § 337 beseitigte und durch andere Vorschriften ersetzte;

4. Gesetz vom 26. Februar 1876 (sog. Strafgesetznovelle), wodurch die §§ 4, 55, 64, 70 Nr. 2 und 3, 88, 95, 102, 103, 104, 113, 114, 117, 130a, 135, 140, 144, 145, 176, 177, 178, 183, 194, 200, 208, 223, 228, 232, 240, 241, 247, 263, 275 Nr. 2, 292, 296, 303, 319, 321, 360 Nr. 3, 4, 7 und 12, 361 Nr. 6, 363, 366 Nr. 3, 8, 9 und 10, 367 Nr. 5, 8 und 10, 369 und 370 eine neue Fassung erhielten und die §§ 49a (sog. Duchesneparagraph), 103a, 223a, 296a, 353a (sog. Arnimparagraph) und 366a und hinter die Nr. 8 des § 361 die Nr. 9 eingestellt wurden — unter gleichzeitiger Umwandlung der bisherigen Talerwährung in die Reichswährung;

5. Einführungsgesetz zur Konkursordnung vom 10. Februar 1877 § 3 Abs. 2 Nr. 3, wodurch die Vorschriften der §§ 281—283 aufgehoben und durch die jetzigen §§ 239 bis 244 KO. ersetzt wurden;

6. Gesetz, betr. den Wucher, vom 24. Mai 1880, wodurch hinter § 302 die §§ 302a—d eingeschoben und § 360 Nr. 12 geändert wurden;

7. Gesetz, betr. die unter Ausschluß der Oeffentlichkeit stattfindenden Gerichtsverhandlungen, vom 5. April 1888 Art. IV, wodurch dem § 184 folgender Absatz 2 hinzugefügt wurde:

„Gleiche Strafe trifft denjenigen, welcher aus Gerichtsverhandlungen, für welche wegen Gefährdung der Sittlichkeit die Oeffentlichkeit ausgeschlossen war, oder aus den diesen Verhandlungen zu Grunde liegenden amtlichen Schriftstücken öffentlich Mitteilungen macht, welche geeignet sind, Aergernis zu erregen."

8. Gesetz, betr. die Abänderung von Bestimmungen des Strafgesetzbuchs, vom 13. Mai 1891, wodurch die §§ 317, 318, 360 Nr. 4 geändert und § 276 Abs. 2, § 318a, § 364 Abs. 2 und § 367 Nr. 5a hinzugefügt wurden;

9. Gesetz, betr. die Abänderung des § 69 StGB., vom 26. März 1893;

10. Gesetz, betr. Ergänzung der Bestimmungen über den Wucher, vom 19. Juni 1893, durch dessen Art. I die §§ 302a und 302d StGB. geändert und § 302e und in § 367 die Nr. 16 eingestellt wurden;

11. Gesetz gegen den Verrat militärischer Geheimnisse vom 3. Juli 1893 (Spionagegesetz) § 11, wodurch die §§ 89, 90 geändert wurden;

12. Gesetz, betr. die Abänderung des Gesetzes über den Unterstützungswohnsitz und die Ergänzung des Strafgesetzbuchs, vom 12. März 1894, wodurch die Nr. 10 des § 361 geschaffen und der letzte Absatz des § 361 (durch Hinzufügung von „und 10") entsprechend geändert wurde;

13. Einführungsgesetz zum Bürgerlichen Gesetzbuch vom 18. August 1896 Art. 34, wodurch die §§ 34 Nr. 6, 55, 65, 171 Abs. 1 und 3, 195, 235, 237, 238 abgeändert und § 145a neu eingestellt wurden;

14. Gesetz, betr. die Abänderung des § 316 StGB., vom 27. Dezember 1899;

15. Gesetz, betr. Aenderungen und Ergänzungen des Strafgesetzbuchs, vom 25. Juni 1900 (sog. lex Heinze), wodurch §§ 180, 181, 184, 362 geändert und §§ 181a, 184a und 184b (früher § 184 Abs. 2) eingestellt wurden;

16. Gesetz, betr. die Bestrafung der Majestätsbeleidigung, vom 17. Februar 1908, das die §§ 95, 97, 99, 101 wesentlich einschränkt;

17. Maß- und Gewichtsordnung vom 30. Mai 1908, mit deren Inkrafttreten (1. April 1912 gem. KaiserlV. v. 24. Mai 1911, RGBl. S. 244) § 369 Abs. 1 Nr. 2 und Abs. 2 StGB. durch § 22 der Maß- und GewichtsO. ersetzt wird.

Der dem Reichstage seit 1909 vorgelegene Entwurf der sog. kleinen Strafgesetznovelle sollte noch vor der in Aussicht stehenden allgemeinen Strafrechtsreform die §§ 123, 136, 137, 186, 187 Abs. 2, 188 Abs. 1, 253, 288 Abs. 1, 360 Nr. 13, 370 Nr. 5 ändern und §§ 145b, 223a Abs. 2, 248a neu hinzufügen; er ist aber nicht zur Annahme gelangt.

18. Das Gesetz, betr. Aenderung des StGB., v. 19. Juni 1912 [in Kraft seit 5. Juli 1912] hat nunmehr die §§ 114 Abs. 2, 123, 136, 137, 235, 239 Abs. 1, 288 Abs. 1, 327 Abs. 1, 328 Abs. 1, 355, 369 Nr. 1, 370 Nr. 5 geändert u. §§ 223a Abs. 2, 248a, 264a neu eingestellt.

Inhalt.

III. Anhang:

Verzeichnis

der in den Anmerkungen zu den einzelnen §§ des StGB. und des EinfGes. abgedruckten strafrechtlichen Nebengesetze:

I.

Einführungsgesetz zum StGB.[1][2]

Vom 31. Mai 1870.

(BGBl. S. 195.)

Wir Wilhelm, von Gottes Gnaden König von Preußen rc. verordnen im Namen des Norddeutschen Bundes, nach erfolgter Zustimmung des Bundesrates und des Reichstages, was folgt:

Zeitpunkt des Inkrafttretens.

§ 1. Das Strafgesetzbuch für den Norddeutschen Bund tritt im ganzen Umfange des Bundesgebietes mit dem 1. Januar 1871 in Kraft.

Verhältnis zw. Reichs- u. Landesstrafrecht.

§ 2. Mit diesem Tage tritt das Bundes- und Landesstrafrecht, insoweit dasselbe Materien betrifft, welche

[1] Einführungs-Gesetz für Elsaß-Lothringen v. 30. Aug. 71, soweit noch gültig:

Art. I. Das anliegende Strafgesetzbuch für das Deutsche Reich tritt in Elsaß-Lothringen mit dem 1. Oktober 1871 in Kraft.

Die Bestimmungen dieses Gesetzbuches, in welchen von Bundesstaaten oder deren Beziehungen die Rede ist, finden auch auf Elsaß-Lothringen und dessen entsprechende Beziehungen Anwendung.

Art. II. Mit dem 1. Oktober 1871 treten alle Strafbestimmungen, insoweit sie Materien betreffen, welche Gegenstand des Strafgesetzbuchs für das Deutsche Reich sind, außer Kraft.

In Kraft bleiben die besonderen Vorschriften über die durch das Strafgesetzbuch nicht berührten Materien, namentlich über strafbare Verletzungen der Preßpolizei-, Post-, Steuer-, Zoll-, Fischerei-, Jagd-, Forst- und Feldpolizeigesetze, über Mißbrauch des Vereins- und Versammlungsrechts, über den Holz- (Forst-) Diebstahl und über Schulversäumnisse.

Art. III (stimmt mit § 3 obigen EG. überein).

Art. IV. Die in den §§ 81, 88, 90, 307, 311, 312, 315, 322, 323 und 324 des Strafgesetzbuchs für das Deutsche Reich mit

Gegenstand des Strafgesetzbuchs für den Norddeutschen Bund sind, außer Kraft.[3])

In Kraft bleiben die besonderen Vorschriften des Bundes- und Landesstrafrechts, namentlich über strafbare Verletzungen der Preßpolizei-,[4]) Post-, Steuer-, Zoll-, Fischerei-, Jagd-, Forst- und Feldpolizei-Gesetze,

---

lebenslänglichem Zuchthause bedrohten Verbrechen sind mit dem Tode zu bestrafen, wenn sie in einem Teile des Reichs, welcher in Kriegszustand erklärt ist, oder während eines gegen das Reich ausgebrochenen Krieges auf dem Kriegsschauplatze begangen werden.

Art. V. Vom 1. Oktober 1871 ab darf nur auf die im Strafgesetzbuche für das Deutsche Reich enthaltenen Strafarten erkannt werden.

Wenn in den Landesgesetzen Todesstrafe, travaux forcés, déportation oder réclusion angedroht sind, ist auf Zuchthaus, wenn détention angedroht ist, auf Festungshaft, wenn dégradation civique angedroht ist, auf Gefängnis mit oder ohne Aberkennung der bürgerlichen Ehrenrechte, wenn emprisonnement oder prison angedroht ist, auf Gefängnis, falls aber die angedrohte Strafe die Dauer von sechs Wochen nicht übersteigt, auf Haft zu erkennen.

Wenn in den Landesgesetzen anstatt der Gefängnis- oder Geldstrafe Forst- oder Gemeindearbeit angedroht oder nachgelassen ist, so behält es hierbei sein Bewenden.

Art. XI. Die in § 1 des Strafgesetzbuchs aufgestellte Einteilung der strafbaren Handlungen in Verbrechen, Vergehen, Uebertretungen greift auch Platz für diejenigen strafbaren Handlungen, auf welche andere Strafgesetze als das gegenwärtige Strafgesetzbuch anzuwenden sind. Ist die Strafe in diesen Gesetzen als eine willkürliche bezeichnet, so ist die Handlung eine Uebertretung.

Art. XII. (Abs. 1—3 sind durch die Zuständigkeits-Bestimmungen des GVG. ersetzt.)

Ob ein Verweis mündlich oder schriftlich zu erteilen, bleibt dem richterlichen Ermessen überlassen.

Art. XIV. Hinsichtlich der Bestrafung der Schulversäumnisse bleibt es bei dem bestehenden Verfahren.

[2]) Das Einführungsgesetz wurde nicht wie das StGB. für das Reich neu redigiert. S. aber § 2 Abs. 2 des Gesetzes, betr. die Verfassung des Deutschen Reichs, vom 16. April 1871 (RGBl. 1871 S. 63 ff.), wo es mit Bezug auf die in Art. 80 der Verfassung des Deutschen Bundes genannten Gesetze, darunter das Einführungsgesetz zum StGB., heißt: „Die dort bezeichneten Gesetze sind Reichsgesetze. Wo in denselben von dem Norddeutschen Bunde, dessen Verfassung, Gebiet, Mitgliedern oder Staaten, Indigenat, verfassungsmäßigen Organen, Angehörigen, Beamten, Flagge usw. die Rede ist, sind das Deutsche Reich und dessen entsprechende Beziehungen zu verstehen."

[3]) Vgl. RV. Art. 2, 4[13].

[4]) PreßG. v. 7. Mai 1874.

über Mißbrauch des Vereins- und Versammlungsrechts[5]) und über den Holz- (Forst-) Diebstahl.

Bis zum Erlasse eines Bundesgesetzes über den Konkurs[6]) bleiben ferner diejenigen Strafvorschriften in Kraft, welche rücksichtlich des Konkurses in Landesgesetzen enthalten sind, insoweit dieselben sich auf Handlungen beziehen, über welche das Strafgesetzbuch für den Norddeutschen Bund nichts bestimmt.

§ 3. Wenn in Landesgesetzen auf strafrechtliche Vorschriften, welche durch das Strafgesetzbuch für den Norddeutschen Bund außer Kraft gesetzt sind, verwiesen wird, so treten die entsprechenden Vorschriften des letzteren an die Stelle der ersteren.

Kriegsrecht.

§ 4.[7]) Bis zum Erlasse der in den Artikeln 61 und 68 der Verfassung des Norddeutschen Bundes vorbehaltenen Bundesgesetze[8]) sind die in den §§ 81, 88, 90, 307, 311, 312, 315, 322, 323 und 324 des Strafgesetzbuchs für den Norddeutschen Bund mit lebenslänglichem Zuchthaus bedrohten Verbrechen mit dem Tode zu bestrafen, wenn sie in einem Teile des Bundesgebietes, welchen der Bundesfeldherr in Kriegszustand (Art. 68 der Verfassung) erklärt hat, oder während eines gegen den Norddeutschen Bund ausgebrochenen Krieges auf dem Kriegsschauplatze begangen werden.

Landesrechtl. Strafdrohungen.

§ 5. In landesgesetzlichen Vorschriften über Materien, welche nicht Gegenstand des Strafgesetzbuchs für den Norddeutschen Bund sind, darf[9]) nur Gefängnis bis zu

[5]) § 2 Abs. 2 ist durch § 23 des Vereinsgesetzes v. 19. April 1908 (RGBl. 1908 S. 151) aufgehoben, soweit er sich auf die besonderen Vorschriften des Landesstrafrechts über Mißbrauch des Vereins- und Versammlungsrechts bezieht. Vgl. auch Ges., betr. das Vereinswesen, v. 11. Dez. 1899 (RGBl. S. 699).

[6]) Seit Einführung der Reichskonkursordnung v. 10. Febr. 1877 ist Abs. 3 gegenstandslos.

[7]) § 4 gilt in Bayern nicht (RG. v. 22. April 1871, BGBl. S. 89, § 7 Abs. 2). Vgl. MilStGB. v. 20. Juni 1872 §§ 9 f.

[8]) Zu Art. 61 II RV. s. RMilG. v. 2. Mai 1874. Das in Art. 68 RV. vorbehalt. Reichsges. steht dagegen noch aus.

[9]) scil. künftighin. Vgl. EG. §§ 2, 6.

zwei Jahren, Haft, Geldstrafe, Einziehung einzelner Gegenstände und die Entziehung öffentlicher Aemter angedroht werden.

Strafarten.

§ 6. Vom 1. Januar 1871 ab darf nur auf die im Strafgesetzbuche für den Norddeutschen Bund enthaltenen Strafarten erkannt werden.

Wenn in Landesgesetzen anstatt der Gefängnis- oder Geldstrafe Forst- oder Gemeinde-Arbeit angedroht oder nachgelassen ist, so behält es hierbei sein Bewenden.

Verjährung.

§ 7. Vom 1. Januar 1871 ab verjähren Zuwiderhandlungen gegen die Vorschriften über die Entrichtung der Branntweinsteuer, der Biersteuer und der Postgefälle in drei Jahren.

Landesrechtl. Uebergangsbestimmungen.

§ 8. Der Landesgesetzgebung bleibt vorbehalten, Uebergangsbestimmungen zu treffen, um die in Kraft bleibenden Landesstrafgesetze mit den Vorschriften des Strafgesetzbuchs für den Norddeutschen Bund in Uebereinstimmung zu bringen.

Urkundlich ꝛc. ꝛc.

II.

Strafgesetzbuch

für das Deutsche Reich.

Vom 15. Mai 1871.

(RGBl. 1871 S. 127.)

Einleitende Bestimmungen.

Begriffsbestimmung von „Verbrechen", „Vergehen" und „Uebertretung".

§ 1. Eine mit dem Tode, mit Zuchthaus, oder mit Festungshaft von mehr als fünf Jahren bedrohte Handlung ist ein Verbrechen.

Eine mit Festungshaft bis zu fünf Jahren, mit Gefängnis oder mit Geldstrafe von mehr als einhundertfünfzig Mark bedrohte Handlung ist ein Vergehen.

Eine mit Haft oder mit Geldstrafe bis zu einhundertfünfzig Mark bedrohte Handlung ist eine Uebertretung.

Für die Qualifizierung der strafb. Handlung (einschl. Unterlassung) kommt nur die schwerste Art (bei Festungshaft und Geldstrafe das Höchstmaß) der gesetzl. angedrohten Strafe in Betracht. Unter mildernden Umständen (vgl. z. B. §§ 85 ff., 118, 146, 171, 174, 176 f., 217 f., 243 f.) oder von Jugendlichen (§ 57) begangene „Verbrechen" werden nicht zu „Vergehen".

Zeitl. Herrschaft der Strafgesetze.

§ 2. Eine Handlung kann nur dann mit einer Strafe belegt werden, wenn diese Strafe gesetzlich bestimmt war, bevor die Handlung begangen wurde.

Bei Verschiedenheit der Gesetze von der Zeit der begangenen Handlung bis zu deren Aburteilung ist das mildeste Gesetz anzuwenden.

Abs. 1: Nulla poena sine lege: Strafgesetze haben keine rückwirkende Kraft (s. aber Abs. 2); Bestrafung nach Analogie oder Gewohnheitsrecht ist ausgeschlossen.
Abs. 2: Anwendung eines Zwischengesetzes, wenn dieses „das mildeste" ist.

Räuml. Herrschaft der Strafgesetze: Posit. Territorialitätsprinzip.

§ 3. Die Strafgesetze des Deutschen Reichs finden Anwendung auf alle im Gebiete desselben begangenen strafbaren Handlungen, auch wenn der Täter ein Ausländer ist.

Reichsgebiet: Art. 1 RV., G. v. 9. VI. 71 (Elf.-Lothr.), v. 15. XII. 90 (Helgoland); Konsulargerichtsbezirke und Schutzgebiete (KGG. v. 7. IV. 00 § 19, SchGG. v. 10. IX. 00 § 3), Staats- und Kriegsschiffe, ferner Handelsschiffe auf See (nicht in fremdem Hoheitsgebiet) sind Inland (vgl. § 8). Auch teilweise Begehung im Inland genügt.

Verbrechen und Vergehen im Ausland.

§ 4. Wegen der im Auslande begangenen Verbrechen und Vergehen findet in der Regel keine Verfolgung statt.

Jedoch kann nach den Strafgesetzen des Deutschen Reichs verfolgt werden:

1) ein Deutscher oder ein Ausländer, welcher im Auslande eine hochverräterische Handlung gegen das Deutsche Reich oder einen Bundesstaat, oder ein Münzverbrechen, oder als Beamter des Deutschen Reichs oder eines Bundesstaats eine Handlung begangen hat, die nach den Gesetzen des Deutschen Reichs als Verbrechen oder Vergehen im Amte anzusehen ist;

2) ein Deutscher, welcher im Auslande eine landesverräterische Handlung gegen das Deutsche Reich oder einen Bundesstaat, oder eine Beleidigung gegen einen Bundesfürsten begangen hat;

3) ein Deutscher, welcher im Auslande eine Handlung begangen hat, die nach den Gesetzen des Deutschen Reichs als Verbrechen oder Vergehen anzusehen und durch die Gesetze des Orts, an welchem sie begangen wurde, mit Strafe bedroht ist.

Die Verfolgung ist auch zulässig, wenn der Täter bei Begehung der Handlung noch nicht Deutscher war. In diesem Falle bedarf es jedoch eines Antrages der zuständigen Behörde des Landes, in welchem die strafbare Handlung begangen worden, und das ausländische Strafgesetz ist anzuwenden, soweit dieses milder ist.

Abs. 1: Negatives oder exklusives Territorialitätsprinzip; Ausnahmen in §§ 102, 140 ¹, 298, MStGB. § 7 und mehreren strafrechtl. Nebengesetzen.
Abs. 2: Personalitätsprinzip (Verbr. u. Verg. von Inländern im Ausland), Realitätsprinzip (Verbr. v. Ausländern im Ausland gegen inländ. Rechtsgüter) und Universalitätsprinzip (Täter, Begehungsort und angegriff. Rechtsgut können dem In- oder Ausland angehören; so ist z. B. nach Nr. 1 nicht erforderlich, daß das Münzverbrechen gegen das Reich oder einen Bundesstaat begangen wird). „Deutscher" (StAngG. v. 1. VI. 70) zur Zeit der Begehung.
Nr. 1: §§ 80—86, 146, 147, 149, 331 ff., SprengstoffG. § 12 (§ 311 N. *) ꝛc.
Nr. 2: §§ 87 ff., 94, 95, 98, 99.
Nr. 3: Ausnahme § 5.

§ 5. Im Falle des § 4 Nr. 3 bleibt die Verfolgung ausgeschlossen, wenn

1) von den Gerichten des Auslandes über die Handlung rechtskräftig erkannt und entweder eine Freisprechung erfolgt oder die ausgesprochene Strafe vollzogen,
2) die Strafverfolgung oder die Strafvollstreckung nach den Gesetzen des Auslandes verjährt oder die Strafe erlassen, oder
3) der nach den Gesetzen des Auslandes zur Verfolgbarkeit der Handlung erforderliche Antrag des Verletzten nicht gestellt worden ist.

Feststellung der Voraussetzungen der §§ 4, 5 durch die Geschworenen.
Nr. 1: Gerichte des Auslandes sind nicht: Deutsche Konsular- und Schutzgebietsgerichte. „Vollzogen" = ganz vollstreckt; bei teilweiser Vollstreckung: § 7. Nachträgl. Aberkennung der bürgerl. Ehrenrechte: § 37.

Uebertretungen im Ausland.

§ 6. Im Auslande begangene Uebertretungen sind nur dann zu bestrafen, wenn dies durch besondere Gesetze oder durch Verträge angeordnet ist.

Vgl. SeemO. v. 2. VI. 02 § 121.

Anrechnung ausländ. Strafen.

§ 7. Eine im Auslande vollzogene Strafe ist, wenn wegen derselben Handlung im Gebiete des Deutschen

Reichs abermals eine Verurteilung erfolgt, auf die zu erkennende Strafe in Anrechnung zu bringen.

Ne bis gilt ausländ. Urteilen gegenüber nur in beschränktem Umfang (§ 5 1, 2). Anrechnung auch teilweise vollzogener ausländ. Strafen.

Begriffsbestimmung von „Ausland".

§ 8. Ausland im Sinne dieses Strafgesetzes ist jedes nicht zum Deutschen Reich gehörige Gebiet.

Ueber „Inland" s. § 3 Anm. Gerichtsstand: StPO. § 10.

Nichtauslieferung Deutscher.

§ 9. Ein Deutscher darf einer ausländischen Regierung zur Verfolgung oder Bestrafung nicht überliefert werden.

Auslieferung zwischen den deutschen Bundesstaaten: GVG. §§ 157 ff. Die Auslieferung von Ausländern an das Ausland ist in den Auslieferungsverträgen des Reichs und einzelner Bundesstaaten geregelt.

Militärpersonen.

§ 10. Auf deutsche Militärpersonen finden die allgemeinen Strafgesetze des Reichs insoweit Anwendung, als nicht die Militärgesetze ein anderes bestimmen.

Für Militärpersonen — Personen des Soldatenstandes und (mit Einschränkungen) Militärbeamte — gilt MilStGB. v. 20. VI. 72 und MStGO. v. 1. XII. 98.

Landtagsmitglieder.

§ 11. Kein Mitglied eines Landtags oder einer Kammer eines zum Reich gehörigen Staats darf außerhalb der Versammlung, zu welcher das Mitglied gehört, wegen seiner Abstimmung oder wegen der in Ausübung seines Berufes getanen Aeußerung zur Verantwortung gezogen werden.

Für Reichstagsmitglieder bestimmt Art. 30 RV. das gleiche, nicht auch für Mitglieder des Bundesrats. Persönl. Strafausschließungsgrund; Teilnahme von Nichtmitgliedern bleibt strafbar.

Parlaments-Berichterstattung.

§ 12. Wahrheitsgetreue Berichte über Verhandlungen eines Landtags oder einer Kammer eines zum Reich gehörigen Staats bleiben von jeder Verantwortlichkeit frei.

Bezügl. des Reichstags bestimmt Art. 22 II RV. das gleiche. Auch das objektive Strafverfahren (§ 42) ist ausgeschlossen. Nur „Berichte" (erzählende Darstellungen), nicht Besprechungen von Reden ꝛc. sind straflos.

Erster Teil.

Von der Bestrafung der Verbrechen, Vergehen und Uebertretungen im allgemeinen.

Erster Abschnitt.

Strafen.

Todesstrafe.

§ 13. Die Todesstrafe ist durch Enthauptung zu vollstrecken.

Todesstr.: §§ 80, 211; EG. § 4 (Kriegsrecht); SprengstoffG. § 5 III; SklavRG. § 1 II. Vollstr.: StPO. §§ 485 f.; MStGB. § 14 (Erschießen); in den Schutzgebieten: Enthaupten, Erschießen oder Erhängen.

Zuchthausstrafe.

§ 14. Die Zuchthausstrafe ist eine lebenslängliche oder eine zeitige.

Der Höchstbetrag der zeitigen Zuchthausstrafe ist fünfzehn Jahre, ihr Mindestbetrag Ein Jahr.

Wo das Gesetz die Zuchthausstrafe nicht ausdrücklich als eine lebenslängliche androht, ist dieselbe eine zeitige.

Lebensl. Zuchth.: §§ 87, 90, wahlweise mit zeit. Z.: §§ 178, 214 f., 220, 229, 251, 307, 312, 315, 322—24, NahrMittelG. § 13, SprengstG. § 5 II, wahlweise mit lebenslängl. Festung: §§ 81, 88, 94 (20). Bemessung der zeit. Z.: §§ 19 (nach vollen Kalendermonaten), 21 (8 Mon. Zuchth. = 1 Jahr Gef.), 74 III und 79. Einzelhaft: § 22; vorläuf. Entlassung: §§ 23 ff.; Ehrenstr.: §§ 31 ff.

§ 15. Die zur Zuchthausstrafe Verurteilten sind in der Strafanstalt zu den eingeführten Arbeiten anzuhalten.

Sie können auch zu Arbeiten außerhalb der Anstalt, insbesondere zu öffentlichen oder von einer Staatsbehörde beaufsichtigten Arbeiten verwendet werden. Diese Art der Beschäftigung ist nur dann zulässig, wenn die Gefangenen dabei von anderen freien Arbeitern getrennt gehalten werden.

Gefängnisstrafe.

§ 16. Der Höchstbetrag der Gefängnisstrafe ist fünf Jahre, ihr Mindestbetrag Ein Tag.

Die zur Gefängnisstrafe Verurteilten können in einer Gefangenanstalt auf eine ihren Fähigkeiten und Verhältnissen angemessene Weise beschäftigt werden; auf ihr Verlangen sind sie in dieser Weise zu beschäftigen.

Eine Beschäftigung außerhalb der Anstalt (§ 15) ist nur mit ihrer Zustimmung zulässig.

Abs. 1: Höchstbetrag für Jugendliche: 15 J. (§ 57 [1]), bei Realkonkurrenz: 10 J. (§ 74 III), Zusammentreffen mit Festungshaft: § 75. Bemessung nach vollen Tagen: § 19. Verhältnis zu Zuchth. u. Festungshaft: 1 J. Gef. = 8 Mon. Zuchth. = 1 J. 6 Mon. Festung (§ 21). Ehrenstr.: §§ 32 ff.

Festungshaft.

§ 17. Die Festungshaft ist eine lebenslängliche oder eine zeitige.

Der Höchstbetrag der zeitigen Festungshaft ist fünfzehn Jahre, ihr Mindestbetrag Ein Tag.

Wo das Gesetz die Festungshaft nicht ausdrücklich als eine lebenslängliche androht, ist dieselbe eine zeitige.

Die Strafe der Festungshaft besteht in Freiheitsentziehung mit Beaufsichtigung der Beschäftigung und Lebensweise der Gefangenen; sie wird in Festungen oder in anderen dazu bestimmten Räumen vollzogen.

Abs. 1—3: Festungshaft (custodia honesta) bei politisch. Verbrechen, Zweikampf, Amtsvergehen (§ 345 II). Lebensl. Festung nur wahlweise mit lebensl. Zuchth.: §§ 81, 88, 94 (20). Ausschließl. Festung: §§ 102, 201, 206. Bemessung: §§ 19 (nach vollen Tagen), 21 (Verhältnis zu Zuchth. u. Gef.), 74 III u. 75 (Realkonk.). Nebenstr.: §§ 81, 83, 87—90, 94.
Abs. 4: Arbeitszwang ausgeschlossen.

Haft.

§ 18. Der Höchstbetrag der Haft ist sechs Wochen, ihr Mindestbetrag Ein Tag.

Die Strafe der Haft besteht in einfacher Freiheitsentziehung.

Abs. 1: Uebertretungsstrafe (§§ 1 III, 360 ff.), ausnahmsweise bei Vergehen: §§ 140 [2], 185, 186; GewO. § 147, Ges. betr. nichtöff. GerVerh. v. 5. IV. 88. Höchstbetrag bei Realkonkurr.: 3 Mon. (§§ 77 II, 78 II). Zusammentreffen mit andern Freiheitsstr.: § 77 I. Bemessung nach vollen Tagen: § 19. Ueberweisung an die Landespolizeibehörde: § 362.
Abs. 2: Kein Arbeitszwang. Ausn. bei geschärfter Haft: § 362 I.

Strafzeitbemessung.

§ 19. Bei Freiheitsstrafen wird der Tag zu vierundzwanzig Stunden, die Woche zu sieben Tagen, der Monat und das Jahr nach der Kalenderzeit gerechnet.

Die Dauer einer Zuchthausstrafe darf nur nach vollen Monaten, die Dauer einer anderen Freiheitsstrafe nur nach vollen Tagen bemessen werden.

Abs. 1: Anrechnung von Untersuchungshaft vor dem Urteil (§ 60), nach dem Urteil (StPO. § 482), von Krankheit (StPO. § 493). Abs. 2: Zuchthaus von weniger als 1 Mon. (bis auf 1 Tag herab) zulässig bei Umwandlung v. Gef. in Zuchth.: §§ 21, 28 III, 74, 79, aber nicht als Gesamtstrafe mehrerer Einzel-Zuchthausstrafen. Bruchteile von Monaten (statt Wochen oder Tage) sind unzulässig.

Wahl zwischen Zuchthaus u. Festgshaft.

§ 20. Wo das Gesetz die Wahl zwischen Zuchthaus und Festungshaft gestattet, darf auf Zuchthaus nur dann erkannt werden, wenn festgestellt wird, daß die strafbar befundene Handlung aus einer ehrlosen Gesinnung entsprungen ist.

Vgl. §§ 81, 83—86, 88 f., 94, 96, 98, 100, 105 f. Ehrl. Gesinnung ist straferhöhender Umstand i. S. § 50 und StPO. §§ 262, 264, 266, 295 (Feststellung durch die Geschworenen).

Wertverhältnis v. Zuchthaus, Gefängnis u. Festgshaft.

§ 21. Achtmonatliche Zuchthausstrafe ist einer einjährigen Gefängnisstrafe, achtmonatliche Gefängnisstrafe einer einjährigen Festungshaft gleich zu achten.

Vgl. §§ 28 III, 44 IV, 49 II, 74, 79, 157 II, 158, StPO. § 492. Umwandlung von Festung in Gefängnis oder von Haft in eine andere Freiheitsstrafe findet nicht statt; deshalb hat das Gesetz auch ein Wertverhältnis von Haft zu andern Freiheitsstrafen (wohl aber zur Geldstrafe: § 29) nicht festgelegt. § 21 ist bei Anrechnung von Untersuchungshaft auf Zuchthaus oder Festung nicht anwendbar.

Einzelhaft bei Zuchth. u. Gef.

§ 22. Die Zuchthaus- und Gefängnisstrafe können sowohl für die ganze Dauer, wie für einen Teil der erkannten Strafzeit in der Weise in Einzelhaft vollzogen werden, daß der Gefangene unausgesetzt von anderen Gefangenen gesondert gehalten wird.

Die Einzelhaft darf ohne Zustimmung des Gefangenen die Dauer von drei Jahren nicht übersteigen.

Vorläuf. Entlassung bei Zuchth. u. Gef.

§ 23. Die zu einer längeren Zuchthaus- oder Gefängnisstrafe Verurteilten können, wenn sie drei Vierteile, mindestens aber Ein Jahr der ihnen auferlegten Strafe verbüßt, sich auch während dieser Zeit gut geführt haben, mit ihrer Zustimmung vorläufig entlassen werden.

„Längere" (zeitige) Zuchth.- oder Gefängnisstr. = mindestens 1 J. 4 Mon. „Auferlegte", nicht erkannte, sondern (außer der nach § 60 oder StPO. § 482 angerechneten U.-Haft) zu verbüßende Strafe.

Widerruf der vorläuf. Entlassung.

§ 24. Die vorläufige Entlassung kann bei schlechter Führung des Entlassenen oder, wenn derselbe den ihm bei der Entlassung auferlegten Verpflichtungen zuwiderhandelt, jederzeit widerrufen werden.

Der Widerruf hat die Wirkung, daß die seit der vorläufigen Entlassung bis zur Wiedereinlieferung verflossene Zeit auf die festgesetzte Strafdauer nicht angerechnet wird.

Zuständigkt. bei vorläuf. Entlassg. u. Widerruf.

§ 25. Der Beschluß über die vorläufige Entlassung, sowie über einen Widerruf ergeht von der obersten Justiz-Aufsichtsbehörde. Vor dem Beschluß über die Entlassung ist die Gefängnisverwaltung zu hören.

Die einstweilige Festnahme vorläufig Entlassener kann aus dringenden Gründen des öffentlichen Wohls von der Polizeibehörde des Orts, an welchem der Entlassene sich aufhält, verfügt werden. Der Beschluß über den endgültigen Widerruf ist sofort nachzusuchen.

Führt die einstweilige Festnahme zu einem Widerrufe, so gilt dieser als am Tage der Festnahme erfolgt.

Strafzeitablauf ohne Widerruf.

§ 26. Ist die festgesetzte Strafzeit abgelaufen, ohne daß ein Widerruf der vorläufigen Entlassung erfolgt ist, so gilt die Freiheitsstrafe als verbüßt.

Geldstrafe.

§ 27. Der Mindestbetrag der Geldstrafe ist bei Verbrechen und Vergehen drei Mark, bei Uebertretungen Eine Mark.

Ein absoluter Höchstbetrag ist (auch bei Realkonkurrenz) nicht bestimmt. Höchstbetr. im StGB. 15 000 Mk. (§ 302 d), im SklavRG. v. 28. VII. 95 § 3 100 000 Mk., in andern Gesetzen tritt sie als Vielfaches hinterzogener Abgaben rc. ohne Maximalgrenze auf. Der Mindestbetrag wird bei Versuch oder Beihilfe und bei Jugendlichen nicht ermäßigt (§§ 44, 49 II, 57). Mehrere verwirkte Geldstrafen werden addiert: § 78.

Umwandlg. der Geldstrafe.

§ 28. Eine nicht beizutreibende Geldstrafe ist in Gefängnis und, wenn sie wegen einer Uebertretung erkannt worden ist, in Haft umzuwandeln.

Ist bei einem Vergehen Geldstrafe allein oder an erster Stelle, oder wahlweise neben Haft angedroht, so kann die Geldstrafe in Haft umgewandelt werden, wenn die erkannte Strafe nicht den Betrag von sechshundert Mark und die an ihre Stelle tretende Freiheitsstrafe nicht die Dauer von sechs Wochen übersteigt.

War neben der Geldstrafe auf Zuchthaus erkannt, so ist die an deren Stelle tretende Gefängnisstrafe nach Maßgabe des § 21 in Zuchthausstrafe umzuwandeln.

Der Verurteilte kann sich durch Erlegung des Strafbetrages, soweit dieser durch die erstandene Freiheitsstrafe noch nicht getilgt ist, von der letzteren freimachen.

Abs. 1: Vollstreckung der Geldstr. nach ZPO. §§ 704 ff., StPO. § 495; Vollstr. in den Nachlaß: § 30. Umwandlung (gem. § 29) erfolgt gewöhnl. bereits im Urteil „für den Fall, daß die ausgesproch. Geldstr. nicht beizutreiben ist"; nachträgl. Umwandlung: StPO. § 491. In einigen Nebengesetzen ist Umwandlung ausgeschlossen.
Abs. 3: Vgl. §§ 19 II, 78 II.

§ 29. Bei Umwandlung einer wegen eines Verbrechens oder Vergehens erkannten Geldstrafe ist der Betrag von drei bis zu fünfzehn Mark, bei Umwandlung einer wegen einer Uebertretung erkannten Geldstrafe der Betrag von Einer bis zu fünfzehn Mark einer eintägigen Freiheitsstrafe gleich zu achten.

Der Mindestbetrag der an Stelle einer Geldstrafe tretenden Freiheitsstrafe ist Ein Tag, ihr Höchstbetrag bei Haft sechs Wochen, bei Gefängnis Ein Jahr. Wenn jedoch eine neben der Geldstrafe wahlweise angedrohte Freiheitsstrafe ihrer Dauer nach den vorgedachten Höchstbetrag nicht erreicht, so darf die an Stelle der Geldstrafe tretende Freiheitsstrafe den angedrohten Höchstbetrag jener Freiheitsstrafe nicht übersteigen.

Abs. 1: Zwischen 3 bzw. 1 Mk. und 15 Mk. (= 1 Tag) entscheidet ausschließlich das richterliche Ermessen.
Abs. 2: Höchstbetrag im Falle der Realkonkurrenz: 2 J. Gef. und 3 Mon. Haft (§ 78 II). Nebengesetze enthalten Sonderbestimmungen über den Höchstbetrag subs. Freiheitsstrafen.

Nachlaßhaftung.

§ 30. In den Nachlaß kann eine Geldstrafe nur dann vollstreckt werden, wenn das Urteil bei Lebzeiten des Verurteilten rechtskräftig geworden war.

Ebenso StPO. § 497 II bezügl. der Kosten.

Gesetzl. Folge neben Zuchthaus.

§ 31. Die Verurteilung zur Zuchthausstrafe hat die dauernde Unfähigkeit zum Dienste in dem Deutschen Heere und der Kaiserlichen Marine, sowie die dauernde Unfähigkeit zur Bekleidung öffentlicher Aemter von Rechts wegen zur Folge.

Unter öffentlichen Aemtern im Sinne dieses Strafgesetzes sind die Advokatur, die Anwaltschaft und das Notariat, sowie der Geschworenen- und Schöffendienst mitbegriffen.

Abs. 1: „Verurteilung" = rechtskräftige Verurteilung, ohne daß Straf-Verbüßung erforderlich. Vgl. §§ 34 Nr. 2 u. 3, 132 (unbefugte Ausübung eines öffentlichen Amtes); MilStGB. §§ 31, 42.
Abs. 2: Vgl. § 359 (Begriff des „Beamten").

Aberkennung der bürgerl. Ehrenrechte.

§ 32. Neben der Todesstrafe und der Zuchthausstrafe kann auf den Verlust der bürgerlichen Ehrenrechte erkannt werden, neben der Gefängnisstrafe nur, wenn die Dauer der erkannten Strafe drei Monate erreicht und entweder das Gesetz den Verlust der bürgerlichen

Ehrenrechte ausdrücklich zuläßt oder die Gefängnisstrafe wegen Annahme mildernder Umstände an Stelle von Zuchthausstrafe ausgesprochen wird.

Die Dauer dieses Verlustes beträgt bei zeitiger Zuchthausstrafe mindestens zwei und höchstens zehn Jahre, bei Gefängnisstrafe mindestens Ein Jahr und höchstens fünf Jahre.

Abs. 1: Aberkennung rc. gegen Jugendliche unzulässig (§ 57 ⁶), in §§ 161, 181, 302 d, e, AuswG. v. 9. VI. 97 § 48 vorgeschrieben, neben einer Gesamtgefängnisstrafe nur zulässig, wenn die Einzelstr., zu der sie ausgesprochen werden soll, mindestens 3 Mon. beträgt (§ 76). Bei Versuch und Beihilfe: §§ 45, 49 II. Bei Gefängnis: § 35. **Abs. 2:** Berechnung der Zeitdauer: § 36. Bei Todesstrafe oder lebenslängl. Zuchthaus dauernder Ehrverlust. Wiedererlangung der Ehrenrechte (Rehabilitation) durch Begnadigung.

Wirkungen des Ehrenrechtsverlusts.

§ 33. Die Aberkennung der bürgerlichen Ehrenrechte bewirkt den dauernden Verlust der aus öffentlichen Wahlen für den Verurteilten hervorgegangenen Rechte, ingleichen den dauernden Verlust der öffentlichen Aemter, Würden, Titel, Orden und Ehrenzeichen.

„Oeffentl. Aemter": § 31 II. Weitere Wirkungen sind in § 34 sowie in zahlreichen anderen Gesetzen (z. B. GVG. § 176 I, ZPO. § 1032, HGB. § 81, Preßges. § 8, GewO. §§ 53, 100 a II, 106 rc.) enthalten.

§ 34. Die Aberkennung der bürgerlichen Ehrenrechte bewirkt ferner die Unfähigkeit, während der im Urteile bestimmten Zeit

1) die Landeskokarde zu tragen;
2) in das Deutsche Heer oder in die Kaiserliche Marine einzutreten;
3) öffentliche Aemter, Würden, Titel, Orden und Ehrenzeichen zu erlangen;
4) in öffentlichen Angelegenheiten zu stimmen, zu wählen oder gewählt zu werden oder andere politische Rechte auszuüben;
5) Zeuge bei Aufnahme von Urkunden zu sein;
6) Vormund, Gegenvormund, Pfleger, Beistand der Mutter, Mitglied eines Familienrats oder Kurator zu sein, es sei denn, daß es sich um Verwandte absteigender Linie handele und die obervormund-

schaftliche Behörde oder der Familienrat die Genehmigung erteile.

Nr. 1, 2: Vgl. § 31, MilStGB. §§ 31, 42, RMilG. § 18 (Zurückstellung 2c.).
Nr. 3: §§ 31 II, 33.
Nr. 5 u. 6: BGB. §§ 1781 [4], 2237 [2], FGG. § 173 [2].

Aberkennung der Fähigkeit zur Bekleidg. öff. Aemter.

§ 35. Neben einer Gefängnisstrafe, mit welcher die Aberkennung der bürgerlichen Ehrenrechte überhaupt hätte verbunden werden können, kann auf die Unfähigkeit zur Bekleidung öffentlicher Aemter auf die Dauer von Einem bis zu fünf Jahren erkannt werden.

Die Aberkennung der Fähigkeit zur Bekleidung öffentlicher Aemter hat den dauernden Verlust der bekleideten Aemter von Rechts wegen zur Folge.

§ 35 ist, wenn die Aberkennung der bürgerl. Ehrenrechte obligatorisch ist (Anm. zu § 32 I), nicht und regelmäßig (Ausn. §§ 128 f., 358) nur anwendbar, wenn mindestens 3 Mon. Gef. ausgesprochen werden. Vgl. § 32.

Zeitberechnung bei Aberkenng. v. Ehrenrechten.

§ 36. Die Wirkung der Aberkennung der bürgerlichen Ehrenrechte überhaupt, sowie der Fähigkeit zur Bekleidung öffentlicher Aemter insbesondere, tritt mit der Rechtskraft des Urteils ein; die Zeitdauer wird von dem Tage berechnet, an dem die Freiheitsstrafe, neben welcher jene Aberkennung ausgesprochen wurde, verbüßt, verjährt oder erlassen ist.

§§ 32, 35. Zeitdauer: § 32 II.

Nachträgl. Aberkenng. v. Ehrenrechten.

§ 37. Ist ein Deutscher im Auslande wegen eines Verbrechens oder Vergehens bestraft worden, welches nach den Gesetzen des Deutschen Reichs den Verlust der bürgerlichen Ehrenrechte überhaupt oder einzelner bürgerlichen Ehrenrechte zur Folge hat oder zur Folge haben kann, so ist ein neues Strafverfahren zulässig, um gegen den in diesem Verfahren für schuldig Erklärten auf jene Folge zu erkennen.

Ausland: § 8. Nach § 5 [1], [2] ist nur in Fällen des § 4 [3] im übrigen wiederholte Strafverfolgung ausgeschlossen. Im neuen Verfahren ist die Schuldfrage unabhängig vom ausländ. Urteil zu prüfen.

Polizeiaufsicht.

§ 38. Neben einer Freiheitsstrafe kann in den durch das Gesetz vorgesehenen Fällen auf die Zulässigkeit von Polizei-Aufsicht erkannt werden.

Die höhere Landespolizeibehörde erhält durch ein solches Erkenntnis die Befugnis, nach Anhörung der Gefängnisverwaltung den Verurteilten auf die Zeit von höchstens fünf Jahren unter Polizei-Aufsicht zu stellen.

Diese Zeit wird von dem Tage berechnet, an welchem die Freiheitsstrafe verbüßt, verjährt oder erlassen ist.

Abs. 1: Polizei-Aufsicht (von Nebengesetzen abgesehen) zugelassen neben Zuchthaus: §§ 44 II, 115 f., 122, 125, 146 f., 181, 248, 256, 325, neben Gefängnisstrafe (unabhängig von deren Dauer): §§ 49 a, 180, 181 a, 184, 262, 294. Vgl. §§ 45, 49 II, 76 II. Bei Jugendlichen ausgeschlossen: § 57[5].
Abs. 2: Zuständig: Land.-Pol.-Beh. des Bezirks, in dem der Verurteilte Aufenthalt nimmt.
Abs. 3: Berechnung wie in § 36.

Wirkungen der Polizeiaufsicht.

§ 39. Die Polizei-Aufsicht hat folgende Wirkungen:

1) dem Verurteilten kann der Aufenthalt an einzelnen bestimmten Orten von der höheren Landespolizeibehörde untersagt werden;
2) die höhere Landespolizeibehörde ist befugt, den Ausländer aus dem Bundesgebiete zu verweisen;
3) Haussuchungen unterliegen keiner Beschränkung hinsichtlich der Zeit, zu welcher sie stattfinden dürfen.

Nr. 1: § 361[1].
Nr. 2: § 361[2].
Nr. 3: StPO. §§ 103 II, 104 II, 106 II (Durchsuchungen). — Weitere Wirkungen der Polizei-Aufsicht: StPO. § 113 (Verhaftung), GewO. § 57[2], PreßG. §§ 4 f. ꝛc.

Einziehung.

§ 40. Gegenstände, welche durch ein vorsätzliches Verbrechen oder Vergehen hervorgebracht, oder welche zur Begehung eines vorsätzlichen Verbrechens oder Vergehens gebraucht oder bestimmt sind, können, sofern sie dem Täter oder einem Teilnehmer gehören, eingezogen werden.

Die Einziehung ist im Urteile auszusprechen.

Abs. 1: Einziehung setzt als Nebenstrafe regelmäßig (Ausn.: §§ 42, 152) Hauptstrafe voraus; nicht anwendbar, wenn „eine strafbare Handlung nicht vorhanden" (§§ 51—54). Besondere Vorschr.: §§ 152, 295, 296 a II, 335, 360 II, 367 II, 369 II und Nebengesetze (von §§ 360 II, 367 II abgesehen, muß hier Einziehung erfolgen).
Abs. 2: Ausspruch im Urteilstenor, Strafbefehl rc. Vollstreckung: StPO. § 495.

Unbrauchbarmachung.

§ 41. Wenn der Inhalt einer Schrift, Abbildung oder Darstellung strafbar ist, so ist im Urteile auszusprechen, daß alle Exemplare, sowie die zu ihrer Herstellung bestimmten Platten und Formen unbrauchbar zu machen sind.

Diese Vorschrift bezieht sich jedoch nur auf die im Besitze des Verfassers, Druckers, Herausgebers, Verlegers oder Buchhändlers befindlichen und auf die öffentlich ausgelegten oder öffentlich angebotenen Exemplare.

Ist nur ein Teil der Schrift, Abbildung oder Darstellung strafbar, so ist, insofern eine Ausscheidung möglich ist, auszusprechen, daß nur die strafbaren Stellen und derjenige Teil der Platten und Formen, auf welchem sich diese Stellen befinden, unbrauchbar zu machen sind.

Vgl. § 42, Preßges. § 14.
Abs. 1, 3: „Strafbar": auch als Uebertretung (anders § 40). Objektive Strafbarkeit des Inhalts genügt. §§ 40 und 41 können nebeneinander anwendbar sein.
Abs. 2: Die Maßregel ist auch gegen Personen anwendbar, die zu der Schrift rc. sonst in keiner strafbaren Beziehung stehen. Besitz: BGB. §§ 854 ff.

Objektives Verfahren.

§ 42. Ist in den Fällen der §§ 40 und 41 die Verfolgung oder die Verurteilung einer bestimmten Person nicht ausführbar, so können die daselbst vorgeschriebenen Maßnahmen selbständig erkannt werden.

Vgl. § 152, StPO. §§ 477—479, PreßG. § 14. Entscheidung erfolgt durch Urteil. Die Voraussetzungen der §§ 40 oder 41 müssen an sich vorliegen; Freisprechung einer bestimmten Person hindert nicht die Unbrauchbarmachung (§ 41). § 42 unanwendbar bei § 12 oder Fehlen von Strafantrag oder Ermächtigung, sofern solche zur Verfolgung notwendig. — Verfolgung oder Verurteilung ꝛc. (im Inland) nicht ausführbar bei Abwesenheit, Tod, Verjährung ꝛc. Ueber die Verfolgbarkeit entscheidet die Staatsanwaltschaft.

Zweiter Abschnitt.

Versuch.

Begriff des Versuchs.

§ 43. Wer den Entschluß, ein Verbrechen oder Vergehen zu verüben, durch Handlungen, welche einen Anfang der Ausführung dieses Verbrechens oder Vergehens enthalten, betätigt hat, ist, wenn das beabsichtigte Verbrechen oder Vergehen nicht zur Vollendung gekommen ist, wegen Versuches zu bestrafen.

Der Versuch eines Vergehens wird jedoch nur in den Fällen bestraft, in welchen das Gesetz dies ausdrücklich bestimmt.

Abs. 1: „Anfang der Ausführung" — teilweise Verwirklichung des gesetzl. Tatbestands, nicht bloße Vorbereitungshandlungen, die noch nicht zum Tatbestand des beabsichtigten Delikts gehören, aber in gewissen Fällen (§§ 86, 151, 201) ebenso wie das „Unternehmen" einer strafbaren Handlung (§§ 81 f., 102, 105, 114, 122, 159, 357) selbständige Straftaten sind. Versuch der Anstiftung oder Beihilfe straflos, soweit nicht besondere Deliktstatbestände (vgl. §§ 49a, 85, 110—112, 141, 159 f., 357) vorliegen. Nur vorsätzlicher Versuch zu vorsätzlichen (nicht fahrlässigen) Handlungen möglich. Versuch am untaugl. Objekt oder mit untaugl. Mitteln strafbar.
Abs. 2: §§ 107, 120, 140 f., 148, 150, 160, 169, 240, **242**, **246**, 253, 263, 289, 303—305, 339, 350, 352. Versuch einer Uebertretung ist straflos.

Bestrafung des Versuchs.

§ 44. Das versuchte Verbrechen oder Vergehen ist milder zu bestrafen, als das vollendete.

Ist das vollendete Verbrechen mit dem Tode oder mit lebenslänglichem Zuchthaus bedroht, so tritt Zuchthausstrafe nicht unter drei Jahren ein, neben welcher auf Zulässigkeit von Polizei-Aufsicht erkannt werden kann.

Ist das vollendete Verbrechen mit lebenslänglicher Festungshaft bedroht, so tritt Festungshaft nicht unter drei Jahren ein.

In den übrigen Fällen kann die Strafe bis auf ein Viertel des Mindestbetrages der auf das vollendete Verbrechen oder Vergehen angedrohten Freiheits- und Geldstrafe ermäßigt werden. Ist hiernach Zuchthausstrafe unter Einem Jahre verwirkt, so ist dieselbe nach Maßgabe des § 21 in Gefängnis zu verwandeln.

Abs. 1: Ausnahme: § 80.
Abs. 2, 3: Zuchthaus bzw. Festungshaft von 3 bis 15 J. (§§ 14, 17).
Abs. 4: Die Versuchsstrafe darf weder den Höchstbetrag der auf das vollendete Delikt angedrohten Strafe erreichen (Abs. 1), noch unter den Mindestbetrag der Strafart (1 Tag Gef. oder Festung, 3 Mk. Geldstrafe: §§ 14 II, 16 ff., 27) hinabgehen. Viertel eines Monats: 8 Tage, nicht 1 Woche.

Ehrenrechtsverlust u. Polizeiaufsicht.

§ 45. Wenn neben der Strafe des vollendeten Verbrechens oder Vergehens die Aberkennung der bürgerlichen Ehrenrechte zulässig oder geboten ist, oder auf Zulässigkeit von Polizei-Aufsicht erkannt werden kann, so gilt Gleiches bei der Versuchsstrafe.

§§ 32 ff., 38 f.

Strafaufhebungsgründe bei Versuch.

§ 46. Der Versuch als solcher bleibt straflos, wenn der Täter

1) die Ausführung der beabsichtigten Handlung aufgegeben hat, ohne daß er an dieser Ausführung durch Umstände gehindert worden ist, welche von seinem Willen unabhängig waren, oder

2) zu einer Zeit, zu welcher die Handlung noch nicht entdeckt war, den Eintritt des zur Vollendung des Verbrechens oder Vergehens gehörigen Erfolges durch eigene Tätigkeit abgewendet hat.

StPO. §§ 262, 266 II, 295 II. „Versuch als solcher“ straflos — nicht das etwa ideell konkurrierende vollendete Delikt. Nur der Täter oder Teilnehmer, in dessen Person die Voraussetzung der Straflosigkeit vorliegt, ist straffrei; der Rücktritt des einen berührt nicht die Strafbarkeit anderer Beteiligter. § 46 ist unanwendbar, soweit Versuchs- oder Vorbereitungshandlungen (Anm. zu § 43 I) selbständige Straftaten darstellen, die ihrerseits Versuch begrifflich ausschließen.

Nr. 1: Freiwilliger Rücktritt vom nicht beendigten Versuch. Vgl. § 204.
Nr. 2: Tätige Reue bei beendigtem Versuch. Abwendung des Erfolges durch eigene Tätigkeit: auch durch die Tätigkeit eines vom Täter hierzu Beauftragten. Vgl. §§ 163 II, 310.

Dritter Abschnitt.

Teilnahme.

Vgl. §§ 257 ff. (Begünstigung u. Hehlerei), StPO. § 292 III (Schwurgerichtliche Fragestellung), BGB. § 830.

Mittäterschaft.

§ 47. Wenn mehrere eine strafbare Handlung gemeinschaftlich ausführen, so wird jeder als Täter bestraft.

„Gemeinschaftliche Ausführung" des strafbaren Tatbestands in bewußtem und gewolltem Zusammenwirken (gegenseitigem, auch stillschweigendem Einverständnis); fehlt die Willenseinigung, dann bloße Mehr- oder Nebentäterschaft. Mittäterschaft schließt Anstiftung, Beihilfe oder Hehlerei bezüglich derselben Straftat, nicht dagegen Begünstigung eines andern Teilnehmers aus. Verabredung oder Komplott: § 83, SprengstG. § 6. In §§ 119, 123, 223 a, 293 ist gemeinschaftliche Ausführung straferhöhender Umstand (StPO. §§ 262, 264, 266, 295).

Anstiftung.

§ 48. Als Anstifter wird bestraft, wer einen anderen zu der von demselben begangenen strafbaren Handlung durch Geschenke oder Versprechen, durch Drohung, durch Mißbrauch des Ansehens oder der Gewalt, durch absichtliche Herbeiführung oder Beförderung eines Irrtums oder durch andere Mittel vorsätzlich bestimmt hat.

Die Strafe des Anstifters ist nach demjenigen Gesetze festzusetzen, welches auf die Handlung Anwendung findet, zu welcher er wissentlich angestiftet hat.

Abs. 1: Anstiftung auch zu Uebertretungen strafbar, ebenso zu einem vom Haupttäter begangenen strafbaren Versuch, nicht aber Versuch der Anstiftung (Anm. zu § 43 I) oder Anstiftung zur Beihilfe zur eigenen Straftat. Versuch der Anstiftung liegt dann vor, wenn diese nicht kausal ist, sei es, daß der Täter schon vorher zur Tat entschlossen war oder sich nicht bestimmen läßt. „Bestimmen" = Ent-

schluß zur Begehung einer konkreten Tat hervorrufen. Drohung: vgl. § 52.
Abs. 2: Vgl. § 50.

Beihilfe.

§ 49. Als Gehilfe wird bestraft, wer dem Täter zur Begehung des Verbrechens oder Vergehens durch Rat oder Tat wissentlich Hilfe geleistet hat.

Die Strafe des Gehilfen ist nach demjenigen Gesetze festzusetzen, welches auf die Handlung Anwendung findet, zu welcher er wissentlich Hilfe geleistet hat, jedoch nach den über die Bestrafung des Versuches aufgestellten Grundsätzen zu ermäßigen.

Abs. 1: Nur vorsätzliche Beihilfe ist strafbar, nicht zu Uebertretungen oder versuchte Beihilfe (Anm. zu § 43 I), wohl aber Beihilfe zum strafbaren Versuch und ausnahmsweise zu an sich straflosen Handlungen (§§ 120 f., 180, 285, 347, 354 f.). Möglich ist Beihilfe zur Anstiftung oder Beihilfe und Hehlerei bei derselben Tat, nicht aber Anstiftung zur Beihilfe zur eigenen Tat des Anstifters. Bis zur Beendigung der Tat ist Beihilfe möglich, nach diesem Zeitpunkt Begünstigung (§ 257).
Abs. 2: §§ 44 f., 80. Ausn.: §§ 50, 143 II, 203, 209, 218 III, 219. Vgl. §§ 257 III, 363 II.

Auffordern od. Erbieten zu Verbrechen.

§ 49 a. Wer einen anderen zur Begehung eines Verbrechens oder zur Teilnahme an einem Verbrechen auffordert, oder wer eine solche Aufforderung annimmt, wird, soweit nicht das Gesetz eine andere Strafe androht, wenn das Verbrechen mit dem Tode oder mit lebenslänglicher Zuchthausstrafe bedroht ist, mit Gefängnis nicht unter drei Monaten, wenn das Verbrechen mit einer geringeren Strafe bedroht ist, mit Gefängnis bis zu zwei Jahren oder mit Festungshaft von gleicher Dauer bestraft.

Die gleiche Strafe trifft denjenigen, welcher sich zur Begehung eines Verbrechens oder zur Teilnahme an einem Verbrechen erbietet, sowie denjenigen, welcher ein solches Erbieten annimmt.

Es wird jedoch das lediglich mündlich ausgedrückte Auffordern oder Erbieten, sowie die Annahme eines solchen nur dann bestraft, wenn die Aufforderung oder das Erbieten an die Gewährung von Vorteilen irgend welcher Art geknüpft worden ist.

Neben der Gefängnisstrafe kann auf Verlust der bürgerlichen Ehrenrechte und auf Zulässigkeit von Polizei-Aufsicht erkannt werden.

Sog. Duchesne-Paragraph, hat nur subsidiären Charakter (Abs. 1: „. . . soweit nicht das Gesetz eine andere Strafe androht . . .") und gilt nur bei „Verbrechen" (§ 1 I).
Abs. 3: Nicht notwendig Vermögensvorteil.

Einfluß persönl. Verhältnisse auf d. Strafbarkt. der Teilnahme.

§ 50. Wenn das Gesetz die Strafbarkeit einer Handlung nach den persönlichen Eigenschaften oder Verhältnissen desjenigen, welcher dieselbe begangen hat, erhöht oder vermindert, so sind diese besonderen Tatumstände dem Täter oder demjenigen Teilnehmer (Mittäter, Anstifter, Gehilfe) zuzurechnen, bei welchem sie vorliegen.

StPO. §§ 262, 264, 266, 295. § 50 durchbricht den Grundsatz der akzessorischen Natur der Teilnahme und die Regel der §§ 48, 49, bezieht sich nicht auch auf §§ 49a, 257 und betrifft nur strafändernde (nicht strafbegründende, konstitutive oder strafausschließende) Umstände: Gesetzliche Strafschärfungs- und Milderungsgründe, wie straferhöhende Gewerbs- und Gewohnheitsmäßigkeit, Rückfall, Beamteneigenschaft bei sog. gemischten oder unechten Amtsdelikten (z. B. Amtsunterschlagung), nahe Verwandtschaft, Jugend 2c. Liegen solche (persönl.) qualifizierende oder privilegierende Momente nur in der Person des einen Teilnehmers vor, so bleiben sie bei den andern unberücksichtigt, bei denen sie nicht zutreffen. Vgl. § 59 I.

Vierter Abschnitt.

Gründe, welche die Strafe ausschließen oder mildern.

Unzurechnungsfähigkeit.

§ 51. Eine strafbare Handlung ist nicht vorhanden, wenn der Täter zur Zeit der Begehung der Handlung sich in einem Zustande von Bewußtlosigkeit oder krankhafter Störung der Geistestätigkeit befand, durch welchen seine freie Willensbestimmung ausgeschlossen war.

StPO. §§ 262, 266; keine Nebenfrage: StPO. § 295. — BGB. § 827. Nicht jede, sondern nur eine die freie Willensbestimmung ausschließende Geisteskrankheit genügt zur Straflosigkeit. Handlungsfähigkeit zur Zeit der Handlung, nicht des Erfolgs, notwendig. Keine strafbare Teilnahme (§§ 48 f.) an einer nach § 51 straflosen Tat, sondern möglicherweise mittelbare Täterschaft; auch keine Begünstigung und Hehlerei.

Zwang.

§ 52. Eine strafbare Handlung ist nicht vorhanden, wenn der Täter durch unwiderstehliche Gewalt oder durch eine Drohung, welche mit einer gegenwärtigen, auf andere Weise nicht abwendbaren Gefahr für Leib oder Leben seiner selbst oder eines Angehörigen verbunden war, zu der Handlung genötigt worden ist.

Als Angehörige im Sinne dieses Strafgesetzes sind anzusehen Verwandte und Verschwägerte auf- und absteigender Linie, Adoptiv- und Pflege-Eltern und -Kinder, Ehegatten, Geschwister und deren Ehegatten, und Verlobte.

Abs. 1: StPO. §§ 262, 266; 295 (keine Nebenfrage!). Vis absoluta (Gewalt) und compulsiva (Drohung); vgl. § 48 I. „Gegenwärtige", auch unmittelbar bevorstehende, Gefahr. Keine Teilnahme wie bei § 51. Abs. 2 (durch BGB. §§ 1589 f. nicht beseitigt; cf. EG. z. BGB. Art. 33): §§ 54, 213, 232 II, 247, 257 f., 263, 292, 303. Auch unehel. Verwandtschaft ist strafrechtlich von Belang. „Pflegeeltern": Tatsächl. Verhältnis, kein Rechtsbegriff. „Geschwister und deren Ehegatten": Nicht Ehegatten von Geschwistern. Verlöbnis: Beiderseitiges ernstes (auch formloses) Eheversprechen.

Notwehr.

§ 53. Eine strafbare Handlung ist nicht vorhanden, wenn die Handlung durch Notwehr geboten war.

Notwehr ist diejenige Verteidigung, welche erforderlich ist, um einen gegenwärtigen, rechtswidrigen Angriff von sich oder einem anderen abzuwenden.

Die Ueberschreitung der Notwehr ist nicht strafbar, wenn der Täter in Bestürzung, Furcht oder Schrecken über die Grenzen der Verteidigung hinausgegangen ist.

StPO. §§ 262, 266; 295 (keine Nebenfrage!). — BGB. §§ 227 ff., 904 (228: Notwehr gegen Sachen, Tiere). Putativnotwehr (irrige Annahme der Notwehr) schließt den Vorsatz aus. Notwehr auch gegen Geisteskranke oder im Irrtum Handelnde. „Gegenwärt." (auch unmittelbar bevorstehender) „Angriff", gleichviel auf welches Rechtsgut. Keine Teilnahme wie bei §§ 51 f.

Notstand.

§ 54. Eine strafbare Handlung ist nicht vorhanden, wenn die Handlung außer dem Falle der Notwehr in einem unverschuldeten, auf andere Weise nicht zu beseitigenden Notstande zur Rettung aus einer gegenwärtigen Gefahr für Leib oder Leben des Täters oder eines Angehörigen begangen worden ist.

BGB. §§ 228, 904. „Unverschuldet“: fehlt in §§ 52 f. „Gegenwärt.“ (oder unmittelbar bevorstehende) Gefahr, die auf irgend welchen Ereignissen, nur nicht auf dem Angriff von Menschen (§ 53) beruht. Eigentumsnotstand: § 313 II. „Angehörige“: § 52 II.

(Absolute) Strafunmündigkeit.

§ 55. Wer bei Begehung der Handlung das zwölfte Lebensjahr nicht vollendet hat, kann wegen derselben nicht strafrechtlich verfolgt werden. Gegen denselben können jedoch nach Maßgabe der landesgesetzlichen Vorschriften die zur Besserung und Beaufsichtigung geeigneten Maßregeln getroffen werden. Die Unterbringung in eine Familie, Erziehungsanstalt oder Besserungsanstalt kann nur erfolgen, nachdem durch Beschluß des Vormundschaftsgerichtes die Begehung der Handlung festgestellt und die Unterbringung für zulässig erklärt ist.

StPO. §§ 262, 266. § 55 gilt auch für Landesstrafges. „Vollendet“: Der Tag der Geburt wird bei der Berechnung des Lebensalters mitgerechnet (BGB. § 187 II), so daß das 12. Lebensjahr mit dem Ablauf des dem Jahrestage der Geburt vorhergehenden Tages vollendet wird. Strafmündige können Teilnehmer sein. Vgl. § 361 $^{4, 9}$, VogelschutzG. § 6. „Landesgesetzl. Vorschr.“: EG. z. BGB. Art. 135. Zivilrechtl. Verantwortlichkeit der Kinder: BGB. § 828.

Jugendliche.

§ 56. Ein Angeschuldigter, welcher zu einer Zeit, als er das zwölfte, aber nicht das achtzehnte Lebensjahr vollendet hatte, eine strafbare Handlung begangen hat, ist freizusprechen, wenn er bei Begehung derselben die zur Erkenntnis ihrer Strafbarkeit erforderliche Einsicht nicht besaß.

In dem Urteile ist zu bestimmen, ob der Angeschuldigte seiner Familie überwiesen oder in eine Erziehungs- oder Besserungsanstalt gebracht werden soll. In der Anstalt ist er so lange zu behalten, als die der Anstalt vorgesetzte Verwaltungsbehörde solches für erforderlich erachtet, jedoch nicht über das vollendete zwanzigste Lebensjahr.

Zuständ. für Verbr.: Strafk., bei Vergehen allgemein Ueberweisung a. d. Schöffenger. zulässig (GVG. §§ 73 3, 75 14). StPO. §§ 262, 266; 298 (Nebenfr., wenn Schwurger. wegen Konnexität zuständig), 140 (notwend. Verteidigung), 268 (Urteilszustellung an gesetzlichen Vertreter bei Unterbringung in eine Erziehungsanstalt). Berechnung des Alters: § 55 Anm. Zur Bestrafung ist die Feststellung, daß der Jugendliche (12—18 J.) in seiner geistigen Entwicklung soweit vorgeschritten, daß er die Strafbarkeit seiner Handlung einsehen konnte, und nicht, daß er sie in concr. erkannt hat, erforderl. Teilnahme Strafmündiger ist auch hier möglich (§ 55). — Zivilrechtl. Haftung Jugendlicher: BGB. § 828 II.

Bestrafung Jugendlicher.

§ 57. Wenn ein Angeschuldigter, welcher zu einer Zeit, als er das zwölfte, aber nicht das achtzehnte Lebensjahr vollendet hatte, eine strafbare Handlung begangen hat, bei Begehung derselben die zur Erkenntnis ihrer Strafbarkeit erforderliche Einsicht besaß, so kommen gegen ihn folgende Bestimmungen zur Anwendung:

1) ist die Handlung mit dem Tode oder mit lebenslänglichem Zuchthaus bedroht, so ist auf Gefängnis von drei bis zu fünfzehn Jahren zu erkennen;

2) ist die Handlung mit lebenslänglicher Festungshaft bedroht, so ist auf Festungshaft von drei bis zu fünfzehn Jahren zu erkennen;

3) ist die Handlung mit Zuchthaus oder mit einer anderen Strafart bedroht, so ist die Strafe zwischen dem gesetzlichen Mindestbetrage der angedrohten Strafart und der Hälfte des Höchstbetrages der angedrohten Strafe zu bestimmen.
Ist die so bestimmte Strafe Zuchthaus, so tritt Gefängnisstrafe von gleicher Dauer an ihre Stelle;

4) ist die Handlung ein Vergehen oder eine Uebertretung, so kann in besonders leichten Fällen auf Verweis erkannt werden;

5) auf Verlust der bürgerlichen Ehrenrechte überhaupt oder einzelner bürgerlichen Ehrenrechte, sowie auf Zulässigkeit von Polizei-Aufsicht ist nicht zu erkennen.

Die Freiheitsstrafe ist in besonderen, zur Verbüßung von Strafen jugendlicher Personen bestimmten Anstalten oder Räumen zu vollziehen.

Allgem. Strafmilderungsgrund der Jugend; vgl. § 56. Berechnung des Alters: § 55 Anm. § 57 ist auf die Verjährung der Strafverfolgung (§ 67) ohne Einfluß.
Abs. 1 Nr. 4: (Schriftl. od. mündl.) Vollstreckung des Verweises nach Rechtskraft des Urt. durch die Vollstreckungsbehörde (StPO. §§ 481, 483);
Nr. 5: §§ 32 ff., 38 f. Dagegen ist bei Verurteilung wegen Meineids die Eidesfähigkeit nach § 161 I abzuerkennen.

Taubstumme.

§ 58. Ein Taubstummer, welcher die zur Erkenntnis der Strafbarkeit einer von ihm begangenen Handlung erforderliche Einsicht nicht besaß, ist freizusprechen.

Auch hier ist wie nach § 56 Strafbarkeitseinsicht besonders festzustellen. StPO. §§ 262, 266; 298 (Nebenfr. an die Geschwor.), 140 (notwend. Verteidigung). Zivilrechtl. Verantwortlichkeit Taubstummer: BGB. § 828 II.

Tatbestandl. Irrtum.

§ 59. Wenn jemand bei Begehung einer strafbaren Handlung das Vorhandensein von Tatumständen nicht kannte, welche zum gesetzlichen Tatbestande gehören oder die Strafbarkeit erhöhen, so sind ihm diese Umstände nicht zuzurechnen.

Bei der Bestrafung fahrlässig begangener Handlungen gilt diese Bestimmung nur insoweit, als die Unkenntnis selbst nicht durch Fahrlässigkeit verschuldet ist.

StPO. §§ 262, 264, 266, 295 I. Strafrechtsirrtum berührt die Strafbarkeit nicht (error iuris nocet); ebenso Irrtum über die Person des Verletzten (error in obiecto; anders aberratio ictus: Idealkonk. zwischen Versuch der gewollten und der fahrläss. Handlg.). Beachtl. ist dagegen z. B. Unkenntnis der Verwandtsch. (§§ 173, 181², 215, 221 II, 223 II), der Beamtenqualität, der Fremdheit der Sache (§ 242, 303) ꝛc. ꝛc. § 59 schließt nur die Zurechnung zum Vorsatz unbedingt aus; s. Abs. 2.

Anrechnung der Untersf.-Haft.

§ 60. Eine erlittene Untersuchungshaft kann bei Fällung des Urteils auf die erkannte Strafe ganz oder teilweise angerechnet werden.

§ 60 betrifft die vor Erlassung des Urt., StPO. § 482 die später erlittene U.-Haft. Anrechnung der vor dem Urt. erlitt. U.-Haft ist nach der Urt.-Verkündg. nicht mehr zulässig. „Erkannte (Haupt-) Strafe": auch Geldstrafe.

Antragsfrist.

§ 61. Eine Handlung, deren Verfolgung nur auf Antrag eintritt, ist nicht zu verfolgen, wenn der zum Antrage Berechtigte es unterläßt, den Antrag binnen drei Monaten zu stellen. Diese Frist beginnt mit dem Tage, seit welchem der zum Antrage Berechtigte von der Handlung und von der Person des Täters Kenntnis gehabt hat.

StPO. §§ 127 III, 130 (Zulässigkeit der vorl. Festnahme und Verhaftg. vor der Antragstellung), 156 II (Form der Antragstellung), 259 II (Einstellung des Verfahrens bei Mangel des Antr.), 414 f. (Privatklage), 435 (Nebenklage), 502 (Kosten bei Antragszurücknahme). Antragsdelikte: § 102—104, 123, 170, 172, 179, 182, 185 ff. ꝛc. ꝛc. Das Antragsrecht ist persönl. (unvererbl.) und steht regelmäßig dem Verletzten zu (s. aber §§ 65, 102 f., 195 f., 232 III); Vertretg. des Berechtigten ist zulässig. Mangel eines Strafantr. hindert Verjährung nicht: § 69 II. Beginn der Frist „mit dem Tage...": Dieser Tag ist der 1. der Frist, also in diese einzurechnen.

Mehrere Antragsberechtigte.

§ 62. Wenn von mehreren zum Antrage Berechtigten einer die dreimonatliche Frist versäumt, so wird hierdurch das Recht der übrigen nicht ausgeschlossen.

Vgl. aber §§ 198, 232 III. StPO. § 415.

Unteilbarkeit des Antrags.

§ 63. Der Antrag kann nicht geteilt werden. Das gerichtliche Verfahren findet gegen sämtliche an der Handlung Beteiligte (Täter und Teilnehmer), sowie gegen den Begünstiger statt, auch wenn nur gegen eine dieser Personen auf Bestrafung angetragen worden ist.

Täter und Teilnehmer (§§ 47 ff.), auch Nebentäter (§ 47 Anm.). Begünstiger: § 257.

Zurücknahme des Antrags.

§ 64. Die Zurücknahme des Antrages ist nur in den gesetzlich besonders vorgesehenen Fällen und nur bis zur Verkündung eines auf Strafe lautenden Urteils zulässig.

Die rechtzeitige Zurücknahme des Antrages gegen eine der vorbezeichneten Personen hat die Einstellung des Verfahrens auch gegen die anderen zur Folge.

Abs. 1: §§ 102—104, 194, 232, 247, 263, 292, 303, 370 a. E. Zurücknahme der Privatklage bis zur Verkündg. des Urt. 2. Inst.: StPO. § 431.
Abs. 2: Folgen der Zurücknahme: Einstellg. des Verf. unter Ueberbürdung der Kosten auf Antragsteller (StPO. §§ 259 II, 502). „Vorbezeichnete Pers.": § 63 (Unteilbarkeit des Antr.); „gegen die anderen" Beteiligten: soweit auch sie nur auf Antrag verfolgt werden können. Widerruf der Zurücknahme und Erneuerung des zurückgenommenen Antrags ist unzulässig.

Antragsmündigkeit.

§ 65. Der Verletzte, welcher das achtzehnte Lebensjahr vollendet hat, ist selbständig zu dem Antrage auf Bestrafung berechtigt. Solange er minderjährig ist, hat unabhängig von seiner eigenen Befugnis auch sein gesetzlicher Vertreter das Recht, den Antrag zu stellen.

Ist der Verletzte geschäftsunfähig oder hat er das achtzehnte Lebensjahr noch nicht vollendet, so ist sein gesetzlicher Vertreter der zur Stellung des Antrages Berechtigte.

Berechnung des Lebensalters: § 55 Anm. „Ges. Vertreter": Vater, Mutter, Vormund, Pfleger (BGB. §§ 1630, 1634 f., 1676 ff.; 1684 f., 1696 ff.; 1793, 1897; 1909, 1915); „geschäftsunfähig": BGB. § 104. Antragsrechte des Ehemanns und des Vorgesetzten (§§ 195 f., 232 III) bleiben daneben bestehen. Erhebg. der Privatklage durch gesetzl. Vertreter: StPO. § 414 III.

Verjährg.

§ 66. Durch Verjährung wird die Strafverfolgung und die Strafvollstreckung ausgeschlossen.

Strafaufhebungsgrund, berührt nicht die Schuldfrage, also keine Frage an die Geschwor. (StPO. §§ 262 III, 293). Verjähr. ist in jeder Lage des Verf. von Amts wegen zu berücksichtigen.

Verjährg. der Strafverfolgg.

§ 67. Die Strafverfolgung von Verbrechen verjährt, wenn sie mit dem Tode oder mit lebens-

länglichem Zuchthaus bedroht sind, in zwanzig Jahren;
wenn sie im Höchstbetrage mit einer Freiheitsstrafe von einer längeren als zehnjährigen Dauer bedroht sind, in fünfzehn Jahren;
wenn sie mit einer geringeren Freiheitsstrafe bedroht sind, in zehn Jahren.

Die Strafverfolgung von Vergehen, die im Höchstbetrage mit einer längeren als dreimonatlichen Gefängnisstrafe bedroht sind, verjährt in fünf Jahren, von anderen Vergehen in drei Jahren.

Die Strafverfolgung von Uebertretungen verjährt in drei Monaten.

Die Verjährung beginnt mit dem Tage, an welchem die Handlung begangen ist, ohne Rücksicht auf den Zeitpunkt des eingetretenen Erfolges.

Besondere Bestimmungen über Verjährg. in § 7 EG. u. Nebenges., wie PreßG. § 22, GewO. § 145 II, LitUrhG. v. 19. VI. 01 §§ 50 ff. u. a. **Abs. 4**: Beginn der Verjährg. „mit dem Tage...": Der Tag der Begehung der Handlung ist der 1. der Verjährungsfrist. Vgl. § 61. Ausn.: § 171 III. Bei Unterlassungen beginnt die Verjährung, sobald die Verpflichtung, zu handeln, aufhört, bei Dauerdelikten mit der Beendigung des rechtswidr. Zustands, bei fortgesetzten und Kollektivdelikten mit dem in die Frist einzurechnenden Tage des Abschlusses der Tätigkeit, der Vollendung des zeitlich letzten Einzel-Akts.

Unterbrechg. der Verfolggsverjährg.

§ 68. Jede Handlung des Richters, welche wegen der begangenen Tat gegen den Täter gerichtet ist, unterbricht die Verjährung.

Die Unterbrechung findet nur rücksichtlich desjenigen statt, auf welchen die Handlung sich bezieht.

Nach der Unterbrechung beginnt eine neue Verjährung.

Abs. 1: „Gegen den Täter": Gegen eine bestimmte Person als Täter oder Teilnehmer. Der richterl. Handlung stehen gleich: Polizeil. Strafverfügg. und Strafbesch. der Verwaltungsbehörde (StPO. §§ 453 IV, 459 III), nach § 10 EG. z. MStGO. Handlung des Gerichtsherrn 2c. **Abs. 3**: Beginn der neuen Verjährungsfrist mit dem Tage der Unterbrechung.

Ruhen der Verfolggsverjährg.

§ 69. Die Verjährung ruht während der Zeit, in welcher auf Grund gesetzlicher Vorschrift die Strafverfolgung nicht begonnen oder nicht fortgesetzt werden kann. Ist der Beginn oder die Fortsetzung eines Strafverfahrens von einer Vorfrage abhängig, deren Entscheidung in einem anderen Verfahren erfolgen muß, so ruht die Verjährung bis zu dessen Beendigung.

Ist zur Strafverfolgung ein Antrag oder eine Ermächtigung nach dem Strafgesetz erforderlich, so wird der Lauf der Verjährung durch den Mangel des Antrages oder der Ermächtigung nicht gehindert.

Abs. 1: „Ges. Vorschr.": RV. Art. 31. — §§ 164 II, 170, 171 III, 172, 191, 238; StPO. § 261.
Abs. 2: Antrag: §§ 61 ff.; Ermächtigg.: §§ 99, 101, 197.

Verjährg. der Strafvollstreckg.

§ 70. Die Vollstreckung rechtskräftig erkannter Strafen verjährt, wenn

1) auf Tod oder auf lebenslängliches Zuchthaus oder auf lebenslängliche Festungshaft erkannt ist, in dreißig Jahren;
2) auf Zuchthaus oder Festungshaft von mehr als zehn Jahren erkannt ist, in zwanzig Jahren;
3) auf Zuchthaus bis zu zehn Jahren oder auf Festungshaft von fünf bis zu zehn Jahren oder Gefängnis von mehr als fünf Jahren erkannt ist, in fünfzehn Jahren;
4) auf Festungshaft oder Gefängnis von zwei bis zu fünf Jahren oder auf Geldstrafe von mehr als sechstausend Mark erkannt ist, in zehn Jahren;
5) auf Festungshaft oder Gefängnis bis zu zwei Jahren oder auf Geldstrafe von mehr als einhundertfünfzig bis zu sechstausend Mark erkannt ist, in fünf Jahren;
6) auf Haft oder auf Geldstrafe bis zu einhundertfünfzig Mark erkannt ist, in zwei Jahren.

Die Verjährung beginnt mit dem Tage, an welchem das Urteil rechtskräftig geworden ist.

Abs. 1: Verjährung des Verweises: Nr. 6 analog anwendbar. Verjährung von Nebenstr.: §§ 36, 38.
Abs. 2: Dieser Tag ist der 1. der Verjährungsfrist. Vgl. § 67 IV.

Verjährg. der Geldstrafe neben Freiheitsstr.

§ 71. Die Vollstreckung einer wegen derselben Handlung neben einer Freiheitsstrafe erkannten Geldstrafe verjährt nicht früher, als die Vollstreckung der Freiheitsstrafe.

Unterbrechg. der Vollstreckungsverjährung.

§ 72. Jede auf Vollstreckung der Strafe gerichtete Handlung derjenigen Behörde, welcher die Vollstreckung obliegt, sowie die zum Zwecke der Vollstreckung erfolgende Festnahme des Verurteilten unterbricht die Verjährung.

Nach der Unterbrechung der Vollstreckung der Strafe beginnt eine neue Verjährung.

Abs. 1: Vollstreckungsbehörde: Staatsanwalt bzw. Amtsrichter (StPO. § 483).
Abs. 2: Beginn der neuen Verjährungsfrist mit dem Tage der Unterbrechung; vgl. § 68 III.

Fünfter Abschnitt.

Zusammentreffen mehrerer strafbarer Handlungen.

Rechtl. Zusammentreffen od. Idealkonkurrenz (Absorptionsprinzip).

§ 73. Wenn eine und dieselbe Handlung mehrere Strafgesetze verletzt, so kommt nur dasjenige Gesetz, welches die schwerste Strafe, und bei ungleichen Strafarten dasjenige Gesetz, welches die schwerste Strafart androht, zur Anwendung.

Bei ungleichartiger Idealkonk. (Verletzung verschiedener Strafgesetze): Anwendung des die nach Art und Maß schwerste Strafe (insbes. ein höheres Strafmaximum, auch bei niedrigerem Mindestmaß) androhenden Ges. Die mehrfachen Gesetzesverletzungen sind in der Urteilsformel zu bezeichnen.

Sachl. Zusammentreffen od. Realkonkurrenz (Gesamtstrafe, Asperationsprinzip).

§ 74. Gegen denjenigen, welcher durch mehrere selbständige Handlungen mehrere Verbrechen oder Vergehen, oder dasselbe Verbrechen oder Vergehen mehrmals begangen und dadurch mehrere zeitige Freiheitsstrafen verwirkt hat, ist auf eine Gesamtstrafe zu erkennen, welche in einer Erhöhung der verwirkten schwersten Strafe besteht.

Bei dem Zusammentreffen ungleichartiger Freiheitsstrafen tritt diese Erhöhung bei der ihrer Art nach schwersten Strafe ein.

Das Maß der Gesamtstrafe darf den Betrag der verwirkten Einzelstrafen nicht erreichen und fünfzehnjähriges Zuchthaus, zehnjähriges Gefängnis oder fünfzehnjährige Festungshaft nicht übersteigen.

Abs. 1, 2: „Mehrere selbständ. Handlgn." (Gegensatz: „eine und dieselbe Handlg." in § 73) sind nicht die Einzelakte eines zusammengesetzten, fortges. od. Kollektivdelikts. „Mehrere Verbr. od. Verg.": Wegen Uebertretungen s. §§ 77 f. „Mehrere zeitige Freiheitsstrafen": Von der Gesamtstr. sind ausgeschlossen: Todesstrafe, lebenslängl. Zuchthaus oder Festung, Verweis, Ehrenstr. (§ 76), ferner Geldstr. (§ 78) und Haft (§ 77). „Erkennung" auf eine Gesamtstrafe, die allein in der Urteilsformel erscheint, während die verwirkten Einzelstrafen, von denen keine unter den gesetzlichen Straf-Mindestbetrag hinabgehen darf, nur aus den Urteilsgründen hervorgehen müssen. Asperation „der verwirkten schwersten Strafe", der sog. Einsatzstrafe, bei 2 Einzelstrafen ausgeschlossen, von denen eine nur 1 Tag beträgt (Abs. 3): 1 + 1 Tg. Gef. = 1 Tag Gesamtgef. Hier wird ausnahmsweise auch der angedrohte Mindestbetrag der Strafe des schwereren Delikts nicht überschritten. Zuchth. unter 1 Mon. zulässig bei Umwandlung von Gef. in Zuchth. (§ 19 II), nicht bei mehreren mit Zuchth. zu bestrafenden Verbr. Keine Gesamtstr. aus subsidiären Freiheitsstr.: § 78 II. Gesamtstr. bei späterer Verurteilung wegen einer vor der früheren Verurteilung begangenen Handlung: § 79.

Abs. 3: §§ 14 II, 16 I, 17 II.

Zusammentreffen von Festungsh. u. Gefängnis.

§ 75. Trifft Festungshaft nur mit Gefängnis zusammen, so ist auf jede dieser Strafarten gesondert zu erkennen.

Ist Festungshaft oder Gefängnis mehrfach verwirkt, so ist hinsichtlich der mehreren Strafen gleicher Art so zu verfahren, als wenn dieselben allein verwirkt wären.

Die Gesamtdauer der Strafen darf in diesen Fällen fünfzehn Jahre nicht übersteigen.

Abs. 1 gilt nicht, wenn Festung mit Zuchthaus zusammentrifft.
Abs. 2: Gesamtstr. nur aus den gleichartigen Einzelstr.
Abs. 3 bezieht sich auf Abs. 1 und 2.

Ehrenrechtsverlust u. Polizeiaufsicht bei Gesamtstrafe.

§ 76. Die Verurteilung zu einer Gesamtstrafe schließt die Aberkennung der bürgerlichen Ehrenrechte nicht aus, wenn diese auch nur neben einer der verwirkten Einzelstrafen zulässig oder geboten ist.

Ingleichen kann neben der Gesamtstrafe auf Zulässigkeit von Polizei-Aufsicht erkannt werden, wenn dieses auch nur wegen einer der mehreren strafbaren Handlungen statthaft ist.

Abs. 1: Aberkennung neben der Gesamtstr. (wie in Abs. 2), nicht neben Einzelstr., und zwar neben Gesamtgefängnisstr. nur zulässig, wenn Einzelstr. 3 Mon. Gef. erreicht (§ 32).
Abs. 2: § 38. Pol.-Aufsicht ist (wie Ehrenrechtsverlust) stets nur einmal neben der Gesamtstr. auszusprechen.

Zusammentreffen von Haft mit Haft od. andern Freiheitsstrafen.

§ 77. Trifft Haft mit einer anderen Freiheitsstrafe zusammen, so ist auf die erstere gesondert zu erkennen.

Auf eine mehrfach verwirkte Haft ist ihrem Gesamtbetrage nach, jedoch nicht über die Dauer von drei Monaten zu erkennen.

§ 77 gilt auch bei den Vergehen der §§ 140², 185 f.
Abs. 2: § 181.

Zusammentreffen v. Geldstrafen mit Geldstr. od. Freiheitsstr.

§ 78. Auf Geldstrafen, welche wegen mehrerer strafbarer Handlungen allein oder neben einer Freiheitsstrafe verwirkt sind, ist ihrem vollen Betrage nach zu erkennen.

Bei Umwandlung mehrerer Geldstrafen ist der Höchstbetrag der an die Stelle derselben tretenden Freiheitsstrafe zwei Jahre Gefängnis und, wenn die mehreren Geldstrafen nur wegen Uebertretungen erkannt worden sind, drei Monate Haft.

Abs. 2: Keine Gesamtstr., sondern Festsetzg. insges. auf höchstens 2 J. Gef. oder 3 Mon. Haft.

Nicht gleichzeitige Aburteilg.

§ 79. Die Vorschriften der §§ 74 bis 78 finden auch Anwendung, wenn, bevor eine erkannte Strafe verbüßt, verjährt oder erlassen ist, die Verurteilung wegen einer strafbaren Handlung erfolgt, welche vor der früheren Verurteilung begangen war.

§§ 74—78 betreffen zunächst die gleichzeitige, § 79 die sukzessive Aburteilung. StPO. §§ 492, 494. „Frühere (inländ.) Verurteilung“: Urteilsverkündung, nicht Rechtskraft; auch mehrere frühere Einzelverurteilungen.

Zweiter Teil.

Von den einzelnen Verbrechen, Vergehen und Uebertretungen und deren Bestrafung.

Erster Abschnitt.

Hochverrat und Landesverrat.

I. Hochverrat: 1. Mord u. Mordversuch.

§ 80. Der Mord und der Versuch des Mordes, welche an dem Kaiser, an dem eigenen Landesherrn, oder während des Aufenthalts in einem Bundesstaate an dem Landesherrn dieses Staats verübt worden sind, werden als Hochverrat mit dem Tode bestraft.

Zuständ.: für Mord und Mordversuch am Kaiser Reichsger., im übr. Schwurger. (GVG. §§ 136 [1], 80). Lex specialis gegenüber §§ 211 ff. Beihilfe zum Versuch: §§ 49 II, 44 II. Vermögensbeschlagn.: § 93. Ehrenrechtsverlust: § 32.

2. Hochverrät. Unternehmen.

§ 81. Wer außer den Fällen des § 80 es unternimmt,

1) einen Bundesfürsten zu töten, gefangen zu nehmen, in Feindes Gewalt zu liefern oder zur Regierung unfähig zu machen,
2) die Verfassung des Deutschen Reichs oder eines Bundesstaats oder die in demselben bestehende Thronfolge gewaltsam zu ändern,
3) das Bundesgebiet ganz oder teilweise einem fremden Staate gewaltsam einzuverleiben oder einen Teil desselben vom Ganzen loszureißen, oder
4) das Gebiet eines Bundesstaats ganz oder teil-

weise einem anderen Bundesstaate gewaltsam einzuverleiben oder einen Teil desselben vom Ganzen loszureißen,

wird wegen Hochverrats mit lebenslänglichem Zuchthaus oder lebenslänglicher Festungshaft bestraft.

Sind mildernde Umstände vorhanden, so tritt Festungshaft nicht unter fünf Jahren ein.

Neben der Festungshaft kann auf Verlust der bekleideten öffentlichen Aemter, sowie der aus öffentlichen Wahlen hervorgegangenen Rechte erkannt werden.

Zuständ.: Reichsger. (Unternehmen gegen Kaiser und Reich) bzw. Schwurger. wie bei § 80. „Unternehmen“: § 82. Vgl. § 85. Nr. 1: Idealkonk. mit § 94. Nr. 2: Verfassung = fundamentale Einrichtgn. des Staates. Vermögensbeschl.: § 93. Zuchth. nur bei ehrloser Gesinnung: § 20; Todesstr.: EG. § 4; Nebenstr.: Abs. 3, § 32.

Begriff des hochverr. Unternehmens.

§ 82. Als ein Unternehmen, durch welches das Verbrechen des Hochverrats vollendet wird, ist jede Handlung anzusehen, durch welche das Vorhaben unmittelbar zur Ausführung gebracht werden soll.

Zu § 81. Vgl. § 85. Kein Versuch des „Unternehmens“ i. S. § 43; Vorbereitungshandlgn. §§ 83—86.

3. Vorbereitgshandlgn.: a) Hochverrät. Komplott.

§ 83. Haben mehrere die Ausführung eines hochverräterischen Unternehmens verabredet, ohne daß es zum Beginn einer nach § 82 strafbaren Handlung gekommen ist, so werden dieselben mit Zuchthaus nicht unter fünf Jahren oder mit Festungshaft von gleicher Dauer bestraft.

Sind mildernde Umstände vorhanden, so tritt Festungshaft nicht unter zwei Jahren ein.

Neben der Festungshaft kann auf Verlust der bekleideten öffentlichen Aemter, sowie der aus öffentlichen Wahlen hervorgegangenen Rechte erkannt werden.

Zuständ.: Reichsger. bzw. Schwurger. wie bei §§ 80 f.
Abs. 1: „Mehrere“, auch zwei. Vermögensbeschl.: § 93. Zuchth. nur bei ehrloser Gesinnung: § 20.
Abs. 3: §§ 81 III, 32.

b) **Konspiration mit auswärt. Regiergn. usw.**

§ 84. Die Strafvorschriften des § 83 finden auch gegen denjenigen Anwendung, welcher zur Vorbereitung eines Hochverrats entweder sich mit einer auswärtigen Regierung einläßt oder die ihm von dem Reich oder einem Bundesstaate anvertraute Macht mißbraucht oder Mannschaften anwirbt oder in den Waffen einübt.

Zuständ.: Reichsger. bzw. Schwurger. „Macht": amtl. oder dienstl. Gewalt, nicht notwendig militär. Macht. Vermögensbeschl.: § 93. Idealkonk. mit §§ 127, 141.

c) **Hochverrät. Aufforderung.**

§ 85. Wer öffentlich vor einer Menschenmenge, oder wer durch Verbreitung oder öffentlichen Anschlag oder öffentliche Ausstellung von Schriften oder anderen Darstellungen zur Ausführung einer nach § 82 strafbaren Handlung auffordert, wird mit Zuchthaus bis zu zehn Jahren oder Festungshaft von gleicher Dauer bestraft.

Sind mildernde Umstände vorhanden, so tritt Festungshaft von Einem bis zu fünf Jahren ein.

Zuständ.: Reichsger. bzw. Schwurger. wie §§ 80 f.
Abs. 1: Vgl. §§ 49 a, 110 f. Zuchth. bei ehrloser Gesinnung: § 20.
Beschlagn. v. Druckschr.: PreßG. § 23 [3].

d) **Andere hochverrät. Vorbereitgshandlgn.**

§ 86. Jede andere, ein hochverräterisches Unternehmen vorbereitende Handlung wird mit Zuchthaus bis zu drei Jahren oder Festungshaft von gleicher Dauer bestraft.

Sind mildernde Umstände vorhanden, so tritt Festungshaft von sechs Monaten bis zu drei Jahren ein.

Zuständ.: Reichsger. bzw. Schwurger. (GVG. §§ 136 [1], 80, 73 [2]).
Abs. 1: § 20.

II. Landesverrat: 1. Militärischer Landesverrat:
a) Verbindg. mit ausländ. Regierungen.

§ 87. Ein Deutscher, welcher sich mit einer ausländischen Regierung einläßt, um dieselbe zu einem Kriege gegen das Deutsche Reich zu veranlassen, wird wegen Landesverrats mit Zuchthaus nicht unter fünf Jahren und, wenn der Krieg ausgebrochen ist, mit lebenslänglichem Zuchthaus bestraft.

Sind mildernde Umstände vorhanden, so tritt Festungshaft von sechs Monaten bis zu fünf Jahren und, wenn der Krieg ausgebrochen ist, Festungshaft nicht unter fünf Jahren ein.

Neben der Festungshaft kann auf Verlust der bekleideten öffentlichen Aemter, sowie der aus öffentlichen Wahlen hervorgegangenen Rechte erkannt werden.

Zuständ.: Reichsger. (GVG. § 136 [1]).
Abs. 1: Vgl. MStGB. §§ 57 ff. (Kriegsverrat), 7, 160. „Ausländisch" (§ 8), nicht „auswärtig" (§ 84). Ausländer: § 91. Vermögensbeschlagn.: § 93.
Abs. 3: §§ 81 III, 83 III, 32.

b) Kriegsdienst in der feindl. Macht.

§ 88. Ein Deutscher, welcher während eines gegen das Deutsche Reich ausgebrochenen Krieges in der feindlichen Kriegsmacht Dienste nimmt oder die Waffen gegen das Deutsche Reich oder dessen Bundesgenossen trägt, wird wegen Landesverrats mit lebenslänglichem Zuchthaus oder lebenslänglicher Festungshaft bestraft.

Sind mildernde Umstände vorhanden, so tritt Festungshaft nicht unter fünf Jahren ein.

Ein Deutscher, welcher schon früher in fremden Kriegsdiensten stand, wird, wenn er nach Ausbruch des Krieges in der feindlichen Kriegsmacht verbleibt oder die Waffen gegen das Deutsche Reich oder dessen Bundesgenossen trägt, wegen Landesverrats mit Zuchthaus von zwei bis zu zehn Jahren oder mit Festungshaft von gleicher Dauer bestraft. Sind mildernde Umstände vorhanden, so tritt Festungshaft bis zu zehn Jahren ein.

Neben der Festungshaft kann auf Verlust der bekleideten öffentlichen Aemter, sowie der aus öffentlichen Wahlen hervorgegangenen Rechte erkannt werden.

Zuständ.: Reichsger. (GVG. § 136 [1]).

Abs. 1 u. 3: Zuchth. (§ 20); Todesstr. (EG. § 4). Vermögensbeschl.: § 93.
Abs. 4: §§ 81 III, 83 III, 87 III, 32.

c) Begünstigg. der feindl., Benachteiligg. der dtschn. Kriegsmacht.

§ 89. Ein Deutscher, welcher vorsätzlich während eines gegen das Deutsche Reich ausgebrochenen Krieges einer feindlichen Macht Vorschub leistet oder der Kriegsmacht des Deutschen Reichs oder der Bundesgenossen desselben Nachteil zufügt, wird wegen Landesverrats mit Zuchthaus bis zu zehn Jahren oder mit Festungshaft von gleicher Dauer bestraft. Sind mildernde Umstände vorhanden, so tritt Festungshaft bis zu zehn Jahren ein.

Neben der Festungshaft kann auf Verlust der bekleideten öffentlichen Aemter, sowie der aus öffentlichen Wahlen hervorgegangenen Rechte erkannt werden.

Zuständ.: Reichsger. Vgl. im übr. §§ 87 f. Anm.; SpionG.*) Ausländer: § 91.

---

*) Ges. geg. den Verrat milit. Geheimnisse v. 3. Juli 93 (RGBl. S. 205):

§ 1. Wer vorsätzlich Schriften, Zeichnungen oder andere Gegenstände, deren Geheimhaltung im Interesse der Landesverteidigung erforderlich ist, in den Besitz oder zur Kenntnis eines anderen gelangen läßt, wird, wenn er weiß, daß dadurch die Sicherheit des Deutschen Reichs gefährdet wird, mit Zuchthaus nicht unter zwei Jahren bestraft, neben welchem auf Geldstrafe bis zu fünfzehntausend Mark erkannt werden kann.

Sind mildernde Umstände vorhanden, so tritt Festungshaft nicht unter sechs Monaten ein, neben welcher auf Geldstrafe bis zu zehntausend Mark erkannt werden kann.

§ 2. Wer außer dem Falle des § 1 vorsätzlich und rechtswidrig Gegenstände der daselbst bezeichneten Art in den Besitz oder zur Kenntnis eines anderen gelangen läßt, wird mit Gefängnis oder mit Festungshaft bis zu fünf Jahren bestraft.

Neben der Freiheitsstrafe kann auf Geldstrafe bis zu fünftausend Mark erkannt werden.

Der Versuch ist strafbar.

§ 3. Wer vorsätzlich den Besitz oder die Kenntnis von Gegenständen der im § 1 bezeichneten Art in der Absicht sich verschafft, davon zu einer die Sicherheit des Deutschen Reichs gefährdenden Mitteilung an andere Gebrauch zu machen, wird mit Zuchthaus bis zu zehn Jahren bestraft, neben welchem auf Geldstrafe bis zu zehntausend Mark erkannt werden kann.

§ 90. Lebenslängliche Zuchthausstrafe tritt im Falle des § 89 ein, wenn der Täter

1) Festungen, Pässe, besetzte Plätze oder andere Verteidigungsposten, imgleichen Teile oder Angehörige der deutschen oder einer verbündeten Kriegsmacht in feindliche Gewalt bringt;
2) Festungswerke, Schiffe oder Fahrzeuge der Kriegsmarine, öffentliche Gelder, Vorräte von Waffen, Schießbedarf oder anderen Kriegsbedürfnissen, sowie Brücken, Eisenbahnen, Telegraphen und Transportmittel in feindliche Gewalt bringt oder zum Vorteile des Feindes zerstört oder unbrauchbar macht;
3) dem Feinde Mannschaften zuführt oder Angehörige der deutschen oder einer verbündeten Kriegsmacht verleitet, zum Feinde überzugehen;
4) Operationspläne oder Pläne von Festungen oder festen Stellungen dem Feinde mitteilt;

---

§ 4. Wer ohne die vorbezeichnete Absicht vorsätzlich und rechtswidrig den Besitz oder die Kenntnis von Gegenständen der im § 1 bezeichneten Art sich verschafft, wird mit Gefängnis bis zu drei Jahren oder mit Festungshaft von gleicher Dauer bestraft.

Neben der Freiheitsstrafe kann auf Geldstrafe bis zu fünftausend Mark erkannt werden.

Sind mildernde Umstände vorhanden, so kann ausschließlich auf die Geldstrafe erkannt werden.

Der Versuch ist strafbar.

§ 5. Haben mehrere ein Verbrechen der in den §§ 1, 3 bezeichneten Art verabredet, ohne daß es zur Ausführung oder zu einem strafbaren Versuch desselben gekommen ist, so tritt Gefängnis nicht unter drei Monaten ein.

Neben der Freiheitsstrafe kann auf Geldstrafe bis zu fünftausend Mark erkannt werden.

Straflos bleibt der an einer Verabredung der vorbezeichneten Art Beteiligte, wenn er von derselben zu einer Zeit, wo die Behörde nicht schon anderweit davon unterrichtet ist, in einer Weise Anzeige macht, daß die Verhütung des Verbrechens möglich ist.

§ 6. In den Fällen der §§ 1, 3, 5 kann neben Gefängnis auf Verlust der bekleideten öffentlichen Aemter und der aus öffentlichen Wahlen hervorgegangenen Rechte, neben jeder Freiheitsstrafe auf Zulässigkeit von Polizeiaufsicht erkannt werden.

§ 7. Wer aus Fahrlässigkeit Gegenstände der im § 1 bezeichneten Art, die ihm amtlich anvertraut oder kraft seines Amtes oder eines von amtlicher Seite erteilten Auftrages zugänglich sind, in einer die Sicherheit des Deutschen Reichs gefährdenden Weise in den Besitz

5) dem Feinde als Spion dient oder feindliche Spione aufnimmt, verbirgt oder ihnen Beistand leistet, oder
6) einen Aufstand unter Angehörigen der deutschen oder einer verbündeten Kriegsmacht erregt.

In minder schweren Fällen kann auf Zuchthaus nicht unter zehn Jahren erkannt werden.

Sind mildernde Umstände vorhanden, so tritt Festungshaft nicht unter fünf Jahren ein.

Neben der Festungshaft kann auf Verlust der bekleideten öffentlichen Aemter, sowie der aus öffentlichen Wahlen hervorgegangenen Rechte erkannt werden.

Zuständ.: Reichsger. Vgl. im übr. Anm. zu §§ 87 ff.

Ausländer.

§ 91. Gegen Ausländer ist wegen der in den §§ 87, 89, 90 bezeichneten Handlungen nach dem Kriegsgebrauche zu verfahren.

oder zur Kenntnis eines anderen gelangen läßt, wird mit Gefängnis oder Festungshaft bis zu drei Jahren oder mit Geldstrafe bis zu dreitausend Mark bestraft.

Neben der Freiheitsstrafe kann auf Geldstrafe bis zu dreitausend Mark erkannt werden.

§ 8. Wer den von der Militärbehörde erlassenen, an Ort und Stelle erkennbar gemachten Anordnungen zuwider Befestigungsanlagen, Anstalten des Heeres oder der Marine, Kriegsschiffe, Kriegsfahrzeuge oder militärische Versuchs- oder Uebungsplätze betritt, wird mit Geldstrafe bis zu einhundertfünfzig Mark oder mit Haft bestraft.

§ 9. Wer von dem Vorhaben eines der in den §§ 1 und 3 vorgesehenen Verbrechen zu einer Zeit, in welcher die Verhütung des Verbrechens möglich ist, glaubhafte Kenntnis erhält und es unterläßt, hiervon der Behörde zur rechten Zeit Anzeige zu machen, ist, wenn das Verbrechen oder ein strafbarer Versuch desselben begangen worden ist, mit Gefängnis zu bestrafen.

§ 10. Die Bestimmungen im § 4 Absatz 2 Nr. 2 des Strafgesetzbuchs für das Deutsche Reich finden auch auf die in den §§ 1, 3, 5 dieses Gesetzes vorgesehenen Verbrechen und Vergehen Anwendung.

§ 11. Die §§ 89, 90 des Strafgesetzbuchs erhalten folgende Fassung: (s. oben).

§ 12. Für die Untersuchung und Entscheidung in erster und letzter Instanz in den Fällen der in den §§ 1, 3 vorgesehenen Verbrechen ist das Reichsgericht zuständig. Die Militärgerichtsbarkeit wird hierdurch nicht berührt.

Zuständ. für §§ 2, 4, 5, 7, 9: Strafk.

Begehen sie aber solche Handlungen, während sie unter dem Schutze des Deutschen Reichs oder eines Bundesstaats sich innerhalb des Bundesgebietes aufhalten, so kommen die in den §§ 87, 89 und 90 bestimmten Strafen zur Anwendung.

„Ausländer" = Nichtdeutscher (§ 8). Strafbarkeit hochverrät. Handlungen im Ausland: § 4 Abs. 2 Nr. 1.

2. Diplomatischer Landesverrat.

§ 92. Wer vorsätzlich

1) Staatsgeheimnisse oder Festungspläne, oder solche Urkunden, Aktenstücke oder Nachrichten, von denen er weiß, daß ihre Geheimhaltung einer anderen Regierung gegenüber für das Wohl des Deutschen Reichs oder eines Bundesstaats erforderlich ist, dieser Regierung mitteilt oder öffentlich bekannt macht;

2) zur Gefährdung der Rechte des Deutschen Reichs oder eines Bundesstaats im Verhältnis zu einer anderen Regierung die über solche Rechte sprechenden Urkunden oder Beweismittel vernichtet, verfälscht oder unterdrückt, oder

3) ein ihm von seiten des Deutschen Reichs oder von einem Bundesstaate aufgetragenes Staatsgeschäft mit einer andern Regierung zum Nachteil dessen führt, der ihm den Auftrag erteilt hat,

wird mit Zuchthaus nicht unter zwei Jahren bestraft.

Sind mildernde Umstände vorhanden, so tritt Festungshaft nicht unter sechs Monaten ein.

Zuständ.: Reichsger. bzw. Schwurger. wie bei §§ 80 f. SpionG. §§ 1 ff. (s. N.* zu § 89); PreßG. §§ 15, 18[1], 23[2].

Vermögensbeschlagnahme.

§ 93. Wenn in den Fällen der §§ 80, 81, 83, 84, 87 bis 92 die Untersuchung eröffnet wird, so kann bis zu deren rechtskräftiger Beendigung das Vermögen, welches der Angeschuldigte besitzt, oder welches ihm später anfällt, mit Beschlag belegt werden.

StPO. §§ 333—335, 480.

Zweiter Abschnitt.

Beleidigung des Landesherrn.[1])

Tätlichkeit gegen Kaiser, eigenen Landesherrn od. den des Aufenthaltsstaats.

§ 94. Wer einer Tätlichkeit gegen den Kaiser, gegen seinen Landesherrn oder während seines Aufenthalts in einem Bundesstaate einer Tätlichkeit gegen den Landesherrn dieses Staats sich schuldig macht, wird mit lebenslänglichem Zuchthaus oder lebenslänglicher Festungshaft, in minder schweren Fällen mit Zuchthaus nicht unter fünf Jahren oder mit Festungshaft von gleicher Dauer bestraft. Neben der Festungshaft kann auf Verlust der bekleideten öffentlichen Aemter, sowie der aus öffentlichen Wahlen hervorgegangenen Rechte erkannt werden.

Sind mildernde Umstände vorhanden, so tritt Festungshaft nicht unter fünf Jahren ein.

Zuständ.: Schwurger. (GVG. § 80). Lex specialis gegenüber §§ 185 ff.; §§ 194, 199, 233 hier unanwendbar. Nichtkenntnis der Eigenschaft des Verletzten: § 59. Idealkonk. mit § 81 [1]. „Minder schwere Fälle“: Strafzumessung, keine Frage an Geschwor. Vgl. §§ 4 [2], 20 (Zuchth. bei ehrloser Gesinnung), 32, 98.

Beleidigg. des Kaisers, eigenen Landesherrn od. dessen des Aufenthaltsstaats.

§ 95. Wer den Kaiser, seinen Landesherrn oder während seines Aufenthalts in einem Bundesstaate dessen Landesherrn beleidigt, wird mit Gefängnis nicht unter

[1]) Ges., betr. die Bestrafung der Majestätsbeleidigg. v. 17. Febr. 08 (RGBl. S. 25):

Für die Verfolgung und Bestrafung der in den §§ 95, 97, 99, 101 des Strafgesetzbuchs bezeichneten Vergehen gelten nachstehende Vorschriften:

Die Beleidigung ist nur dann auf Grund der §§ 95, 97, 99, 101 strafbar, wenn sie in der Absicht der Ehrverletzung, böswillig und mit Ueberlegung begangen wird. Sind in den Fällen der §§ 95, 97, 99 mildernde Umstände vorhanden, so kann die Gefängnisstrafe oder die Festungshaft bis auf eine Woche ermäßigt werden.

Im Falle des § 95 kann neben der Gefängnisstrafe auf Verlust der bekleideten öffentlichen Aemter erkannt werden.

Die Verfolgung verjährt in sechs Monaten.

Ist die Strafbarkeit nach Abs. 2 ausgeschlossen, so finden die Vorschriften des vierzehnten Abschnitts des Strafgesetzbuchs Anwendung.

zwei Monaten oder mit Festungshaft von zwei Monaten bis zu fünf Jahren bestraft.

Neben der Gefängnisstrafe kann auf Verlust der bekleideten öffentlichen Aemter (sowie der aus öffentlichen Wahlen hervorgegangenen Rechte) erkannt werden.

Zuständ.: Strafk. (GVG. §§ 73 [1], 27).
Abs. 1: Ehrfurchtsverletzung genügt nicht. § 95 nur dann anwendbar, wenn die Beleidigung „in der Absicht der Ehrverletzung, böswillig und mit Ueberlegung begangen wird"; bei mildernden Umständen Ermäßigung der Gefängnisstr. oder Festungshaft bis auf 1 Woche; Verfolgungsverjährung 6 Mon.: Ges. v. 17. II. 08 (S. oben S. 43 Note [1]). Vgl. §§ 4 [2], 99, PreßG. § 23 [3] (Beschlagn. von Druckschriften), Anm. zu § 94. Beleidigg. geg. Verstorb.: § 189.
Abs. 2: Die eingeklammerten Worte sind im Ges. v. 17. II. 08 gestrichen.

Tätlichkeit gegen Mitglieder des landesherrl. Hauses od. den Regenten seines Staates od. Aufenthaltsstaats.

§ 96. Wer einer Tätlichkeit gegen ein Mitglied des landesherrlichen Hauses seines Staats oder gegen den Regenten seines Staats oder während seines Aufenthalts in einem Bundesstaate einer Tätlichkeit gegen ein Mitglied des landesherrlichen Hauses dieses Staats oder gegen den Regenten dieses Staats sich schuldig macht, wird mit Zuchthaus nicht unter fünf Jahren oder mit Festungshaft von gleicher Dauer, in minder schweren Fällen mit Zuchthaus bis zu fünf Jahren oder mit Festungshaft von gleicher Dauer bestraft.

Sind mildernde Umstände vorhanden, so tritt Festungshaft von Einem bis zu fünf Jahren ein.

Zuständ.: Schwurger. Vgl. § 94 Anm. und § 100.

Beleidigg. von Mitgliedern des landesherrl. Hauses od. des Regenten seines Staats od. Aufenthaltsstaats.

§ 97. Wer ein Mitglied des landesherrlichen Hauses seines Staats oder den Regenten seines Staats oder während seines Aufenthalts in einem Bundesstaate ein Mitglied des landesherrlichen Hauses dieses Staats oder den Regenten dieses Staats beleidigt, wird mit

Gefängnis von Einem Monat bis zu drei Jahren oder mit Festungshaft von gleicher Dauer bestraft.

Zuständ.: Strafk. Vgl. § 95 Anm., § 101 und Ges. v. 17. II. 08, das den subjekt. Tatbestand wesentlich einengt, bei mild. Umständen Ermäßigung der Gefängnisstr. oder Festungsh. bis auf 1 Woche zuläßt und die Verjährungsfrist auf 6 Mon. ermäßigt.

Dritter Abschnitt.

Beleidigung von Bundesfürsten.

Tätlichkeit gegen Bundesfürsten.

§ 98. Wer außer dem Falle des § 94 sich einer Tätlichkeit gegen einen Bundesfürsten schuldig macht, wird mit Zuchthaus von zwei bis zu zehn Jahren oder mit Festungshaft von gleicher Dauer bestraft.

Sind mildernde Umstände vorhanden, so tritt Festungshaft von sechs Monaten bis zu zehn Jahren ein.

Zuständ.: Schwurger. Vgl. §§ 4^{2}, 20, 32, 94 Anm., 96.

Beleidigg. von Bundesfürsten.

§ 99. Wer außer dem Falle des § 95 einen Bundesfürsten beleidigt, wird mit Gefängnis von Einem Monat bis zu drei Jahren oder mit Festungshaft von gleicher Dauer bestraft.

Die Verfolgung tritt nur mit Ermächtigung des Beleidigten ein.

Zuständ.: Strafk.
Abs. 1: Vgl. Anm. zu §§ 94 f., § 97 und Ges. v. 17. II. 08, das den subj. Tatbest. wesentl. einengt, bei mild. Umst. das Strafminimum auf 1 Woche und die Verjährungsfrist auf 6 Mon. herabsetzt.
Abs. 2: Ermächtigung (nicht Antrag) form- und fristlos, nicht zurücknehmbar.

Tätlichkeit gegen Mitgl. eines bundesfürstl. Hauses od. den Regenten eines Bundesstaats.

§ 100. Wer außer dem Falle des § 96 sich einer Tätlichkeit gegen ein Mitglied eines bundesfürstlichen Hauses oder den Regenten eines Bundesstaats schuldig macht, wird mit Zuchthaus bis zu fünf Jahren oder mit Festungshaft von gleicher Dauer bestraft.

Sind mildernde Umstände vorhanden, so tritt Festungshaft von Einem Monat bis zu drei Jahren ein.

Zuständ.: Schwurger. (GVG. §§ 80, 73 [2]). Vgl. §§ 20, 32, 94, 96, 98.

Beleidigg. des Regenten eines Bundesstaats.

§ 101. Wer außer dem Falle des § 97 den Regenten eines Bundesstaats beleidigt, wird mit Gefängnis von Einer Woche bis zu zwei Jahren oder mit Festungshaft von gleicher Dauer bestraft.

Die Verfolgung tritt nur mit Ermächtigung des Beleidigten ein.

Zuständ.: Strafk.
Abs. 1: Vgl. § 95 Anm., §§ 97, 99 u. Ges. v. 17. II. 08: Verjährg. in 6 Mon.
Abs. 2: § 99 II.

Vierter Abschnitt.

Feindliche Handlungen gegen befreundete Staaten.

Hochverrät. Handlgn. gegen nichtdeutsche Staaten od. Landesherren.

§ 102. Ein Deutscher, welcher im Inlande oder Auslande, oder ein Ausländer, welcher während seines Aufenthalts im Inlande gegen einen nicht zum Deutschen Reich gehörenden Staat oder dessen Landesherrn eine Handlung vornimmt, die, wenn er sie gegen einen Bundesstaat oder einen Bundesfürsten begangen hätte, nach Vorschrift der §§ 81 bis 86 zu bestrafen sein würde, wird in den Fällen der §§ 81 bis 84 mit Festungshaft von Einem bis zu zehn Jahren oder, wenn mildernde Umstände vorhanden sind, mit Festungshaft von sechs Monaten bis zu zehn Jahren, in den Fällen der §§ 85 und 86 mit Festungshaft von Einem Monat bis zu drei Jahren bestraft, sofern in dem anderen Staate dem Deutschen Reich die Gegenseitigkeit verbürgt ist.

Die Verfolgung tritt nur auf Antrag der auswärtigen Regierung ein. Die Zurücknahme des Antrages ist zulässig.

Zuständ.: Schwurger. (§§ 81—84) bzw. Strafk. (§§ 85, 86): GVG. §§ 73, 80.
Abs. 1: „Gegenseitigkeit" ist vom Gericht festzustellen, keine Frage an Geschwor. „Inland": § 3 Anm.; „Ausland": § 8.
Abs. 2: Auswärtig = ausländisch (§ 8). Antrag: §§ 61 ff.

Beleidigg. nichtdeutscher Landesherren od. Regenten.

§ 103. Wer sich gegen den Landesherrn oder den Regenten eines nicht zum Deutschen Reich gehörenden Staats einer Beleidigung schuldig macht, wird mit Gefängnis von Einer Woche bis zu zwei Jahren oder mit Festungshaft von gleicher Dauer bestraft, sofern in diesem Staate dem Deutschen Reich die Gegenseitigkeit verbürgt ist.

Die Verfolgung tritt nur auf Antrag der auswärtigen Regierung ein. Die Zurücknahme des Antrages ist zulässig.

Zuständ.: Strafk. Vgl. § 102 Anm.

Verletzg. ausländischer Hoheitszeichen.

§ 103 a. Wer ein öffentliches Zeichen der Autorität eines nicht zum Deutschen Reich gehörenden Staats oder ein Hoheitszeichen eines solchen Staats böswillig wegnimmt, zerstört oder beschädigt oder beschimpfenden Unfug daran verübt, wird mit Geldstrafe bis zu sechshundert Mark oder mit Gefängnis bis zu zwei Jahren bestraft.

Zuständ.: Strafk. — Dasselbe Vergehen an deutschen Hoheitszeichen: § 135.

Beleidigung von Gesandten.

§ 104. Wer sich gegen einen bei dem Reich, einem bundesfürstlichen Hofe oder bei dem Senate einer der freien Hansestädte beglaubigten Gesandten oder Geschäftsträger einer Beleidigung schuldig macht, wird mit Gefängnis bis zu Einem Jahre oder mit Festungshaft von gleicher Dauer bestraft.

Die Verfolgung tritt nur auf Antrag des Beleidigten ein. Die Zurücknahme des Antrages ist zulässig.

Zuständ.: Strafk. Antrag: §§ 61 ff.

Fünfter Abschnitt.

Verbrechen und Vergehen in Beziehung auf die Ausübung staatsbürgerlicher Rechte.

Störg. gesetzgebender Versammlgn.

§ 105. Wer es unternimmt, den Senat oder die Bürgerschaft einer der freien Hansestädte, eine gesetzgebende Versammlung des Reichs oder eines Bundesstaats auseinander zu sprengen, zur Fassung oder Unterlassung von Beschlüssen zu nötigen oder Mitglieder aus ihnen gewaltsam zu entfernen, wird mit Zuchthaus nicht unter fünf Jahren oder mit Festungshaft von gleicher Dauer bestraft.

Sind mildernde Umstände vorhanden, so tritt Festungshaft nicht unter Einem Jahre ein.

Zuständ.: Schwurger. Versuch (§ 43) des Unternehmens begriffl. ausgeschlossen. Gesetzg. Versammlg. des Reichs: Bundesrat oder Reichstag. Vgl. §§ 20, 32, 114.

Verhinderung der Teilnahme an gesetzgeb. Versammlgn.

§ 106. Wer ein Mitglied einer der vorbezeichneten Versammlungen durch Gewalt oder durch Bedrohung mit einer strafbaren Handlung verhindert, sich an den Ort der Versammlung zu begeben oder zu stimmen, wird mit Zuchthaus bis zu fünf Jahren oder mit Festungshaft von gleicher Dauer bestraft.

Sind mildernde Umstände vorhanden, so tritt Festungshaft bis zu zwei Jahren ein.

Zuständ.: Schwurger. (§§ 80, 73 [2] GVG.) Vgl. §§ 20, 32, 339 III (Mißbrauch der Amtsgewalt).

Wahl- u. Stimmverhinderung.

§ 107. Wer einen Deutschen durch Gewalt oder durch Bedrohung mit einer strafbaren Handlung verhindert, in Ausübung seiner staatsbürgerlichen Rechte zu wählen oder zu stimmen, wird mit Gefängnis nicht unter sechs Monaten oder mit Festungshaft bis zu fünf Jahren bestraft.

Der Versuch ist strafbar.

Zuständ.: Strafk. Auch die Ausübung des Gemeindewahlrechts gehört hieher. Vgl. §§ 20, 339 III (Amtsmißbrauch).

Wahlfälschung.

§ 108. Wer in einer öffentlichen Angelegenheit mit der Sammlung von Wahl- oder Stimm-Zetteln oder -Zeichen oder mit der Führung der Beurkundungsverhandlung beauftragt, ein unrichtiges Ergebnis der Wahlhandlung vorsätzlich herbeiführt oder das Ergebnis verfälscht, wird mit Gefängnis von Einer Woche bis zu drei Jahren bestraft.

Wird die Handlung von jemand begangen, welcher nicht mit der Sammlung der Zettel oder Zeichen oder einer anderen Verrichtung bei dem Wahlgeschäfte beauftragt ist, so tritt Gefängnisstrafe bis zu zwei Jahren ein.

Auch kann auf Verlust der bürgerlichen Ehrenrechte erkannt werden.

Zuständ.: Strafk.
Abs. 1: „Ergebnis der Wahlhandlung", nicht = Gesamtergebnis der Wahl.
Abs. 2: z. B. Abgabe eines Stimmzettels unter falschem Namen, Wahlausübung Nichtwahlberechtigter oder an mehreren Orten.
Abs. 3: §§ 32, 35.

Wahlbestechg. od. Stimmenkauf.

§ 109. Wer in einer öffentlichen Angelegenheit eine Wahlstimme kauft oder verkauft, wird mit Gefängnis von Einem Monat bis zu zwei Jahren bestraft; auch kann auf Verlust der bürgerlichen Ehrenrechte erkannt werden.

Zuständ.: Strafk. Kein Kauf i. S. BGB. §§ 433 ff.! Ehrenrechtsverlust: §§ 32, 35. Vgl. HGB. § 316 f., GenG. § 151, KO. § 243, SchuldverschreibG. v. 4. XII. 99 § 21.

Sechster Abschnitt.

Widerstand gegen die Staatsgewalt.

Oeffentl. Aufforderg. z. Ungehorsam geg. Gesetze usw.

§ 110. Wer öffentlich vor einer Menschenmenge, oder wer durch Verbreitung oder öffentlichen Anschlag oder öffentliche Ausstellung von Schriften oder anderen Darstellungen zum Ungehorsam gegen Gesetze oder rechtsgültige Verordnungen oder gegen die von der Obrigkeit innerhalb ihrer Zuständigkeit getroffenen Anordnungen auffordert, wird mit Geldstrafe bis zu sechshundert Mark oder mit Gefängnis bis zu zwei Jahren bestraft.

Zuständ.: Strafk. Nicht „öffentl.“, wenn zwar an öffentl. Ort., aber innerhalb eines geschlossenen, in näherer Beziehung zu einander stehenden Personenkreises aufgefordert wird, so daß andere die Aufforderung nicht hören 2c. konnten. Nach Form und Inhalt „rechtsgült. Verordngn.“: von der zuständ. Stelle in vorgeschrieb. Form verkündet (formell verbindl.) und inhaltl. dem geltend. Recht entsprechend (materiell gültig). Vgl. §§ 28 II, 85, 111 (Aufforderung zu einer bestimmten Handlung).

Oeffentl. Aufforderung zu strafb. Handlgn.

§ 111. Wer auf die vorbezeichnete Weise zur Begehung einer strafbaren Handlung auffordert, ist gleich dem Anstifter zu bestrafen, wenn die Aufforderung die strafbare Handlung oder einen strafbaren Versuch derselben zur Folge gehabt hat.

Ist die Aufforderung ohne Erfolg geblieben, so tritt Geldstrafe bis zu sechshundert Mark oder Gefängnisstrafe bis zu Einem Jahre ein. Die Strafe darf jedoch, der Art oder dem Maße nach, keine schwerere sein, als die auf die Handlung selbst angedrohte.

Zuständ.: Schwurger., Strafk., Schöffenger., je nach der Straftat, zu der aufgefordert wird; nach Abs. 2 S. 1: Strafk., S. 2: eventl. Ueberweisg. od. Schöffenger. „Strafb. Handlg.“: nach inländ., auch Landesrecht. Vgl. §§ 48 (Anstifter), 49a, 85, 110; PreßG. § 23[3] (Beschlagnahme von Druckschriften).

Aufforderg. von Militärpersonen z. Ungehorsam.

§ 112. Wer eine Person des Soldatenstandes, es sei des Deutschen Heeres oder der Kaiserlichen Marine, auffordert oder anreizt, dem Befehle des Oberen nicht Gehorsam zu leisten, wer insbesondere eine Person, welche zum Beurlaubtenstande gehört, auffordert oder anreizt, der Einberufung zum Dienste nicht zu folgen, wird mit Gefängnis bis zu zwei Jahren bestraft.

Zuständ.: Strafk. Personen des Soldatenstandes: MStGB. §§ 4—6 und Anl. A, des Beurlaubtenst.: RMilG. § 56, WehrpflAendG. v. 11. II. 88. Vgl. §§ 110 f. („auffordern“), 130 u. 210 („anreizen“), MStGB. § 99 (Soldaten als Täter).

Widerstand u. tätl. Angriff geg. Vollstreckgsbeamte.

§ 113. Wer einem Beamten, welcher zur Vollstreckung von Gesetzen, von Befehlen und Anordnungen der Verwaltungsbehörden oder von Urteilen und Verfügungen der Gerichte berufen ist, in der rechtmäßigen Ausübung seines Amtes durch Gewalt oder durch Bedrohung mit Gewalt Widerstand leistet, oder wer einen solchen Beamten während der rechtmäßigen Ausübung seines Amtes tätlich angreift, wird mit Gefängnis von vierzehn Tagen bis zu zwei Jahren bestraft.

Sind mildernde Umstände vorhanden, so tritt Gefängnisstrafe bis zu Einem Jahre oder Geldstrafe bis zu eintausend Mark ein.

Dieselben Strafvorschriften treten ein, wenn die Handlung gegen Personen, welche zur Unterstützung des Beamten zugezogen waren, oder gegen Mannschaften der bewaffneten Macht, oder gegen Mannschaften einer Gemeinde-, Schutz- oder Bürgerwehr in Ausübung des Dienstes begangen wird.

Zuständ.: Strafk. od. Ueberweisung an Schöffenger. (GVG. §§ 73 [1], 75 [1]). Passiver Widerst. genügt nicht. Vgl. §§ 59 (Unkenntnis der Beamteneigensch. 2c.), 359 („Beamter"), ZPO. §§ 753, 758 (Gerichtsvollzieher). § 113 schließt §§ 114, 241 aus.

Nötigg. zu Amtshandlgn.

§ 114. Wer es unternimmt, durch Gewalt oder Drohung eine Behörde oder einen Beamten zur Vornahme oder Unterlassung einer Amtshandlung zu nötigen, wird mit Gefängnis nicht unter drei Monaten bestraft.

Sind mildernde Umstände vorhanden, so tritt Gefängnisstrafe bis zu zwei Jahren oder Geldstrafe bis zu zweitausend Mark ein.

Zuständ.: Strafk. od. Ueberweisg., wie § 113. Gesetzeskonk. mit § 113. Vgl. §§ 59, 359 („Beamter"), 105; 240 (durch § 114 ausgeschlossen). **Abs. 2**: Geldstr. durch Nov. v. 1912 zugelassen.

Aufruhr.

§ 115. Wer an einer öffentlichen Zusammenrottung, bei welcher eine der in den §§ 113 und 114 bezeichneten Handlungen mit vereinten Kräften begangen wird, teilnimmt, wird wegen Aufruhrs mit Gefängnis nicht unter sechs Monaten bestraft.

Die Rädelsführer, sowie diejenigen Aufrührer, welche eine der in den §§ 113 und 114 bezeichneten Handlungen begehen, werden mit Zuchthaus bis zu zehn Jahren bestraft; auch kann auf Zulässigkeit von Polizei-Aufsicht erkannt werden. Sind mildernde Umstände vorhanden, so tritt Gefängnisstrafe nicht unter sechs Monaten ein.

Zuständ.: Abs. 1: Strafk., Abs. 2: Schwurger. Vgl. §§ 122; 125 (Idealkonk.). Mil. Aufruhr: MStGB. §§ 106 ff.
Abs. 2 enthält straferhöhende Umstände i. S. § 50, StPO. §§ 262, 295. Vgl. §§ 32, 38.

Auflauf.

§ 116. Wird eine auf öffentlichen Wegen, Straßen oder Plätzen versammelte Menschenmenge von dem zuständigen Beamten oder Befehlshaber der bewaffneten Macht aufgefordert, sich zu entfernen, so wird jeder der Versammelten, welcher nach der dritten Aufforderung sich nicht entfernt, wegen Auflaufs mit Gefängnis bis zu drei Monaten oder mit Geldstrafe bis zu eintausendfünfhundert Mark bestraft.

Ist bei einem Auflaufe gegen die Beamten oder die bewaffnete Macht mit vereinten Kräften tätlicher Widerstand geleistet oder Gewalt verübt worden, so treten gegen diejenigen, welche an diesen Handlungen teilgenommen haben, die Strafen des Aufruhrs ein.

Zuständ.: Abs. 1: Strafk. oder Ueberweisung (GVG. §§ 73 [1], 75 [14]), Abs. 2: wie § 115. Idealkonk. mit §§ 113 oder 114 möglich.

Widerstand u. tätl. Angriff geg. Forst- u. Jagdbeamte od. -Berechtigte.

§ 117. Wer einem Forst- oder Jagdbeamten, einem Waldeigentümer, Forst- oder Jagdberechtigten, oder einem von diesen bestellten Aufseher in der rechtmäßigen Ausübung seines Amtes oder Rechtes durch Gewalt oder durch Bedrohung mit Gewalt Widerstand leistet, oder wer eine dieser Personen während der Ausübung ihres Amtes oder Rechtes tätlich angreift, wird mit Gefängnis von vierzehn Tagen bis zu drei Jahren bestraft.

Ist der Widerstand oder der Angriff unter Drohung mit Schießgewehr, Aexten oder anderen gefährlichen Werkzeugen erfolgt, oder mit Gewalt an der Person begangen worden, so tritt Gefängnisstrafe nicht unter drei Monaten ein.

Sind mildernde Umstände vorhanden, so tritt in den Fällen des Absatz 1 Gefängnisstrafe bis zu Einem Jahre, in den Fällen des Absatz 2 Gefängnisstrafe nicht unter Einem Monat ein.

Zuständ.: Abs. 1: Strafk. oder Ueberweisung, Abs. 2: Strafk. „Gewalt an der Person" (Abs. 2), nicht Gewalt gegen die Person. Gesetzeskonk. zwischen §§ 113 f. und dem spezielleren § 117; Widerstand gegen die zur Unterstützung zugezogenen Personen ist nach § 113 III strafbar. Straferhöhende Umstände: §§ 118 f. Vgl. §§ 59, 359 („Beamter").

Körperverletzg.

§ 118. Ist durch den Widerstand oder den Angriff eine Körperverletzung dessen, gegen welchen die Handlung begangen ist, verursacht worden, so ist auf Zuchthaus bis zu zehn Jahren zu erkennen.

Sind mildernde Umstände vorhanden, so tritt Gefängnisstrafe nicht unter drei Monaten ein.

Zuständig: Schwurgericht. § 118 bezieht sich nur auf § 117 und enthält hierzu einen Straferhöhungsgrund (StPO. §§ 262, 295). „Körperverletzung": §§ 223 ff., 230 (Idealkonk. mögl.). Vgl. §§ 32, 119.

Gemeinschaftl. Begehg.

§ 119. Wenn eine der in den §§ 117 und 118 bezeichneten Handlungen von mehreren gemeinschaftlich begangen worden ist, so kann die Strafe bis um die Hälfte des angedrohten Höchstbetrages, die Gefängnisstrafe jedoch nicht über fünf Jahre erhöht werden.

Zuständig im Fall des § 117: Strafk., § 118: Schwurgericht. Gemeinschaftliche (§ 47) Begehung ist straferhöhender Umstand (StPO. §§ 262, 295) zu §§ 117 und 118.

Vorsätzl. Gefangenenbefreig.

§ 120. Wer einen Gefangenen aus der Gefangenanstalt oder aus der Gewalt der bewaffneten Macht, des Beamten oder desjenigen, unter dessen Beaufsichtigung, Begleitung oder Bewachung er sich befindet, vorsätzlich befreit oder ihm zur Selbstbefreiung vorsätzlich behilflich ist, wird mit Gefängnis bis zu drei Jahren bestraft.

Der Versuch ist strafbar.

Zuständig: Strafkammer oder Ueberweisung an Schöffengericht (GVG. §§ 73 [1], 75 [1]). „Gefangene" jeder Art, aber nicht Schularrestanten. „Beamter": § 359; Strafbarkeit der Beamten: § 347. Idealkonkurr. mit § 257. Selbstbefreiung: § 122; der Gefangene kann aber Anstifter oder Gehilfe zu § 120 sein.

Vorsätzl. od. fahrläss. Entweichenlassen v. Gefang.

§ 121. Wer vorsätzlich einen Gefangenen, mit dessen Beaufsichtigung oder Begleitung er beauftragt ist, entweichen läßt oder dessen Befreiung befördert, wird mit Gefängnis bis zu drei Jahren bestraft.

Ist die Entweichung durch Fahrlässigkeit befördert worden, so tritt Gefängnisstrafe bis zu drei Monaten oder Geldstrafe bis zu dreihundert Mark ein.

Zuständig: Abs. 1: Strafk., Abs. 2: Schöffenger. (GVG. § 27 [2]) oder Strafbefehl (StPO. § 447). „Gefangene": § 120. Täter kann Privatperson sein, z. B. Krankenwärter. Entweichenlassen durch Beamte: § 347.

Meuterei.

§ 122. Gefangene, welche sich zusammenrotten und mit vereinten Kräften die Anstaltsbeamten oder die mit der Beaufsichtigung Beauftragten angreifen, denselben Widerstand leisten oder es unternehmen, sie zu Handlungen oder Unterlassungen zu nötigen, werden wegen Meuterei mit Gefängnis nicht unter sechs Monaten bestraft.

Gleiche Strafe tritt ein, wenn Gefangene sich zusammenrotten und mit vereinten Kräften einen gewaltsamen Ausbruch unternehmen.

Diejenigen Meuterer, welche Gewalttätigkeiten gegen die Anstaltsbeamten oder die mit der Beaufsichtigung Beauftragten verüben, werden mit Zuchthaus bis zu zehn Jahren bestraft; auch kann auf Zulässigkeit von Polizei-Aufsicht erkannt werden.

Zuständig: Abs. 1, 2: Strafk., Abs. 3: Schwurger. „Gefangene": § 120. Vgl. § 115; zu Abs. 3: §§ 32, 38.

Siebenter Abschnitt.

Verbrechen und Vergehen wider die öffentliche Ordnung.

Hausfriedensbruch.

§ 123. Wer in die Wohnung, in die Geschäftsräume oder in das befriedete Besitztum eines anderen oder in abgeschlossene Räume, welche zum öffentlichen Dienste oder Verkehre bestimmt sind, widerrechtlich eindringt, oder wer, wenn er ohne Befugnis darin verweilt, auf die Aufforderung des Berechtigten sich nicht entfernt, wird wegen Hausfriedensbruchs mit Geldstrafe bis zu dreihundert Mark oder mit Gefängnis bis zu drei Monaten bestraft.

Ist die Handlung von einer mit Waffen versehenen Person oder von mehreren gemeinschaftlich begangen worden, so tritt Geldstrafe bis zu eintausend Mark oder Gefängnisstrafe bis zu einem Jahre ein.

Die Verfolgung tritt nur auf Antrag ein. Die Zurücknahme des Antrags ist zulässig.

Zuständig: Schöffenger. (GVG. § 27 2, 3 b [woselbst es jetzt § 123 Abs. 2 StGB. heißen muß]) oder wegen einf. Hausfriedensbruchs nach Abs. 1: Strafbefehl (StPO. § 447). Neufassung der Nov. v. 1912. Hausfriedensbruch durch Beamte: § 342. Vgl. § 368 9.

Abs. 1 umfaßt jetzt auch Straßenbahnwagen, Omnibusse (zum öffentl. Verkehre bestimmte Räume) und droht wie Abs. 2 an 1. Stelle Geldstrafe an (§ 28 II).

Abs. 2: Straferhöhende Umst. zu Abs. 1 (StPO. §§ 262, 295). „Waffe" (vgl. §§ 243 5, 250 1) = gefährl. Werkzeug. Beabsichtigter Waffengebrauch ist nicht erforderl. „Gemeinschaftl.": § 47.

Abs. 3 bezieht sich auf Abs. 1 und 2. Antrag: §§ 61 ff.

Schwerer Hausfriedensbruch.

§ 124. Wenn sich eine Menschenmenge öffentlich zusammenrottet und in der Absicht, Gewalttätigkeiten gegen Personen oder Sachen mit vereinten Kräften zu begehen, in die Wohnung, in die Geschäftsräume oder in das befriedete Besitztum eines anderen oder in abgeschlossene Räume, welche zum öffentlichen Dienst bestimmt sind, widerrechtlich eindringt, so wird jeder, welcher an diesen Handlungen teilnimmt, mit Gefängnis von Einem Monat bis zu zwei Jahren bestraft.

Zuständig: Strafk. Oeffentl. Zusammenrottung (Aufruhr): § 115. Idealkonkurr. zwischen §§ 124, 125 bei Begehung der beabsichtigten Gewalttätigkeit.

Landfriedensbruch.

§ 125. Wenn sich eine Menschenmenge öffentlich zusammenrottet und mit vereinten Kräften gegen Personen oder Sachen Gewalttätigkeiten begeht, so wird jeder, welcher an dieser Zusammenrottung teilnimmt, wegen Landfriedensbruches mit Gefängnis nicht unter drei Monaten bestraft.

Die Rädelsführer, sowie diejenigen, welche Gewalttätigkeiten gegen Personen begangen oder Sachen geplündert, vernichtet oder zerstört haben, werden mit Zuchthaus bis zu zehn Jahren bestraft; auch kann auf Zulässigkeit von Polizei-Aufsicht erkannt werden. Sind mildernde Umstände vorhanden, so tritt Gefängnisstrafe nicht unter sechs Monaten ein.

Zuständig: Abs. 1: Strafk., Abs. 2: Schwurger.
Abs. 1: Idealkonk. mit §§ 115 (Aufruhr), 124 (bei Eindringen in Wohnungen ꝛc.).
Abs. 2: Straferhöhende Umstände (StPO. §§ 262, 295). §§ 32, 38.

Landzwang.

§ 126. Wer durch Androhung eines gemeingefährlichen Verbrechens den öffentlichen Frieden stört, wird mit Gefängnis bis zu Einem Jahre bestraft.

Zuständig: Strafk. Gemeingefährl. Verbr.: §§ 306 ff., SprengstG. §§ 5 ff. (N. * zu § 311). „Oeffentl. Frieden": Allgem. Bewußtsein der Rechtssicherheit.

Unbefugte Volksbewaffng.; bewaffnete Haufen.

§ 127. Wer unbefugterweise einen bewaffneten Haufen bildet oder befehligt oder eine Mannschaft, von der er weiß, daß sie ohne gesetzliche Befugnis gesammelt ist, mit Waffen oder Kriegsbedürfnissen versieht, wird mit Gefängnis bis zu zwei Jahren bestraft.

Wer sich einem solchen bewaffneten Haufen anschließt, wird mit Gefängnis bis zu Einem Jahre bestraft.

Zuständig: Strafk. Einziehung: § 40. Unbefugte Aufsammlung von Waffen: § 360².

Geheimbündelei.

§ 128. Die Teilnahme an einer Verbindung, deren Dasein, Verfassung oder Zweck vor der Staatsregierung geheim gehalten werden soll, oder in welcher gegen unbekannte Obere Gehorsam oder gegen bekannte Obere unbedingter Gehorsam versprochen wird, ist an den Mitgliedern mit Gefängnis bis zu sechs Monaten, an den Stiftern und Vorstehern der Verbindung mit Gefängnis von Einem Monat bis zu Einem Jahre zu bestrafen.

Gegen Beamte kann auf Verlust der Fähigkeit zur Bekleidung öffentlicher Aemter auf die Dauer von Einem bis zu fünf Jahren erkannt werden.

Zuständig: Strafk. (GVG. §§ 73^{1}, 27, 75^{14}).
Abs. 1: „Verbindung": Organisierte Vereinigung mehrerer Personen zu gemeinsamen (auch straflosen und unpolitischen) Zwecken. „Teilnahme": Nicht notwendig Mitgliedschaft (Stifter). Idealkonk. mit §§ 129, 86.
Abs. 2: „Beamte": § 359. Vgl. §§ 35 f.

Staatsfeindl. Verbindungen.

§ 129. Die Teilnahme an einer Verbindung, zu deren Zwecken oder Beschäftigungen gehört, Maßregeln der Verwaltung oder die Vollziehung von Gesetzen durch ungesetzliche Mittel zu verhindern oder zu entkräften, ist an den Mitgliedern mit Gefängnis bis zu Einem Jahre, an den Stiftern und Vorstehern der Verbindung mit Gefängnis von drei Monaten bis zu zwei Jahren zu bestrafen.

Gegen Beamte kann auf Verlust der Fähigkeit zur Bekleidung öffentlicher Aemter auf die Dauer von Einem bis zu fünf Jahren erkannt werden.

Zuständig: Strafk. Vgl. § 128 Anm.

Anreizg. z. Klassenkampf.

§ 130. Wer in einer den öffentlichen Frieden gefährdenden Weise verschiedene Klassen der Bevölkerung zu Gewalttätigkeiten gegen einander öffentlich anreizt, wird mit Geldstrafe bis zu sechshundert Mark oder mit Gefängnis bis zu zwei Jahren bestraft.

Zuständig: Strafk. Friedens*störung* (§ 126) ist nicht erforderlich. „Anreizen" setzt nicht wie „Anstiften" (§ 48) einen Erfolg voraus. Umwandlung der Geldstrafe auch in Haft: § 28 II. Beschlagnahme von Druckschriften: PreßG. § 23^{3}.

Mißbrauch d. geistl. Stellg.; Kanzelparagraph.

§ 130a. Ein Geistlicher oder anderer Religionsdiener, welcher in Ausübung oder in Veranlassung der

Ausübung seines Berufes öffentlich vor einer Menschenmenge, oder welcher in einer Kirche oder an einem anderen zu religiösen Versammlungen bestimmten Orte vor mehreren Angelegenheiten des Staats in einer den öffentlichen Frieden gefährdenden Weise zum Gegenstande einer Verkündigung oder Erörterung macht, wird mit Gefängnis oder Festungshaft bis zu zwei Jahren bestraft.

Gleiche Strafe trifft denjenigen Geistlichen oder anderen Religionsdiener, welcher in Ausübung oder in Veranlassung der Ausübung seines Berufes Schriftstücke ausgibt oder verbreitet, in welchen Angelegenheiten des Staats in einer den öffentlichen Frieden gefährdenden Weise zum Gegenstande einer Verkündigung oder Erörterung gemacht sind.

Zuständig: Strafk.; zu Abs. 2: in Bayern und Württemberg Schwurger. (EGzGVG. § 6, BayAGzGVG. Art. 35, WürttAGzGVG. Art. 12). Friedensstörung (§ 126) nicht erforderlich wie in § 130.

Staatsverleumdg.

§ 131. Wer erdichtete oder entstellte Tatsachen, wissend, daß sie erdichtet oder entstellt sind, öffentlich behauptet oder verbreitet, um dadurch Staatseinrichtungen oder Anordnungen der Obrigkeit verächtlich zu machen, wird mit Geldstrafe bis zu sechshundert Mark oder mit Gefängnis bis zu zwei Jahren bestraft.

Zuständig: Strafk. Vgl. § 187. — „Staatseinrichtungen": Bestandteile der Verfassung und Verwaltung des Reichs oder eines Bundesstaats, wie Bundesrat, Reichstag, allgemeine Wehrpflicht, Zivilehe, nicht allgem. menschl. Kultureinrichtungen wie Ehe, Familie, Eigentum. Umwandlung der Geldstrafe auch in Haft: § 28 II.

Amtsanmaßg.

§ 132. Wer unbefugt sich mit Ausübung eines öffentlichen Amtes befaßt oder eine Handlung vornimmt, welche nur kraft eines öffentlichen Amtes vorgenommen werden darf, wird mit Gefängnis bis zu Einem Jahre oder mit Geldstrafe bis zu dreihundert Mark bestraft.

Zuständig: Strafk. „Oeffentl. Amt": § 31 II. Unbefugte Wappen-, Namen- und Titelführung: § 360 [7], [8].

Beseitigg. amtlich verwahrter Urk. od. sonst. Gegenst.

§ 133. Wer eine Urkunde, ein Register, Akten oder einen sonstigen Gegenstand, welche sich zur amtlichen Aufbewahrung an einem dazu bestimmten Orte befinden, oder welche einem Beamten oder einem Dritten amtlich übergeben worden sind, vorsätzlich vernichtet, beiseite schafft oder beschädigt, wird mit Gefängnis bestraft.

Ist die Handlung in gewinnsüchtiger Absicht begangen, so tritt Gefängnisstrafe nicht unter drei Monaten ein; auch kann auf Verlust der bürgerlichen Ehrenrechte erkannt werden.

Zuständig: Strafk.
Abs. 1: Idealkonkurr. mit §§ 137, 242, 274 [1]. Beseitigung von Urkunden durch Beamte: §§ 348 II (359), wodurch § 133 ausgeschlossen.
Abs. 2 enthält einen straferhöhenden Umstand i. S. StPO. §§ 262, 264, 266, 295. Ehrenrechtsverl.: § 32.

Beschädigg. amtl. Bekanntmachgn.

§ 134. Wer öffentlich angeschlagene Bekanntmachungen, Verordnungen, Befehle oder Anzeigen von Behörden oder Beamten böswillig abreißt, beschädigt oder verunstaltet, wird mit Geldstrafe bis zu dreihundert Mark oder mit Gefängnis bis zu sechs Monaten bestraft.

Zuständig: Strafk. oder Ueberweisung an Schöffenger. (GVG. §§ 73 [1], 75 [14]). „Beamte": § 359. Umwandlung der Geldstrafe auch in Haft: § 28 II.

Verletzg. inländ. Hoheitszeichen.

§ 135. Wer ein öffentliches Zeichen der Autorität des Reichs oder eines Bundesfürsten oder ein Hoheitszeichen eines Bundesstaats böswillig wegnimmt, zerstört oder beschädigt oder beschimpfenden Unfug daran verübt, wird mit Geldstrafe bis zu sechshundert Mark oder mit Gefängnis bis zu zwei Jahren bestraft.

Zuständig: Strafk. Verletzung ausländ. Hoheitszeichen (Grenzpfähle, Wappen ꝛc.): § 103 a. „Beschimpfender Unfug": § 166. Umwandlung der Geldstrafe auch in Haft: § 28 II.

Verletzg. amtl. Siegel; Siegelbruch.

§ 136. Wer unbefugt ein amtliches Siegel, welches von einer Behörde oder einem Beamten angelegt ist, um Sachen zu verschließen, zu bezeichnen oder in Beschlag zu nehmen, vorsätzlich erbricht, ablöst oder beschädigt oder den durch ein solches Siegel bewirkten amtlichen Verschluß aufhebt, wird mit Gefängnis bis zu sechs Monaten oder mit Geldstrafe bis zu sechshundert Mark bestraft.

Zuständig: Strafk. oder Ueberweisung an Schöffenger. (GVG. §§ 73 [1], 75 [14]). Der Beamte (§ 359) muß in Ausübung amtl. Befugnisse und innerhalb seiner allgem. Zuständigk. die Siegelanlegung vorgenommen haben. Geldstr. durch Nov. v. 1912 zugelassen.

Pfand= od. Arrestbruch.

§ 137. Wer Sachen, welche durch die zuständigen Behörden oder Beamten gepfändet oder in Beschlag genommen worden sind, vorsätzlich beiseite schafft, zerstört oder in anderer Weise der Verstrickung ganz oder teilweise entzieht, wird mit Gefängnis bis zu Einem Jahre oder mit Geldstrafe bis zu eintausend Mark bestraft.

Zuständig: Strafk. oder Ueberweisung an Schöffenger. (§§ 73 [1], 75 [2]). Körperl. „Sachen", nicht Forderungen. Wirksamkeit, nicht Rechtmäßigkeit der Pfändung ist festzustellen. Beschlagnahme i. Strafverf.: StPO. §§ 98 ff. „Entziehen": Aufhebung der durch Pfändung oder Beschlagnahme begründeten Verfügungsgewalt der Behörde. Vgl. §§ 133, 288 (Idealkonk. möglich); 359 („Beamte"). Geldstr. durch Nov. v. 1912 zugelassen.

Unwahre Entschuldigg. vor Gericht; Verletzg. d. Dingpflicht.

§ 138. Wer als Zeuge, Geschworener oder Schöffe berufen, eine unwahre Tatsache als Entschuldigung vorschützt, wird mit Gefängnis bis zu zwei Monaten bestraft.

Dasselbe gilt von einem Sachverständigen, welcher zum Erscheinen gesetzlich verpflichtet ist.

Die auf das Nichterscheinen gesetzten Ordnungsstrafen werden durch vorstehende Strafbestimmung nicht ausgeschlossen.

Zuständig: Schöffenger. (GVG. § 27 [2]) oder Strafbef. (StPO. § 447).
Abs. 1: Falsche Entschuldigung vor dem Termin, um die Entbindung von der Verpflichtung zum Erscheinen zc., oder nach dem Termin, um die Wiederaufhebung der wegen Nichterscheinens zc. verhängten Ordnungsstrafe zu erwirken, ist in gleicher Weise strafbar.
Abs. 2, 3: StPO. §§ 50, 69, 75—77, ZPO. §§ 380 f., 390, 407 bis 409, GVG. §§ 56, 96.

Nichtanzeige drohender Verbrechen.

§ 139. Wer von dem Vorhaben eines Hochverrats, Landesverrats, Münzverbrechens, Mordes, Raubes, Menschenraubes oder eines gemeingefährlichen Verbrechens zu einer Zeit, in welcher die Verhütung des Verbrechens möglich ist, glaubhafte Kenntnis erhält und es unterläßt, hiervon der Behörde oder der durch das Verbrechen bedrohten Person zur rechten Zeit Anzeige zu machen, ist, wenn das Verbrechen oder ein strafbarer Versuch desselben begangen worden ist, mit Gefängnis zu bestrafen.

Zuständig: Strafk. Nicht anzeigepflichtig sind der Bedrohte selbst und die bei dem Vorhaben selbst strafbar Beteiligten. Strafbar ist vorsätzl. oder fahrlässige Unterlassung. Echtes Unterlassungsdelikt, von dem es Versuch nicht gibt. §§ 80 ff., 87 ff., 146 f., 149, 211, 249 ff., 254, 306 ff.; MStGB. §§ 60 f., 77, 104 f., SprengstG. v. 9. VI. 84 § 13 (N.* zu § 311), SpionG. v. 3. VII. 93 § 9 (N.* zu § 89).

Verletzg. der Wehrpflicht durch Auswanderg.

§ 140. Wegen Verletzung der Wehrpflicht wird bestraft:

1. ein Wehrpflichtiger, welcher in der Absicht, sich dem Eintritte in den Dienst des stehenden Heeres oder der Flotte zu entziehen, ohne Erlaubnis entweder das Bundesgebiet verläßt oder nach erreichtem militärpflichtigen Alter sich außerhalb des Bundesgebietes aufhält: mit Geldstrafe von einhundertfünfzig bis zu dreitausend Mark oder mit Gefängnis von Einem Monat bis zu Einem Jahre;
2. ein Offizier oder im Offizierrange stehender Arzt des Beurlaubtenstandes, welcher ohne Erlaubnis auswandert: mit Geldstrafe bis zu dreitausend Mark oder mit Haft oder mit Gefängnis bis zu sechs Monaten;
3. ein jeder Wehrpflichtige, welcher nach öffentlicher Bekanntmachung einer vom Kaiser für die Zeit eines Krieges oder einer Kriegsgefahr erlassenen besonderen Anordnung in Widerspruch mit derselben auswandert: mit Gefängnis bis zu zwei

Jahren, neben welchem auf Geldstrafe bis zu dreitausend Mark erkannt werden kann.

Der Versuch ist strafbar.

Das Vermögen des Angeschuldigten kann, insoweit als es nach dem Ermessen des Richters zur Deckung der den Angeschuldigten möglicherweise treffenden höchsten Geldstrafe und der Kosten des Verfahrens erforderlich ist, mit Beschlag belegt werden.

Zuständig: Strafk. „Wehrpflichtig" ist jeder Deutsche (RV. Art. 57, WehrpflG. v. 9. XI. 67 § 1) — u. U. auch ein Nichtdeutscher (RMilG. v. 2. V. 74 / 6. V. 80 § 11, WehrO. v. 22. XI. 88 § 21 [2]) — vom vollendeten 17. bis zum vollendeten 45. Lebensjahr (WehrpflAendG. v. 11. II. 88 Art. II § 24, WehrO. § 4 [3]). „Militärpflichtig", d. h. der Aushebung unterworfen, ist jeder Wehrpflichtige vom 1. Januar des Kalenderjahres, in dem er das 20. Lebensjahr vollendet (RMilG. § 10, WehrpflAendG. § 24). „Beurlaubtenstand": hier Reserve, Land- und Seewehr. Verjährung (§ 67) beginnt mit der Rückkehr oder dem Ende der Militärpflicht (Dauerdelikt). — Ausgewanderte, in Nordamerika naturalisierte Deutsche können nach den Bancroftverträgen bei ihrer Rückkehr nach Deutschland nur wegen vor der Auswanderung, nicht wegen durch die Auswanderung (oder das Verweilen im Ausland) begangener Delikte verfolgt werden. Ununterbrochener 10jähr. Aufenthalt im Ausland vor erreichtem militärpfl. Alter schließt wegen Verlustes der Staatsangehörigkeit die Anwendung des § 140 aus. — Umwandlung der Geldstrafe in Nr. 1, 2 auch in Haft: § 28 II. Besond. Strafverfahren und Vermögensbeschlagnahme: StPO. §§ 470 ff., 480, 325 f. Auswanderung beurlaubter Reservisten 2c. § 360 [3].

Werbung z. ausländ. Militärdienst u. Verleitg. z. Desertion.

§ 141. Wer einen Deutschen zum Militärdienste einer ausländischen Macht anwirbt oder den Werbern der letzteren zuführt, ingleichen wer einen deutschen Soldaten vorsätzlich zum Desertieren verleitet oder die Desertion desselben vorsätzlich befördert, wird mit Gefängnis von drei Monaten bis zu drei Jahren bestraft.

Der Versuch ist strafbar.

Zuständig: Strafk. Kein Dauerdelikt. — Desertion, Fahnenflucht: MStGB. §§ 64 ff. Bei erfolgloser Verleitung: Versuch. „Deutscher": StAngG. v. 1. VI. 70. Vgl. § 112.

Untauglichmachg. durch Verstümmelg.

§ 142. Wer sich vorsätzlich durch Selbstverstümmelung oder auf andere Weise zur Erfüllung der Wehrpflicht untauglich macht oder durch einen anderen untauglich machen läßt, wird mit Gefängnis nicht unter Einem Jahre bestraft; auch kann auf Verlust der bürgerlichen Ehrenrechte erkannt werden.

Dieselbe Strafe trifft denjenigen, welcher einen anderen auf dessen Verlangen zur Erfüllung der Wehrpflicht untauglich macht.

Zuständig: Strafk. Vgl. §§ 32, 35, 140 (Wehrpfl.), MStGB. §§ 81 f. Mit der Verstümmelung ꝛc. ist das Verg. vollendet und beginnt die Verjährung (§ 67 IV).

Täuschg. z. Wehrpflichtentziehg.

§ 143. Wer in der Absicht, sich der Erfüllung der Wehrpflicht ganz oder teilweise zu entziehen, auf Täuschung berechnete Mittel anwendet, wird mit Gefängnis bestraft; auch kann auf Verlust der bürgerlichen Ehrenrechte erkannt werden.

Dieselbe Strafvorschrift findet auf den Teilnehmer Anwendung.

Zuständig: Strafk.
Abs. 1: „Auf Täuschung berechnet": nicht notw. zur Täuschung geeignet. Vgl. §§ 32, 35, 140, 142, MStGB. § 83.
Abs. 2: „Teilnehmer": §§ 47 ff. (Ausn. v. § 49 II).

Verleitg. z. Auswanderg.

§ 144. Wer es sich zum Geschäfte macht, Deutsche unter Vorspiegelung falscher Tatsachen oder wissenlich mit unbegründeten Angaben oder durch andere auf Täuschung berechnete Mittel zur Auswanderung zu verleiten, wird mit Gefängnis von Einem Monat bis zu zwei Jahren bestraft.

Zuständig: Strafk. Einziger Fall von Geschäftsmäßigkeit im StGB. AuswG. v. 9. VI. 97 §§ 43 ff.

Sicherg. des Seeverkehrs.

§ 145. Wer die vom Kaiser
zur Verhütung des Zusammenstoßens der Schiffe auf See,
über das Verhalten der Schiffer nach einem Zusammenstoße von Schiffen auf See, oder
in Betreff der Not- und Lotsensignale für Schiffe auf See und auf den Küstengewässern

erlassenen Verordnungen übertritt, wird mit Geldstrafe bis zu eintausendfünfhundert Mark bestraft.

Zuständig: Strafk. oder Ueberweisung an Schöffenger. (GVG. §§ 73, 75 [14]). Strafumwandlung in Gefängnis oder Haft: § 28. StPO. §§ 231, 319 ff. (Verf. gg. Abwesende). VV. v. 15. VIII. 76 (RGBl. S. 189, Verhalten der Schiffer nach einem Zusammenstoß &c.), 16. X. 00 (RGBl. S. 1003, Abblendung der Seitenlichter und Einrichtung der Positionslaternen &c.; Bek. v. 8. XII. 00, RGBl. S. 1036), 18. X. 03 (RGBl. S. 283, Ruderkommando), 5. II. 06 (RGBl. S. 120, Seestraßenordnung), 7. II. 07 (RGBl. S. 27, Lotsensignalordnung).

Unbef. Ausgabe v. Schuldverschreibgn. auf d. Inhaber.

§ 145 a. Wer im Inlande Schuldverschreibungen auf den Inhaber, in denen die Zahlung einer bestimmten Geldsumme versprochen wird, ohne die erforderliche staatliche Genehmigung ausstellt und in den Verkehr bringt, wird mit einer Geldstrafe bestraft, die dem fünften Teile des Nennwerts der ausgegebenen Schuldverschreibungen gleichkommen kann, mindestens aber dreihundert Mark beträgt.

Zuständig: Strafk. (GVG. § 74 [1]). Strafbestimmung zu BGB. § 795 (EGzBGB. Art. 34). Strafumwandlung: §§ 28 f. — Inhaberpapiere mit Prämien: RGes. v. 8. VI. 71; Hyp.-Pfandbriefe: HypBkG. v. 13. VII. 99.

Achter Abschnitt.

Münzverbrechen und Münzvergehen.

Münzfälschg.

§ 146. Wer inländisches oder ausländisches Metallgeld oder Papiergeld nachmacht, um das nachgemachte Geld als echtes zu gebrauchen oder sonst in Verkehr zu bringen, oder wer in gleicher Absicht echtem Gelde durch Veränderung an demselben den Schein eines höheren Werts oder verrufenem Gelde durch Veränderung an demselben das Ansehen eines noch geltenden gibt, wird mit Zuchthaus nicht unter zwei Jahren bestraft; auch ist Polizei-Aufsicht zulässig.

Sind mildernde Umstände vorhanden, so tritt Gefängnisstrafe ein.

Zuständig: Schwurger. — Gebrauchmachen ist weder zur Vollendung des Münzverbrechens notwendig (anders bei Urkundenfälschung: § 267), noch eine neue Straftat. §§ 4 [1], 8, 32, 38 (Polizei-Aufsicht nicht neben Gefängnis), 139 (Anzeigenunterlassung), 149 (Papiergeld), 152 (Einziehung); StPO. § 92 (Sachverst.-Gutachten); MünzG. v. 1. VI. 09, RKassSchG. v. 30. IV. 74.

Münzbetrug.

§ 147. Dieselben Strafbestimmungen finden auf denjenigen Anwendung, welcher das von ihm auch ohne die vorbezeichnete Absicht nachgemachte oder verfälschte Geld als echtes in Verkehr bringt, sowie auf denjenigen, welcher nachgemachtes oder verfälschtes Geld sich verschafft und solches entweder in Verkehr bringt oder zum Zwecke der Verbreitung aus dem Auslande einführt.

Zuständig: Schwurger. Vgl. § 146 und Anm.

Weitergabe falschen Geldes.

§ 148. Wer nachgemachtes oder verfälschtes Geld als echtes empfängt und nach erkannter Unechtheit als echtes in Verkehr bringt, wird mit Gefängnis bis zu drei Monaten oder mit Geldstrafe bis zu dreihundert Mark bestraft.

Der Versuch ist strafbar.

Zuständig: Schöffenger. (GVG. § 27 [2]), Strafbef. (StPO. § 447). „Empfängt": auch durch Finden, Stehlen ꝛc. §§ 152 (Einziehung), 263 und 267, 270 (Gesetzeskonkurr.).

Dem Papiergeld gleichzuachtende Wertpapiere.

§ 149. Dem Papiergelde werden gleich geachtet die auf den Inhaber lautenden Schuldverschreibungen, Banknoten, Aktien oder deren Stelle vertretende Interimsscheine oder Quittungen, sowie die zu diesen Papieren gehörenden Zins-, Gewinnanteils- oder Erneuerungsscheine, welche von dem Reich, dem Norddeutschen Bunde, einem Bundesstaate oder fremden Staate oder von einer zur Ausgabe solcher Papiere berechtigten Gemeinde, Korporation, Gesellschaft oder Privatperson ausgestellt sind.

Zu §§ 146—148. § 149 schließt §§ 267 ff. aus.

Münzverringerg. (Kippen u. Wippen).

§ 150. Wer echte, zum Umlauf bestimmte Metallgeldstücke durch Beschneiden, Abfeilen oder auf andere

Art verringert und als vollgültig in Verkehr bringt, oder wer solche verringerte Münzen gewohnheitsmäßig oder im Einverständnisse mit dem, welcher sie verringert hat, als vollgültig in Verkehr bringt, wird mit Gefängnis bestraft, neben welchem auf Geldstrafe bis zu dreitausend Mark, sowie auf Verlust der bürgerlichen Ehrenrechte erkannt werden kann.

Der Versuch ist strafbar.

Zuständig: Strafk. §§ 32, 35.

Anschaffg. v. Werkzeug z. Münzverbr.

§ 151. Wer Stempel, Siegel, Stiche, Platten oder andere zur Anfertigung von Metallgeld, Papiergeld oder dem letzteren gleich geachteten Papieren dienliche Formen zum Zwecke eines Münzverbrechens angeschafft oder angefertigt hat, wird mit Gefängnis bis zu zwei Jahren bestraft.

Zuständig: Strafk. — § 151 enthält als selbständiges Vergehen strafb. Vorbereitungshandlungen zum Münzverbrechen; Versuch ist straflos (§ 43 II). §§ 152 (Einziehung), 360^{4-6}; Anfertigung und Inverkehrbringen von Reichskassenscheinpapier / Reichsbanknotenpapier: Ges. v. 26. V. 85 / 2. I. 11, betr. den Schutz des zur Anfertigung von Reichskassenscheinen / Reichsbanknoten verwendeten Papiers geg. unbef. Nachahmung.

Einziehung.

§ 152. Auf die Einziehung des nachgemachten oder verfälschten Geldes, sowie der im § 151 bezeichneten Gegenstände ist zu erkennen, auch wenn die Verfolgung oder Verurteilung einer bestimmten Person nicht stattfindet.

§ 152 bezieht sich auf den ganzen 8. Abschnitt (§ 146 ff.); ob auch auf § 150, ist bestritten. Vgl. §§ 40, 42, StPO. §§ 477—479 (Verfahren).

Neunter Abschnitt.

Meineid.

Parteienmeineid.

§ 153. Wer einen ihm zugeschobenen, zurückgeschobenen oder auferlegten Eid wissentlich falsch schwört, wird mit Zuchthaus bis zu zehn Jahren bestraft.

Zuständig: Schwurger. ZPO. §§ 445 ff., 475 ff., 481 ff., 287, 426, 441, 807, 883 (899), KO. § 125. Versuch: sobald der Schwörende mit dem Nachsprechen der Eidesformel begonnen. Mittäterschaft unmöglich, da jeder nur seine eigene Eidespflicht verletzt. Strafb. Meineid auch seitens Eidesunmündiger, Eidesunfähiger (§ 161) 2c. §§ 158 (Widerruf), 161 (Ehrenrechtsverl. und Eidesunfähigkeit), 163 (fahrlässig im Gegensatz zu „wissentlich“).

Zeugen- u. Sachverständ.-Meineid.

§ 154. Gleiche Strafe trifft denjenigen, welcher vor einer zur Abnahme von Eiden zuständigen Behörde wissentlich ein falsches Zeugnis oder ein falsches Gutachten mit einem Eide bekräftigt oder den vor seiner Vernehmung geleisteten Eid wissentlich durch ein falsches Zeugnis oder ein falsches Gutachten verletzt.

Ist das falsche Zeugnis oder Gutachten in einer Strafsache zum Nachteile eines Angeschuldigten abgegeben und dieser zum Tode, zu Zuchthaus oder zu einer anderen mehr als fünf Jahre betragenden Freiheitsstrafe verurteilt worden, so tritt Zuchthausstrafe nicht unter drei Jahren ein.

Zuständig: Schwurger. StPO. §§ 56, 60 ff., 79, ZPO. §§ 391 ff., 410, GVG. § 191. Vollendung bei Vor- (promissor.) Eid mit dem Abschluß der Vernehmung (nicht der ganzen Beweisaufnahme); vorherige Berichtigung: § 46 [1]; Vollendung bei Nach- (assertor.) Eid mit Vollendung der Eidesformel. Zeugeneid umfaßt auch Generalfragen, Personalien. Uneidl. wissentl. falsche Aussage kann Begünstigung (§ 257) sein. §§ 153 Anm., 157 f. (Strafermäßigung), 161, 163.
Abs. 2 enthält straferhöhenden Umstand zu Abs. 1: StPO. §§ 262, 264, 263, 295.

Der Eidesleistg. gleichstehende Fälle.

§ 155. Der Ableistung eines Eides wird gleich geachtet, wenn

1. ein Mitglied einer Religionsgesellschaft, welcher das Gesetz den Gebrauch gewisser Beteuerungsformeln an Stelle des Eides gestattet, eine Erklärung unter der Beteuerungsformel seiner Religionsgesellschaft abgibt;
2. derjenige, welcher als Partei, Zeuge oder Sachverständiger einen Eid geleistet hat, in gleicher Eigenschaft eine Versicherung unter Berufung auf den bereits früher in derselben Angelegenheit geleisteten Eid abgibt, oder ein Sachverständiger,

welcher als solcher ein- für allemal vereidet ist, eine Versicherung auf den von ihm geleisteten Eid abgibt;
3. ein Beamter eine amtliche Versicherung unter Berufung auf seinen Diensteid abgibt.

Zu §§ 153 f.
Nr. 1: StPO. § 64, ZPO. § 484.
Nr. 2: StPO. §§ 66, 79 II, ZPO. §§ 398, 410.
Nr. 3: § 359 („Beamter"), ZPO. § 386 II rc.

Wissentl. falsche Versicherg. an Eides Statt.

§ 156. Wer vor einer zur Abnahme einer Versicherung an Eides Statt zuständigen Behörde eine solche Versicherung wissentlich falsch abgibt oder unter Berufung auf eine solche Versicherung wissentlich falsch aussagt, wird mit Gefängnis von Einem Monat bis zu drei Jahren bestraft.

Zuständig: Strafk. Die eidesstattliche Versicherung muß vor der betr. Behörde und in der betr. Angelegenheit gestattet sein, z. B. zur Glaubhaftmachung vor Gericht rc.: ZPO. § 294, BGB. § 2356 II, FGG. § 15, PStG. § 45 u. a. §§ 157 f. (Strafermäßigung), 161 II (Ehrenrechtsverlust), 163 (Fahrläss.).

Strafermäßigg.: Privilegierte Fälle.

§ 157. Hat ein Zeuge oder Sachverständiger sich eines Meineides (§§ 154, 155) oder einer falschen Versicherung an Eides Statt schuldig gemacht, so ist die an sich verwirkte Strafe auf die Hälfte bis ein Viertel zu ermäßigen, wenn
1. die Angabe der Wahrheit gegen ihn selbst eine Verfolgung wegen eines Verbrechens oder Vergehens nach sich ziehen konnte, oder
2. der Aussagende die falsche Aussage zugunsten einer Person, rücksichtlich welcher er die Aussage ablehnen durfte, erstattet hat, ohne über sein Recht, die Aussage ablehnen zu dürfen, belehrt worden zu sein.

Ist hiernach Zuchthausstrafe unter Einem Jahre verwirkt, so ist dieselbe nach Maßgabe des § 21 in Gefängnisstrafe zu verwandeln.

Zuständig bei Meineid: Schwurger., bei falscher eidesstattlicher Versicherung: Strafk. § 157 bezieht sich auf §§ 154—156, § 158 auf

§§ 153—156. Bei Zusammentreffen von §§ 157 und 158 wird die Strafe nur einmal ermäßigt.
Abs. 1: Strafmindernde Umstände: § 50, StPO. §§ 262, 266, 295 f. (Nebenfrage). Vgl. § 161 II.
Nr. 1: StPO. §§ 54, 72, ZPO. §§ 384 [2], 408.
Nr. 2: Belehrung: StPO. §§ 51, 57, 72, 76, ZPO. § 383 II; Belehrung nicht vorgeschrieben: StPO. § 52, ZPO. § 383 I Nr. 4, 5. Auch letztere Fälle umfaßt § 157 [2].

Strafermäßigg.: Widerruf.

§ 158. Gleiche Strafermäßigung tritt ein, wenn derjenige, welcher sich eines Meineides oder einer falschen Versicherung an Eides Statt schuldig gemacht hat, bevor eine Anzeige gegen ihn erfolgt oder eine Untersuchung gegen ihn eingeleitet und bevor ein Rechtsnachteil für einen anderen aus der falschen Aussage entstanden ist, diese bei derjenigen Behörde, bei welcher er sie abgegeben hat, widerruft.

Der Strafmilderungsgrund des § 158 bezieht sich auf §§ 153—156. Vgl. § 157 Anm., 161 II, 163 II (Strafaufhebungsgrund), StPO. § 156 I (Anzeigeerstattung). (Nicht notw. ausdrücklicher oder unmittelbarer) Widerruf bei derselben Behörde, auch durch Vermittlung einer anderen.

Verleitg. z. Meineid.

§ 159. Wer es unternimmt, einen anderen zur Begehung eines Meineides zu verleiten, wird mit Zuchthaus bis zu fünf Jahren, und wer es unternimmt, einen anderen zur wissentlichen Abgabe einer falschen Versicherung an Eides Statt zu verleiten, mit Gefängnis bis zu Einem Jahre bestraft.

Zuständig: Strafk. (GVG. § 73 [1, 2]). Meineid: §§ 153—155; wissentl. Abgabe einer falschen eidesstattlichen Versicherung: § 156. (Erfolgloser) Versuch der Anstiftung ist hier selbständ. Delikt. Bei erfolgreicher Verleitung, wenn der Verleitete wissentlich falsch schwört: Anstiftung (§ 48). Handelt aber der Meineidige aus eigenem Antrieb ohne „Anstiftung“, so fällt das Unternehmen der Verleitung unter § 159. Verleitung zum fahrlässigen Falscheid: § 160. Kein Versuch (§ 43) des „Unternehmens“. Vgl. § 161 II.

Verleitg. z. Falscheid.

§ 160. Wer einen anderen zur Ableistung eines falschen Eides verleitet, wird mit Gefängnis bis zu zwei Jahren bestraft, neben welchem auf Verlust der bürgerlichen Ehrenrechte erkannt werden kann, und wer einen anderen zur Ableistung einer falschen Versicherung an Eides Statt verleitet, wird mit Gefängnis bis zu sechs Monaten bestraft.

Der Versuch ist strafbar.

Zuständig: Strafk., bei Verleitung zur falschen eidesstattlichen Versicherung Ueberweisung an Schöffenger. zulässig (GVG. 73[1] 75[14]). Vollendung setzt Leistung des objektiv unrichtigen, vom Schwörenden nicht als solchen gewollten, fahrlässigen (§ 163) oder nicht fahrlässigen Eides voraus. Vgl. §§ 32, 35.

Ehrenrechtsverlust u. Eidesunfähigkt.

§ 161. Bei jeder Verurteilung wegen Meineides, mit Ausnahme der Fälle in den §§ 157 und 158, ist auf Verlust der bürgerlichen Ehrenrechte und außerdem auf die dauernde Unfähigkeit des Verurteilten, als Zeuge oder Sachverständiger eidlich vernommen zu werden, zu erkennen.

In den Fällen der §§ 156 bis 159 kann neben der Gefängnisstrafe auf Verlust der bürgerlichen Ehrenrechte erkannt werden.

Abs. 1 bezieht sich nur auf vollendeten Meineid (§§ 153—155) und Anstiftung hierzu (§ 48 II), nicht auf Verleitung (§ 159); bei Versuch (§ 45) oder Beihilfe (§ 49) ist zwar die Aberkennung der Ehrenrechte obligatorisch, die der Eidesfähigkt. aber unzulässig. Die Aberkennung der Eidesfähigkeit ist im Urteilstenor auszusprechen und auch gegen Jugendliche vorgeschrieben (vgl. § 57[5]). Vgl. § 32, StPO. § 56[2], ZPO. § 393[2].

Abs. 2 setzt mindestens 3 Mon. Gef. voraus. §§ 32, 35.

Eidesbruch.

§ 162. Wer vorsätzlich einer durch eidliches Angelöbnis vor Gericht bestellten Sicherheit oder dem in einem Offenbarungseide gegebenen Versprechen zuwiderhandelt, wird mit Gefängnis bis zu zwei Jahren bestraft.

Zuständig: Strafk. Wissentliche Verletzung des assertor. Offenb.-Eids ist Meineid. BGB. §§ 259 ff., 2006, 2028, 2057, ZPO. §§ 807, 883.

Fahrläss. Falscheid.

§ 163. Wenn eine der in den §§ 153 bis 156 bezeichneten Handlungen aus Fahrlässigkeit begangen worden ist, so tritt Gefängnisstrafe bis zu Einem Jahre ein.

Straflosigkeit tritt ein, wenn der Täter, bevor eine Anzeige gegen ihn erfolgt oder eine Untersuchung gegen ihn eingeleitet und bevor ein Rechtsnachteil für einen anderen aus der falschen Aussage entstanden ist, diese bei derjenigen Behörde, bei welcher er sie abgegeben hat, widerruft.

Zuständig: Strafk. Die Unkenntnis des Schwörenden von der Unwahrheit seiner Eidesaussage muß durch seine Fahrlässigkeit verschuldet (§ 59 II), die Erkenntnis der Unwahrheit also für ihn bei sorgfältiger Prüfung (vgl. ZPO. § 459) und gewissenhafter Ueberlegung möglich sein. Anstiftung ist nach § 160 strafbar.
Abs. 2 enthält einen Strafaufhebungsgrund zu Abs. 1 (StPO. § 295 II). Vgl. § 158.

Zehnter Abschnitt.

Falsche Anschuldigung.

§ 164. Wer bei einer Behörde eine Anzeige macht, durch welche er jemand wider besseres Wissen der Begehung einer strafbaren Handlung oder der Verletzung einer Amtspflicht beschuldigt, wird mit Gefängnis nicht unter Einem Monat bestraft; auch kann gegen denselben auf Verlust der bürgerlichen Ehrenrechte erkannt werden.

Solange ein infolge der gemachten Anzeige eingeleitetes Verfahren anhängig ist, soll mit dem Verfahren und mit der Entscheidung über die falsche Anschuldigung inne gehalten werden.

Zuständig: Strafk.
Abs. 1: „Bei einer Behörde" ist die Anzeige gemacht, wenn sie bei jener unmittelbar oder durch Vermittlung untergeordneter Polizeiorgane (wie Schutzleute, Gendarmen), die selbst keine Behörde i. S. § 164 sind, eingegangen ist. Fehlen die Voraussetzungen des § 164, handelt Täter z. B. nicht nachgewiesenermaßen „wider besseres Wissen", so kann Beleidigung (§ 186) vorliegen. Idealkonk. mit §§ 185 ff. ist möglich. Vgl. §§ 32, 35, 344.
Abs. 2: § 69 (Ruhen der Verjährung), EGzStPO. § 5 I. „Verfahren": auch staatsanwaltschaftliches Ermittelungsverfahren.

Publikationsbefugnis.

§ 165. Wird wegen falscher Anschuldigung auf Strafe erkannt, so ist zugleich dem Verletzten die Befugnis zuzusprechen, die Verurteilung auf Kosten des Schuldigen öffentlich bekannt zu machen. Die Art der Bekanntmachung, sowie die Frist zu derselben, ist in dem Urteile zu bestimmen.

Dem Verletzten ist auf Kosten des Schuldigen eine Ausfertigung des Urteils zu erteilen.

„Dem Verletzten": nicht seinen Erben. Vgl. § 200; StPO. § 501.

Elfter Abschnitt.

Vergehen, welche sich auf die Religion beziehen.

Gotteslästerg., Beschimpfg. v. Religionsgesellsch. usw.

§ 166. Wer dadurch, daß er öffentlich in beschimpfenden Aeußerungen Gott lästert, ein Aergernis gibt, oder wer öffentlich eine der christlichen Kirchen oder eine andere mit Korporationsrechten innerhalb des Bundesgebietes bestehende Religionsgesellschaft oder ihre Einrichtungen oder Gebräuche beschimpft, ingleichen wer in einer Kirche oder in einem anderen zu religiösen Versammlungen bestimmten Orte beschimpfenden Unfug verübt, wird mit Gefängnis bis zu drei Jahren bestraft.

Zuständig: Strafk. „Gott" = Gottesbegriff je nach der Auffassung der einzelnen Konfessionen und Religionsgesellschaften; darnach ist Lästerung Christi Gotteslästerung. Diese muß Aergernis erregt haben, nicht bloß Aergernis zu erregen geeignet sein (vgl. §§ 183, 184 b). Beschädigung von Gegenständen der Verehrung: § 304.

Gottesdienststörg.

§ 167. Wer durch eine Tätlichkeit oder Drohung jemand hindert, den Gottesdienst einer im Staate bestehenden Religionsgesellschaft auszuüben, ingleichen wer in einer Kirche oder in einem anderen zu religiösen Versammlungen bestimmten Orte durch Erregung von Lärm oder Unordnung den Gottesdienst oder einzelne gottesdienstliche Verrichtungen einer im Staate bestehenden Religionsgesellschaft vorsätzlich verhindert oder stört, wird mit Gefängnis bis zu drei Jahren bestraft.

Zuständig: Strafk. Die Gottesdienststörung muß rechtswidrig sein, also genügt nicht durch erlaubten Gewerbebetrieb oder Notwehr gegen beleidigende Angriffe des Geistlichen in der Predigt verursachte Störung. Nötigung durch Amtsmißbrauch: § 339 III, Diebstahl, Beschädigung von dem Gottesdienste gewidmeten Sachen: §§ 243 ¹, 304.

Leichenraub u. Grabschändg.

§ 168. Wer unbefugt eine Leiche aus dem Gewahrsam der dazu berechtigten Person wegnimmt, ingleichen wer unbefugt ein Grab zerstört oder beschädigt, oder wer an einem Grabe beschimpfenden Unfug verübt, wird mit Gefängnis bis zu zwei Jahren bestraft; auch kann auf Verlust der bürgerlichen Ehrenrechte erkannt werden.

Zuständig: Strafk. Ehrenrechtsverlust: §§ 32, 35, Wegnahme von Leichenteilen: § 367 [1], Beschädigung von Grabmälern: § 304 (Idealkonkurrenz möglich).

Zwölfter Abschnitt.

Verbrechen und Vergehen in Beziehung auf den Personenstand.

Verletzg. des Personenstandes.

§ 169. Wer ein Kind unterschiebt oder vorsätzlich verwechselt, oder wer auf andere Weise den Personenstand eines anderen vorsätzlich verändert oder unterdrückt, wird mit Gefängnis bis zu drei Jahren und, wenn die Handlung in gewinnsüchtiger Absicht begangen wurde, mit Zuchthaus bis zu zehn Jahren bestraft.

Der Versuch ist strafbar.

Zuständig: Strafk., bei gewinnsüchtiger Absicht (straferhöh. Umst.: StPO. §§ 262, 264, 266, 295): Schwurger. „Personenstand" ist das familienrechtliche Verhältnis (familienrechtliche Beziehung) einer Person zu andern und wird auch durch uneheliche Vaterschaft begründet. Der Vorsatz ist auf dauernde Verdunkelung des Personenstandes gerichtet. Vgl. § 32; 221, 234 f., 271 f. (Idealkonk. möglich), 360 [8], PersStG. § 68 (Verletzung der Anzeigepflicht).

Ehebetrug.

§ 170. Wer bei Eingehung einer Ehe dem anderen Teile ein gesetzliches Ehehindernis arglistig verschweigt, oder wer den anderen Teil zur Eheschließung arglistig mittels einer solchen Täuschung verleitet, welche den Getäuschten berechtigt, die Gültigkeit der Ehe anzufechten, wird, wenn aus einem dieser Gründe die Ehe aufgelöst worden ist, mit Gefängnis nicht unter drei Monaten bestraft.

Die Verfolgung tritt nur auf Antrag des getäuschten Teils ein.

Zuständig: Strafk. §§ 61 ff., 69 [1] (Ruhen der Verjährung), BGB. §§ 1303 ff., 1323 ff. (Ehehindernisse), 1334 (arglistige Täuschung).

Dreizehnter Abschnitt.

Verbrechen und Vergehen wider die Sittlichkeit.

Doppelehe (Bigamie).

§ 171. Ein Ehegatte, welcher eine neue Ehe eingeht, bevor seine Ehe aufgelöst oder für nichtig erklärt worden ist, ingleichen eine unverheiratete Person, welche mit einem Ehegatten, wissend, daß er verheiratet ist, eine Ehe eingeht, wird mit Zuchthaus bis zu fünf Jahren bestraft.

Sind mildernde Umstände vorhanden, so tritt Gefängnisstrafe nicht unter sechs Monaten ein.

Die Verjährung der Strafverfolgung beginnt mit dem Tage, an welchem eine der beiden Ehen aufgelöst oder für nichtig erklärt worden ist.

Zuständig: Strafk. §§ 32, 338 (Bestrafung des Standesbeamten), BGB. §§ 1309 (zivilrechtl. Verbot), 1317 f. (Eingehung der Ehe — Eheschließung), 1323 ff. (Nichtigkeit der Ehe), 1564 ff. (Ehescheidung).

Ehebruch.

§ 172. Der Ehebruch wird, wenn wegen desselben die Ehe geschieden ist, an dem schuldigen Ehegatten, sowie dessen Mitschuldigen mit Gefängnis bis zu sechs Monaten bestraft.

Die Verfolgung tritt nur auf Antrag ein.

Zuständig: Strafk., Ueberweisung an Schöffenger. (GVG. §§ 73 [1], 75 [14]). „Ehebruch": Beischlafsvollziehung oder Geschlechtsvereinigung. Auf Scheidung muß wegen des den Gegenstand der Anklage bildenden Ehebruchs rechtskräftig erkannt sein. Mit Rechtskraft des Scheidungsurteils beginnt die Verjährung. §§ 61 ff., 69 I (Ruhen der Verjährung), BGB. §§ 1565 (Ehebruch als Scheidungsgrund), 1575 (Aufhebung der ehelichen Gemeinschaft schließt Ehebruch aus).

Blutschande (Inzest).

§ 173. Der Beischlaf zwischen Verwandten auf- und absteigender Linie wird an den ersteren mit Zuchthaus bis zu fünf Jahren, an den letzteren mit Gefängnis bis zu zwei Jahren bestraft.

Der Beischlaf zwischen Verschwägerten auf- und absteigender Linie, sowie zwischen Geschwistern wird mit Gefängnis bis zu zwei Jahren bestraft.

Neben der Gefängnisstrafe kann auf Verlust der bürgerlichen Ehrenrechte erkannt werden.

Verwandte und Verschwägerte absteigender Linie bleiben straflos, wenn sie das achtzehnte Lebensjahr nicht vollendet haben.

Zuständig: Strafk. „Verwandte“, „Verschwägerte ꝛc.“: auch unehel. (BGB. § 1589 II hat hier keinen Einfluß; vgl. EGzBGB. Art. 33, BGB. § 1310 III). Die die Schwägerschaft begründende Ehe braucht nicht mehr zu bestehen. Unkenntnis der Verwandtschaft, Eheschließung: § 59; dagegen macht der Irrtum über Begriff der Verwandtschaft, Fortdauer der Schwägerschaft auch nach Auflösung der Ehe nicht straffrei. Vollendung des 18. Lebensjahres: §§ 55 ff., BGB. § 187 II. §§ 32, 35, 172 (Idealkonk. möglich).

Unzucht mit Verletzg. v. Autoritätsverhältnissen.

§ 174. Mit Zuchthaus bis zu fünf Jahren werden bestraft:

1. Vormünder, welche mit ihren Pflegebefohlenen, Adoptiv- und Pflegeeltern, welche mit ihren Kindern, Geistliche, Lehrer und Erzieher, welche mit ihren minderjährigen Schülern oder Zöglingen unzüchtige Handlungen vornehmen;
2. Beamte, die mit Personen, gegen welche sie eine Untersuchung zu führen haben oder welche ihrer Obhut anvertraut sind, unzüchtige Handlungen vornehmen;
3. Beamte, Aerzte oder andere Medizinalpersonen, welche in Gefängnissen oder in öffentlichen, zur Pflege von Kranken, Armen oder anderen Hilflosen bestimmten Anstalten beschäftigt oder angestellt sind, wenn sie mit den in das Gefängnis oder in die Anstalt aufgenommenen Personen unzüchtige Handlungen vornehmen.

Sind mildernde Umstände vorhanden, so tritt Gefängnisstrafe nicht unter sechs Monaten ein.

Zuständig: Strafk. „Unzüchtige Handlungen“ müssen das allgemeine Scham- und Sittlichkeitsgefühl in geschlechtlicher Beziehung verletzen und hier (abw. von § 183) auf Erregung oder Befriedigung eigener oder fremder Geschlechtslust gerichtet sein. §§ 32, 52 II, 176 (Idealkonkurrenz möglich), 359 (Beamte), BGB. §§ 1741 ff. (Adoption), 1793 ff. (Vormund); Pfleger (BGB. §§ 1909 ff.) fallen nicht unter obige Strafbestimmung.

Widernatürl. Unzucht (Sodomie): Päderastie u. Bestialität.

§ 175. Die widernatürliche Unzucht, welche zwischen Personen männlichen Geschlechts oder von Menschen mit Tieren begangen wird, ist mit Gefängnis zu bestrafen; auch kann auf Verlust der bürgerlichen Ehrenrechte erkannt werden.

Zuständig: Strafk. „Widernatürl. Unzucht": Nur beischlafsähnliche Handlungen. Vgl. §§ 32, 35, 176 ³ (Idealkonk. mögl.).

Unzucht mit Gewalt, Mißbrauch einer Geisteskranken, Unzucht mit Kindern.

§ 176. Mit Zuchthaus bis zu zehn Jahren wird bestraft, wer

1. mit Gewalt unzüchtige Handlungen an einer Frauensperson vornimmt oder dieselbe durch Drohung mit gegenwärtiger Gefahr für Leib oder Leben zur Duldung unzüchtiger Handlungen nötigt;
2. eine in einem willenlosen oder bewußtlosen Zustande befindliche oder eine geisteskranke Frauensperson zum außerehelichen Beischlafe mißbraucht, oder
3. mit Personen unter vierzehn Jahren unzüchtige Handlungen vornimmt oder dieselben zur Verübung oder Duldung unzüchtiger Handlungen verleitet.

Sind mildernde Umstände vorhanden, so tritt Gefängnisstrafe nicht unter sechs Monaten ein.

Zuständig: Nr. 1, 2: Schwurger., Nr. 3: Strafk. (GVG. § 73 ⁴). Täter nach Nr. 1 und 3 kann auch eine Frauensperson sein. „An einer Frauensperson" (Nr. 1) und „mit Personen rc." (Nr. 3) = an dem Körper der betr. Person. §§ 32, 51 (zu Nr. 2: „bewußtlos" rc.), 52 I (zu Nr. 1: „Gewalt" oder „Drohung rc."), 59 (Kenntnis des Täters von dem Zustand der Frau [Nr. 2] und dem Alter des Kindes [Nr. 3]), 174 („unzüchtige Handlungen"), 177 (Freiwilliger Rücktritt vom Notzuchtsversuch [§ 46 ¹] schließt Verurteilung wegen [ideell konkurr.] vollendeter Unzucht nach § 176 ¹, ³ nicht aus; § 177 ist allein anwendbar, wenn Täter selbst den willenlosen Zustand [§ 176 ²] zwecks Beischlafes hervorgerufen), 178 (straferhöhender Umstand), 185 (Idealkonk. mögl.), 240 (Idealkonk. mit § 176 ³ möglich; § 176 ¹ erwähnt nur Nötigung einer Frauensperson, Nötigung einer Mannsperson ist nach § 240 strafbar).

Notzucht.

§ 177. Mit Zuchthaus wird bestraft, wer durch Gewalt oder durch Drohung mit gegenwärtiger Gefahr für Leib oder Leben eine Frauensperson zur Duldung des außerehelichen Beischlafs nötigt, oder wer eine Frauensperson zum außerehelichen Beischlafe mißbraucht, nachdem er sie zu diesem Zwecke in einen willenlosen oder bewußtlosen Zustand versetzt hat.

Sind mildernde Umstände vorhanden, so tritt Gefängnisstrafe nicht unter Einem Jahre ein.

Zuständig: Schwurger. § 176 und Anm. Gegenüber § 176 [1] ist § 177 das speziellere Ges. Täter der 1. Alternative kann auch eine Frauensperson sein.

Tod der Verletzten.

§ 178. Ist durch eine der in den §§ 176 und 177 bezeichneten Handlungen der Tod der verletzten Person verursacht worden, so tritt Zuchthausstrafe nicht unter zehn Jahren oder lebenslängliche Zuchthausstrafe ein.

Zuständig: Schwurger. Todesfolge ist straferhöhender Umstand (StPO. §§ 262, 264, 266, 295).

Erschleichung des Beischlafs.

§ 179. Wer eine Frauensperson zur Gestattung des Beischlafs dadurch verleitet, daß er eine Trauung vorspiegelt, oder einen anderen Irrtum in ihr erregt oder benutzt, in welchem sie den Beischlaf für einen ehelichen hielt, wird mit Zuchthaus bis zu fünf Jahren bestraft.

Sind mildernde Umstände vorhanden, so tritt Gefängnisstrafe nicht unter sechs Monaten ein.

Die Verfolgung tritt nur auf Antrag ein.

Zuständig: Strafk. § 179 schließt als spezielleres Ges. § 185 und infolgedessen auch § 195 (Strafantragsrecht des Ehemanns einer verletzten Ehefrau) aus (bestritten). §§ 32, 61.

Kuppelei.

§ 180. Wer gewohnheitsmäßig oder aus Eigennutz durch seine Vermittelung oder durch Gewährung oder Verschaffung von Gelegenheit der Unzucht Vorschub leistet, wird wegen Kuppelei mit Gefängnis nicht unter Einem Monate bestraft; auch kann zugleich auf Geldstrafe von einhundertfünfzig bis zu sechstausend Mark, auf Verlust der bürgerlichen Ehrenrechte sowie auf Zulässigkeit von Polizei-Aufsicht erkannt werden. Sind mildernde Umstände vorhanden, so kann die Gefängnisstrafe bis auf Einen Tag ermäßigt werden.

Zuständig: Strafk., Ueberweisung an Schöffenger. (GVG. §§ 73 [1], 75 [3]). „Gewohnheitsmäßige" Kuppelei: Kollektivdelikt. „Unzucht": jedes gegen Zucht und Sitte verstoßende Handeln im Bereiche des geschlechtlichen Verkehrs. Die Unzuchttreibenden können Teilnehmer an der Kuppelei sein. „Vorschubleisten", auch durch vorsätzl. Unterlassen pflichtmäßigen Handelns (Einschreitens ꝛc.), pflichtwidriges Dulden unzüchtigen Treibens. Vollendung der Kuppelei setzt nicht voraus, daß Unzucht wirklich verübt wird. Bei mild. Umständen ist nur Gefängnis zulässig (anders § 181 III). §§ 32, 35, 38, 181, 181 a (Gesetzeskonk.).

Schwere Kuppelei.

§ 181. Die Kuppelei ist, selbst wenn sie weder gewohnheitsmäßig noch aus Eigennutz betrieben wird, mit Zuchthaus bis zu fünf Jahren zu bestrafen, wenn

1. um der Unzucht Vorschub zu leisten, hinterlistige Kunstgriffe angewendet werden, oder
2. der Schuldige zu der verkuppelten Person in dem Verhältnisse des Ehemanns zur Ehefrau, von Eltern zu Kindern, von Vormündern zu Pflegebefohlenen, von Geistlichen, Lehrern oder Erziehern zu den von ihnen zu unterrichtenden oder zu erziehenden Personen steht.

Neben der Zuchthausstrafe ist der Verlust der bürgerlichen Ehrenrechte auszusprechen; auch kann zugleich auf Geldstrafe von einhundertfünfzig bis zu sechstausend Mark sowie auf Zulässigkeit von Polizei-Aufsicht erkannt werden.

Sind im Falle des Abs. 1 Nr. 2 mildernde Umstände vorhanden, so tritt Gefängnisstrafe ein, neben welcher auf Geldstrafe bis zu dreitausend Mark erkannt werden kann.

Zuständig: Strafk.
Abs. 1 Nr. 1: „Hinterlistig": Vorbedachtes Handeln unter Verdeckung der wahren Absicht, um den unvorbereiteten Zustand eines andern zur Verwirklichung eines Planes auszunützen.
Nr. 2: Die persönlichen Verhältnisse sind nicht straferhöhende Umstände zu § 180 i. S. § 50, sondern strafbegründend, da § 181 die für § 180 erforderten Tatbestandsmerkmale der Gewohnheitsmäßigkeit oder des Eigennutzes nicht voraussetzt; daher Bestrafung auch eines fremden Teilnehmers aus § 181. „Eltern": auch Stiefeltern, nicht Schwiegereltern. §§ 32, 38, 174 [1].

Zuhälterei.

§ 181a. Eine männliche Person, welche von einer Frauensperson, die gewerbsmäßig Unzucht treibt, unter Ausbeutung ihres unsittlichen Erwerbes ganz oder teilweise den Lebensunterhalt bezieht, oder welche einer solchen Frauensperson gewohnheitsmäßig oder aus Eigennutz in Bezug auf die Ausübung des unzüchtigen Gewerbes Schutz gewährt oder sonst förderlich ist (Zuhälter), wird mit Gefängnis nicht unter Einem Monate bestraft.

Ist der Zuhälter der Ehemann der Frauensperson, oder hat der Zuhälter die Frauensperson unter Anwendung von Gewalt oder Drohungen zur Ausübung des unzüchtigen Gewerbes angehalten, so tritt Gefängnisstrafe nicht unter Einem Jahre ein.

Neben der Gefängnisstrafe kann auf Verlust der bürgerlichen Ehrenrechte, auf Zulässigkeit von Polizei-Aufsicht sowie auf Ueberweisung an die Landespolizeibehörde mit den im § 362 Abs. 3 und 4 vorgesehenen Folgen erkannt werden.

Zuständig: Strafk. Zuhälterei: persönliche Beziehung eines Mannes zu einer Gewerbsunzucht treibenden Frauensperson. §§ 32, 35, 38, 180 f. (durch § 181 a ausgeschlossen).

Verführg. z. Beischlaf.

§ 182. Wer ein unbescholtenes Mädchen, welches das sechzehnte Lebensjahr nicht vollendet hat, zum Beischlafe verführt, wird mit Gefängnis bis zu Einem Jahre bestraft.

Die Verfolgung tritt nur auf Antrag der Eltern oder des Vormundes der Verführten ein.

Zuständig: Strafk. Antragsberechtigt sind Vater oder Mutter ohne Rücksicht auf elterliche Gewalt (auch uneheliche Mutter) oder Vormund. §§ 59 (Kenntnis des Alters), 61 f., 176 [3] (Idealkonk. mögl.).

Erregg. öff. Aergernisses durch unzücht. Handlungen.

§ 183. Wer durch eine unzüchtige Handlung öffentlich ein Aergernis gibt, wird mit Gefängnis bis zu zwei Jahren oder mit Geldstrafe bis zu fünfhundert Mark bestraft.

Neben der Gefängnisstrafe kann auf Verlust der bürgerlichen Ehrenrechte erkannt werden.

Zuständig: Strafk., Ueberweisung an Schöffenger. (GVG. §§ 73 [1], 75 [3]). „Oeffentlich ein Aergernis gibt": Nicht ein öffentliches Aergernis erregt; es genügt, wenn eine Person Aergernis nimmt. „Unzüchtige Handlung": hier auch mündliche Aeußerungen. §§ 32, 35, 166 („Aergernis geben"), 174 Anm. („unzüchtige Handlung").

Verbreitg. unzücht. Schriften, öffentl. Ankündiggn. z. unzücht. Gebrauch od. Verkehr.

§ 184. Mit Gefängnis bis zu Einem Jahre und mit Geldstrafe bis zu eintausend Mark oder mit einer dieser Strafen wird bestraft, wer

1. unzüchtige Schriften, Abbildungen oder Darstellungen feilhält, verkauft, verteilt, an Orten, welche dem Publikum zugänglich sind, ausstellt oder anschlägt oder sonst verbreitet, sie zum Zwecke der Verbreitung herstellt oder zu demselben Zwecke vorrätig hält, ankündigt oder anpreist;
2. unzüchtige Schriften, Abbildungen oder Darstellungen einer Person unter sechzehn Jahren gegen Entgelt überläßt oder anbietet;
3. Gegenstände, die zu unzüchtigem Gebrauche bestimmt sind, an Orten, welche dem Publikum zugänglich sind, ausstellt oder solche Gegenstände dem Publikum ankündigt oder anpreist;
4. öffentliche Ankündigungen erläßt, welche dazu bestimmt sind, unzüchtigen Verkehr herbeizuführen.

Neben der Gefängnisstrafe kann auf Verlust der bürgerlichen Ehrenrechte sowie auf Zulässigkeit von Polizei-Aufsicht erkannt werden.

Zuständig: Strafk. „Unzüchtig": Geeignet, das allgemeine Scham- und Sittlichkeitsgefühl in geschlechtlicher Beziehung zu verletzen; gröbliche Verletzung (§ 184 a) nicht erforderlich. §§ 32, 35, 38, 40 ff. (Einziehung), 85, PreßG. § 23 ³.

Verletzg. des Schamgefühls.

§ 184a. Wer Schriften, Abbildungen oder Darstellungen, welche, ohne unzüchtig zu sein, das Schamgefühl gröblich verletzen, einer Person unter sechzehn Jahren gegen Entgelt überläßt oder anbietet, wird mit Gefängnis bis zu sechs Monaten oder mit Geldstrafe bis zu sechshundert Mark bestraft.

Zuständig: Strafk., Ueberweisung an Schöffenger. (GVG. §§ 73 ¹, 75 ¹⁴). Vgl. § 184.

Veröffentl. anstöß. Gerichtssaalberichte.

§ 184 b. Mit Geldstrafe bis zu dreihundert Mark oder mit Gefängnis bis zu sechs Monaten wird bestraft, wer aus Gerichtsverhandlungen, für welche wegen Gefährdung der Sittlichkeit die Oeffentlichkeit ausgeschlossen war, oder aus den diesen Verhandlungen zu Grunde liegenden amtlichen Schriftstücken öffentlich Mitteilungen macht, welche geeignet sind, Aergernis zu erregen.

Zuständig: Strafk. oder Ueberweisung, wie § 184 a. Ein Aergernis braucht nicht gegeben oder erregt zu sein; vgl. §§ 166, 183. Umwandlung der Geldstrafe auch in Haft: § 28 II. GVG. §§ 170 ff., bes. 173, RGes. v. 5. IV. 88, betr. die unter Ausschluß der Oeffentlichkeit stattfindenden Gerichtsverhandlungen, Art. II und III:

Art. II. Wer die nach § 175 Absatz 2 des Gerichtsverfassungsgesetzes ihm auferlegte Pflicht der Geheimhaltung durch unbefugte Mitteilung verletzt, wird mit Geldstrafe bis zu eintausend Mark oder mit Haft oder mit Gefängnis bis zu sechs Monaten bestraft.

Zuständ.: Strafk., Ueberweisg. an SchöffGer.

Art. III. Soweit bei einer Gerichtsverhandlung die Oeffentlichkeit wegen Gefährdung der Staatssicherheit ausgeschlossen war, dürfen Berichte über die Verhandlung durch die Presse nicht veröffentlicht werden. Das Gleiche gilt auch nach der Beendigung des Verfahrens in Betreff der Veröffentlichung der Anklageschrift oder anderer amtlicher Schriftstücke des Prozesses.

Zuwiderhandlungen unterliegen der im Artikel II bestimmten Strafe.

Art. IV = obiger § 184 b.

Vierzehnter Abschnitt.

Beleidigung.

Einfache Beleidigg.

§ 185. Die Beleidigung wird mit Geldstrafe bis zu sechshundert Mark oder mit Haft oder mit Gefängnis bis zu Einem Jahre und, wenn die Beleidigung mittels einer Tätlichkeit begangen wird, mit Geldstrafe bis zu eintausendfünfhundert Mark oder mit Gefängnis bis zu zwei Jahren bestraft.

Zuständig: bei öffentlicher Klage: Strafk. (GVG. § 73 [1]), in den Fällen der nur auf Antrag eintretenden Verfolgung (§§ 194 bis 196, 189, also nicht § 197) Ueberweisung an Schöffenger. zulässig (GVG. § 75 [4]), bei Preßbeleid. in Bayern, Württemberg 2c. Schwurger. (EGzGVG. § 6, BayAG. Art. 35, WürttAG. Art. 12); für die (bei nur auf Antrag eintretender Verfolgung zulässige) Privatklage (StPO. §§ 414 ff.) Schöffenger. (GVG. § 27 [3]). —

Subjektiv wird nur Bewußtsein, nicht (außer § 193) Absicht, der Ehrverletzung (Ehrenkränkung) erfordert. Vollendung der Beleidigung setzt Kenntnisnahme des Beleidigten oder Dritter voraus. §§ 28 II (Umwandlung der Geldstrafe auch in Haft), 186, 187 (Idealkonk. mögl.), 188 (Buße nur in Fällen der §§ 186, 187, nicht des § 185), 192 f., 194 ff. (Antrag), 200 (Veröffentlichungsbefugnis), GewO. § 153 (Idealkonk. verneint RG. 44 S. 1).

Ueble Nachrede (Rufgefährdung).

§ 186. Wer in Beziehung auf einen anderen eine Tatsache behauptet oder verbreitet, welche denselben verächtlich zu machen oder in der öffentlichen Meinung herabzuwürdigen geeignet ist, wird, wenn nicht diese Tatsache erweislich wahr ist, wegen Beleidigung mit Geldstrafe bis zu sechshundert Mark oder mit Haft oder mit Gefängnis bis zu Einem Jahre und, wenn die Beleidigung öffentlich oder durch Verbreitung von Schriften, Abbildungen oder Darstellungen begangen ist, mit Geldstrafe bis zu eintausendfünfhundert Mark oder mit Gefängnis bis zu zwei Jahren bestraft.

Zuständig: wie § 185. Vgl. Anm. hierzu. Wahrheitsbeweis (bei Nachrede strafbarer Handlungen): §§ 190 ff. Nichterweislichkeit: Bedingung der Strafbarkeit, kein Tatbestandsmerkmal, dessen sich Täter bewußt sein müßte (§ 59); er bleibt strafbar, auch wenn die behauptete Tatsache wahr ist und nur nicht bewiesen werden kann. Guter Glaube an die Wahrheit oder Erweislichkeit schützt zwar vor der Strafe des § 187, nicht aber vor der des § 186. Vollendung der üblen Nachrede und der verleumderischen Beleidigung setzt Kenntnisnahme eines Dritten voraus; erhält bloß der Beleidigte Kenntnis oder wird die ehrenrührige Tatsache allein ihm gegenüber behauptet, ist (wie bei erbrachtem Wahrheitsbeweis nach § 192) nur § 185 anwendbar. — Vgl. UnlWG. v. 7. VI. 09 § 14.

Verleumderische Beleidigg. u. Kreditgefährdg.

§ 187. Wer wider besseres Wissen in Beziehung auf einen anderen eine unwahre Tatsache behauptet oder verbreitet, welche denselben verächtlich zu machen oder in der öffentlichen Meinung herabzuwürdigen oder dessen Kredit zu gefährden geeignet ist, wird wegen verleumderischer Beleidigung mit Gefängnis bis zu zwei Jahren und, wenn die Verleumdung öffentlich oder durch Verbreitung von Schriften, Abbildungen oder Darstellungen begangen ist, mit Gefängnis nicht unter Einem Monat bestraft.

Sind mildernde Umstände vorhanden, so kann die Strafe bis auf Einen Tag Gefängnis ermäßigt, oder auf Geldstrafe bis zu neunhundert Mark erkannt werden.

Zuständigkeit wie § 185. Vgl. Anm. zu §§ 185, 186. „Wider besseres Wissen": Bewußtsein der Unwahrheit der behaupteten Tatsachen, nicht dolus eventualis; andernfalls § 186. Idealkonk. mit UnlWG. v. 7. VI. 09 § 15, der lautet (Antragsdelikt):

§ 15. Wer wider besseres Wissen über das Erwerbsgeschäft eines anderen, über die Person des Inhabers oder Leiters des Geschäfts, über die Waren oder gewerblichen Leistungen eines anderen Tatsachen der Wahrheit zuwider behauptet oder verbreitet, die geeignet sind, den Betrieb des Geschäfts zu schädigen, wird mit Gefängnis bis zu einem Jahre und mit Geldstrafe bis zu fünftausend Mark oder mit einer dieser Strafen bestraft.

Werden die im Abs. 1 bezeichneten Tatsachen in einem geschäftlichen Betriebe von einem Angestellten oder Beauftragten behauptet oder verbreitet, so ist der Inhaber des Betriebs neben dem Angestellten oder Beauftragten strafbar, wenn die Handlung mit seinem Wissen geschah.

Zuständ. bei öffentl. Klage: Strafk., bei Privatkl. SchöffG. Vgl. §§ 22 f., 26 UnlWG.

Buße.

§ 188. In den Fällen der §§ 186 und 187 kann auf Verlangen des Beleidigten, wenn die Beleidigung nachteilige Folgen für die Vermögensverhältnisse, den Erwerb oder das Fortkommen des Beleidigten mit sich bringt, neben der Strafe auf eine an den Beleidigten zu erlegende Buße bis zum Betrage von sechstausend Mark erkannt werden.

Eine erkannte Buße schließt die Geltendmachung eines weiteren Entschädigungsanspruches aus.

Verfahren zur Geltendmachung des Anspruchs auf Buße (die Entschädigung, nicht Nebenstrafe ist): StPO. §§ 443—446, 495. Vgl. § 231.

Beschimpfg. des Andenkens Verstorbener (Verletzg. d. Pietätsgefühls).

§ 189. Wer das Andenken eines Verstorbenen dadurch beschimpft, daß er wider besseres Wissen eine unwahre Tatsache behauptet oder verbreitet, welche denselben bei seinen Lebzeiten verächtlich zu machen oder in der öffentlichen Meinung herabzuwürdigen geeignet gewesen wäre, wird mit Gefängnis bis zu sechs Monaten bestraft.

Sind mildernde Umstände vorhanden, so kann auf Geldstrafe bis zu neunhundert Mark erkannt werden.

Die Verfolgung tritt nur auf Antrag der Eltern, der Kinder oder des Ehegatten des Verstorbenen ein.

Zuständig: wie § 185. Vgl. Anm. hierzu. „Wider besseres Wissen": § 187. Antrag eines der Eltern oder Kinder: §§ 61 ff., 182 II.

Wahrheitsbeweis-Regeln bei Nachrede strafb. Handlgn.

§ 190. Ist die behauptete oder verbreitete Tatsache eine strafbare Handlung, so ist der Beweis der Wahrheit als erbracht anzusehen, wenn der Beleidigte wegen dieser Handlung rechtskräftig verurteilt worden ist. Der Beweis der Wahrheit ist dagegen ausgeschlossen, wenn der Beleidigte wegen dieser Handlung vor der Behauptung oder Verbreitung rechtskräftig freigesprochen worden ist.

Zu § 186.

Innehalten mit dem Beleidiggsverfahren.

§ 191. Ist wegen der strafbaren Handlung zum Zwecke der Herbeiführung eines Strafverfahrens bei der Behörde Anzeige gemacht, so ist bis zu dem Beschlusse, daß die Eröffnung der Untersuchung nicht stattfinde, oder bis zur Beendigung der eingeleiteten Untersuchung mit dem Verfahren und der Entscheidung über die Beleidigung inne zu halten.

Zu §§ 185—187; 190. Vgl. §§ 164 II, 69 (Ruhen d. Verjährung).

Erbrachter Wahrheitsbeweis.

§ 192. Der Beweis der Wahrheit der behaupteten oder verbreiteten Tatsache schließt die Bestrafung nach Vorschrift des § 185 nicht aus, wenn das Vorhandensein einer Beleidigung aus der Form der Behauptung oder Verbreitung oder aus den Umständen, unter welchen sie geschah, hervorgeht.

Zu §§ 185, 186. Vgl. § 193.

Wahrnehmg. berechtigter Interessen.

§ 193. Tadelnde Urteile über wissenschaftliche, künstlerische oder gewerbliche Leistungen, ingleichen Aeußerungen, welche zur Ausführung oder Verteidigung von Rechten oder zur Wahrnehmung berechtigter Interessen gemacht werden, sowie Vorhaltungen und Rügen der Vorgesetzten gegen ihre Untergebenen, dienstliche Anzeigen oder Urteile von seiten eines Beamten und ähnliche Fälle sind nur insofern strafbar, als das Vorhandensein einer Beleidigung aus der Form der Aeußerung oder aus den Umständen, unter welchen sie geschah, hervorgeht.

Zu §§ 185, 186; bei §§ 187, 189 zwar nicht grundsätzlich ausgeschlossen, aber selten. Bei Majestätsbeleidigung unanwendbar. „Zur" (d. h. zum Zwecke, nicht bei Gelegenheit der) „Ausführung" 2c. Der ausschließliche (nicht Neben-) Zweck, Rache zu üben, Sensation zu erregen 2c., schließt § 193 aus. Ein Sonderrecht der Presse zur Wahrnehmung öffentl. Interessen besteht nicht. „Vorhandensein einer Beleidigung": Bestrafung setzt außer dem objektiv beleidigenden Inhalt der Aeußerung Absicht der Beleidigung voraus, nicht bloß Bewußtsein von dem beleidigenden Charakter der Aeußerung, wohl aber Bewußtsein der Ueberschreitung eines Rechts. „Form der Aeußerung": nicht deren Inhalt. StPO. §§ 262, 266. Im Schwurgerichtsverf. keine bes. Frage aus § 193, da kein Strafaufhebungsgrund (StPO. § 295 II).

Strafantrag.

§ 194. Die Verfolgung einer Beleidigung tritt nur auf Antrag ein. Die Zurücknahme des Antrages (§§ 185 bis 193) ist zulässig.

Ausnahme: § 197. §§ 61 ff.; besondere Bestimmungen: §§ 189 III, 195 f., 198. Vgl. § 232.

(Selbständ.) Antragsrecht des Ehemanns bei Beleid. v. Ehefr.

§ 195. Ist eine Ehefrau beleidigt worden, so hat sowohl sie als ihr Ehemann das Recht, auf Bestrafung anzutragen.

Antragsrecht auch nach dem Tode der Ehefrau (abges. v. § 189). Vgl. §§ 65, 232 III.

(Selbständ.) Antragsrecht des Vorgesetzten bei Berufsbeleid.

§ 196. Wenn die Beleidigung gegen eine Behörde, einen Beamten, einen Religionsdiener oder ein Mitglied der bewaffneten Macht, während sie in der Ausübung ihres Berufes begriffen sind, oder in Beziehung auf ihren Beruf begangen ist, so haben außer den unmittelbar Beteiligten auch deren amtliche Vorgesetzte das Recht, den Strafantrag zu stellen.

Die Zurücknahme des vom Beleidigten gestellten Antrags berührt das Antragsrecht des Vorgesetzten nicht und umgekehrt. Vgl. §§ 200, 232 III, 359 („Beamter"), StPO. § 420.

Ermächtigg. bei Beleid. polit. Körpersch.

§ 197. Eines Antrages bedarf es nicht, wenn die Beleidigung gegen eine gesetzgebende Versammlung des Reichs oder eines Bundesstaats, oder gegen eine andere politische Körperschaft begangen worden ist. Dieselbe darf jedoch nur mit Ermächtigung der beleidigten Körperschaft verfolgt werden.

Zuständig: Strafk., nicht Ueberweisung, da § 75[4] GVG. hier nicht zutrifft. Vgl. im übrigen (insbes. wegen Zuständigkeit des Schwurger. in Bayern, Württemberg ꝛc.) § 185 Anm. „Gesetzgeb. Versammlung ꝛc.": § 105. „Politische" (nicht private oder religiöse) „Körperschaft": Vertretung der Gemeinden, Kreise, Provinzen ꝛc.

Antrag bei wechselseit. Beleid.

§ 198. Ist bei wechselseitigen Beleidigungen von einem Teile auf Bestrafung angetragen worden, so ist der andere Teil bei Verlust seines Rechts verpflichtet, den Antrag auf Bestrafung spätestens vor Schluß der Verhandlung in erster Instanz zu stellen, hierzu aber auch dann berechtigt, wenn zu jenem Zeitpunkte die dreimonatliche Frist bereits abgelaufen ist.

„Wechselseitige Beleidigungen" sind nicht bloß „auf der Stelle erwiderte" (§ 199) oder miteinander in einem Zusammenhang stehende. § 198 gilt nicht, wenn Beleidigung und Körperverletzung gegenüberstehen. Vgl. § 232 III, StPO. §§ 428 (Widerklage), 500 (Kosten).

Retorsion.

§ 199. Wenn eine Beleidigung auf der Stelle erwidert wird, so kann der Richter beide Beleidiger oder einen derselben für straffrei erklären.

Schuldig, aber „straffrei". § 233 (Kompensation von Beleidigungen mit leichten Körperverletzungen), StPO. § 500 (Kosten).

Publikationsbefugnis; Bekanntmachg. des Urteils.

§ 200. Wird wegen einer öffentlich oder durch Verbreitung von Schriften, Darstellungen oder Abbildungen begangenen Beleidigung auf Strafe erkannt, so ist zugleich dem Beleidigten die Befugnis zuzusprechen, die Verurteilung auf Kosten des Schuldigen öffentlich bekannt zu machen. Die Art der Bekanntmachung, sowie die Frist zu derselben ist in dem Urteile zu bestimmen.

Erfolgte die Beleidigung in einer Zeitung oder Zeitschrift, so ist der verfügende Teil des Urteils auf Antrag des Beleidigten durch die öffentlichen Blätter bekannt zu machen, und zwar wenn möglich durch dieselbe Zeitung oder Zeitschrift und in demselben Teile und mit derselben Schrift, wie der Abdruck der Beleidigung geschehen.

Dem Beleidigten ist auf Kosten des Schuldigen eine Ausfertigung des Urteils zu erteilen.

Zu §§ 185—187, 195 ff., nicht § 189. „Oeffentl.“: Wahrnehmbar für unbestimmt welche und wie viele Personen, nicht notw. an öffentl. Orten. „Auf Strafe erkannt“: nicht bei Straffreierklärung (§ 199). Nur „dem Beleidigten“, nicht seinem Vertreter, Erben, Vorgesetzten (§ 196) oder dem Ehemann (§ 195) [bestritten]. Versäumung der ohne Antrag erfolgenden Zusprechung der Bekanntmachungsbefugnis im Urteilstenor ist Revisionsgrund. Abs. 1 wird durch Abs. 2 nur ergänzt, nicht ausgeschlossen. Der Antrag des Beleid. (Abs. 2) ist noch im Vollstreckungsverf. zulässig. Die Ausfertigung (Abs. 3) muß ohne Antrag erteilt werden. Vgl. § 165, PreßG. § 10.

Fünfzehnter Abschnitt.

Zweikampf.

Herausforderg. u. deren Annahme.

§ 201. Die Herausforderung zum Zweikampf mit tödlichen Waffen, sowie die Annahme einer solchen Herausforderung wird mit Festungshaft bis zu sechs Monaten bestraft.

Zuständig: Strafk. „Zweikampf“: § 205 Anm. „Tödl. Waffen“: auch geschliffene Schläger. Vgl. §§ 204, 205 (Gesetzeskonk.); MStGB. §§ 112 f.

Schwerer Fall: Tötgsabsicht.

§ 202. Festungshaft von zwei Monaten bis zu zwei Jahren tritt ein, wenn bei der Herausforderung die Absicht, daß einer von beiden Teilen das Leben verlieren soll, entweder ausgesprochen ist oder aus der gewählten Art des Zweikampfs erhellt.

Zuständig: Strafk. Straferhöhender Umstand (StPO. §§ 262, 264, 266, 295) zu § 201.

Karteltragen.

§ 203. Diejenigen, welche den Auftrag zu einer Herausforderung übernehmen und ausrichten (Kartellträger), werden mit Festungshaft bis zu sechs Monaten bestraft.

Zuständig: Strafk. Kartellträger sind nicht wegen Beihilfe zum Zweikampf strafbar, auch wenn dieser stattfindet (§ 205). Vgl. §§ 204, 209.

Strafaufhebung bei Aufgeben des Zweikampfs.

§ 204. Die Strafe der Herausforderung und der Annahme derselben, sowie die Strafe der Kartellträger fällt weg, wenn die Parteien den Zweikampf vor dessen Beginn freiwillig aufgegeben haben.

Freiwilliger Rücktritt auch nur einer Partei, wodurch der Zweikampf als solcher aufgegeben wird, macht straflos. Vgl. StPO. § 295 II.

Einfacher Zweikampf.

§ 205. Der Zweikampf wird mit Festungshaft von drei Monaten bis zu fünf Jahren bestraft.

Zuständig: Strafk. „Zweikampf": Verabredeter ernstl. Kampf zweier Personen mit tödlichen (§ 201) Waffen (im techn. Sinn) nach bestimmten Regeln.

Tötg. im Zweikampf.

§ 206. Wer seinen Gegner im Zweikampf tötet, wird mit Festungshaft nicht unter zwei Jahren, und wenn der Zweikampf ein solcher war, welcher den Tod des einen von beiden herbeiführen sollte, mit Festungshaft nicht unter drei Jahren bestraft.

Zuständig: Schwurger. Beabsichtigte Herbeiführung des Todes (vgl. § 202): Straferhöh. Umst. (StPO. §§ 262, 264, 266, 295).

Tötg. od. Körperverl. mit Uebertretg. der Duellregeln.

§ 207. Ist eine Tötung oder Körperverletzung mittels vorsätzlicher Uebertretung der vereinbarten oder hergebrachten Regeln des Zweikampfs bewirkt worden, so ist der Uebertreter, sofern nicht nach den vorhergehenden Bestimmungen eine härtere Strafe verwirkt ist, nach den allgemeinen Vorschriften über das Verbrechen der Tötung oder der Körperverletzung zu bestrafen.

§§ 211 ff., 224 ff. („Verbrechen . . . . . der Körperverl.").

Zweikampf ohne Sekundanten.

§ 208. Hat der Zweikampf ohne Sekundanten stattgefunden, so kann die verwirkte Strafe bis um die

Hälfte, jedoch nicht über fünfzehn Jahre erhöht werden.

Zuständig: Schwurger.

Straflose Teilnahme.

§ 209. Kartellträger, welche ernstlich bemüht gewesen sind, den Zweikampf zu verhindern, Sekundanten, sowie zum Zweikampf zugezogene Zeugen, Aerzte und Wundärzte sind straflos.

Vgl. § 204.

Reizung z. Zweikampf.

§ 210. Wer einen anderen zum Zweikampf mit einem Dritten absichtlich, insonderheit durch Bezeigung oder Androhung von Verachtung anreizt, wird, falls der Zweikampf stattgefunden hat, mit Gefängnis nicht unter drei Monaten bestraft.

Zuständig: Strafk. „Absichtl." = vorsätzl.

Sechzehnter Abschnitt.

Verbrechen und Vergehen wider das Leben.

Mord.

§ 211. Wer vorsätzlich einen Menschen tötet, wird, wenn er die Tötung mit Ueberlegung ausgeführt hat, wegen Mordes mit dem Tode bestraft.

Zuständig: Schwurger. Ueberlegung bei Ausführung der Tötung erforderlich, sonst § 212; Ueberlegung bei der Verbrechensplanung und -vorbereitung weder erforderlich, noch genügend. Von Mittätern kann einer mit, der andere ohne Ueberlegung gehandelt haben. § 211 wird durch §§ 80, 206, 216 f. ausgeschlossen. Vgl. §§ 32, 44 II (Versuch), 139 (Anzeigepflicht), SprengstG. § 5.

Totschlag.

§ 212. Wer vorsätzlich einen Menschen tötet, wird, wenn er die Tötung nicht mit Ueberlegung ausgeführt hat, wegen Totschlages mit Zuchthaus nicht unter fünf Jahren bestraft.

Zuständig: Schwurger. Vgl. §§ 32, 211 Anm., 213 (Strafmilderungsgründe), 214 f. (Strafschärfungsgründe).

Totschlag auf Provokation.

§ 213. War der Totschläger ohne eigene Schuld durch eine ihm oder einem Angehörigen zugefügte Mißhandlung oder schwere Beleidigung von dem Getöteten zum Zorne gereizt und hierdurch auf der Stelle zur Tat hingerissen worden, oder sind andere mildernde Umstände vorhanden, so tritt Gefängnisstrafe nicht unter sechs Monaten ein.

Zuständig: Schwurger. — § 213 enthält keinen selbständ. Vergehenstatbestand, sondern nur Strafermäßigungsgründe zu § 212 (§ 50, StPO. §§ 262, 266, 295); deshalb Ehrenrechtsverlust zulässig (§ 32). Angehöriger: § 52 II.

Totschlag bei Unternehmung einer strafb. Handlung.

§ 214. Wer bei Unternehmung einer strafbaren Handlung, um ein der Ausführung derselben entgegentretendes Hindernis zu beseitigen oder um sich der Ergreifung auf frischer Tat zu entziehen, vorsätzlich einen Menschen tötet, wird mit Zuchthaus nicht unter zehn Jahren oder mit lebenslänglichem Zuchthaus bestraft.

Zuständig: Schwurger. Straferhöhender Umstand zu § 212 (StPO. §§ 262, 264, 266, 295). „Unternehmung": auch Vorbereitung. Vgl. §§ 32, 44 II (Versuch).

Aszendenten-Totschlag.

§ 215. Der Totschlag an einem Verwandten aufsteigender Linie wird mit Zuchthaus nicht unter zehn Jahren oder mit lebenslänglichem Zuchthaus bestraft.

Zuständig: Schwurger. Persönl. straferhöh. Umstand zu § 212 (§ 50, StPO. §§ 262, 264, 266, 295). Vgl. §§ 32, 44 II (Versuch).

Tötung auf Verlangen.

§ 216. Ist jemand durch das ausdrückliche und ernstliche Verlangen des Getöteten zur Tötung bestimmt worden, so ist auf Gefängnis nicht unter drei Jahren zu erkennen.

Zuständig: Strafk. Selbständ. Vergehen, Versuch als solcher straflos (§ 43 II). Beihilfe zum Selbstmord fällt nicht hierunter. „Bestimmt": § 48.

Kindstötung.

§ 217. Eine Mutter, welche ihr uneheliches Kind in oder gleich nach der Geburt vorsätzlich tötet, wird mit Zuchthaus nicht unter drei Jahren bestraft.

Sind mildernde Umstände vorhanden, so tritt Gefängnisstrafe nicht unter zwei Jahren ein.

Zuständig: Schwurger. „In oder gleich nach der Geburt": Alternative Frage an die Geschwor. § 217 schließt §§ 211—213 aus, enthält aber nur einen persönl. Strafmilderungsgrund (§ 50) zugunsten der unehel. Mutter; Teilnehmer sind aus §§ 211 ff. strafbar, während die unehel. Mutter auch als Anstifterin oder Gehilfin bei Tötung ihres Kindes durch einen Dritten der Strafe des § 217 (§§ 48, 49) unterliegt. Die Mindeststrafe in § 217 II steht freilich nicht im Einklang mit dem Strafminimum des § 213. Vgl. §§ 32, 221 (Idealkonkurrenz möglich), 222 (fahrlässige, nicht vorsätzliche Tötung), 367[1] (Beiseiteschaffung einer Leiche), StPO. § 90 (Leichenöffnung).

Abtreibung.

§ 218. Eine Schwangere, welche ihre Frucht vorsätzlich abtreibt oder im Mutterleibe tötet, wird mit Zuchthaus bis zu fünf Jahren bestraft.

Sind mildernde Umstände vorhanden, so tritt Gefängnisstrafe nicht unter sechs Monaten ein.

Dieselben Strafvorschriften finden auf denjenigen Anwendung, welcher mit Einwilligung der Schwangeren die Mittel zu der Abtreibung oder Tötung bei ihr angewendet oder ihr beigebracht hat.

Zuständig: Strafk. — Täterin nach Abs. 1 kann nur „eine Schwangere" sein, keine Nichtschwangere, die sich für schwanger hält (bestritten). Mittäterschaft ist ausgeschlossen. Versuch der Abtreibung und Teilnahme am Versuch nur nach §§ 218 I, II, 43 bzw. 48, 49 strafbar; § 219 (ob auch § 218 III, ist bestritten) setzt vollendete (nicht erfolglose) Abtreibung oder Tötung voraus. Das selbständige Verbrechen nach Abs. 3 erfordert zwar vollendete (nicht bloß versuchte) Anwendung der Mittel zur vollendeten (oder versuchten?) Abtreibung, aber (wie § 219) weder Strafbarkeit der Schwangeren, noch schließt es deren strafbare Teilnahme aus. Vgl. § 32.

Lohnabtreibung.

§ 219. Mit Zuchthaus bis zu zehn Jahren wird bestraft, wer einer Schwangeren, welche ihre Frucht abgetrieben oder getötet hat, gegen Entgelt die Mittel hierzu verschafft, bei ihr angewendet oder ihr beigebracht hat.

Zuständig: Schwurger. S. § 218 Anm. „Entgelt": Vermögensvorteil.

Abtreibg. ohne Einwilligg. der Schwangeren.

§ 220. Wer die Leibesfrucht einer Schwangeren ohne deren Wissen oder Willen vorsätzlich abtreibt oder tötet, wird mit Zuchthaus nicht unter zwei Jahren bestraft.

Ist durch die Handlung der Tod der Schwangeren verursacht worden, so tritt Zuchthausstrafe nicht unter zehn Jahren oder lebenslängliche Zuchthausstrafe ein.

Zuständig: Schwurger. Abs. 2 enthält straferhöh. Umstand zu Abs. 1 (StPO. §§ 262, 264, 266, 295). „Handlung" (Abs. 2) = vollendete (auch versuchte?) Abtreibung oder Tötung; mit dem Tod der Schwangeren wird auch die Frucht getötet. Vgl. §§ 218 f., 32.

Aussetzung.

§ 221. Wer eine wegen jugendlichen Alters, Gebrechlichkeit oder Krankheit hilflose Person aussetzt, oder wer eine solche Person, wenn dieselbe unter seiner Obhut steht oder wenn er für die Unterbringung, Fortschaffung oder Aufnahme derselben zu sorgen hat, in hilfloser Lage vorsätzlich verläßt, wird mit Gefängnis nicht unter drei Monaten bestraft.

Wird die Handlung von leiblichen Eltern gegen ihr Kind begangen, so tritt Gefängnisstrafe nicht unter sechs Monaten ein.

Ist durch die Handlung eine schwere Körperverletzung der ausgesetzten oder verlassenen Person verursacht worden, so tritt Zuchthausstrafe bis zu zehn Jahren und, wenn durch die Handlung der Tod verursacht worden ist, Zuchthausstrafe nicht unter drei Jahren ein.

Zuständig: Abs. 1, 2: Strafk., Abs. 3: Schwurger. Abs. 2 und 3 enthalten straferhöh. Umstände (StPO. §§ 262, 264, 266, 295) zu Abs. 1. Vgl. §§ 32, 50 (zu Abs. 2), 169 (Idealkonk. möglich).

Fahrlässige Tötung.

§ 222. Wer durch Fahrlässigkeit den Tod eines Menschen verursacht, wird mit Gefängnis bis zu drei Jahren bestraft.

Wenn der Täter zu der Aufmerksamkeit, welche er aus den Augen setzte, vermöge seines Amtes, Berufes oder Gewerbes besonders verpflichtet war, so kann die Strafe bis auf fünf Jahre Gefängnis erhöht werden.

Zuständig: Strafk. „Fahrlässigkeit": Außerachtlassung pflichtmäß. Sorgf. trotz Voraussehbark. d. Todes als mögl. Folge d. Handelns. Fahrlässigk. d. Täters a. Ursache d. Erfolgs wird durch mitwirkende (konkurrierende) Fahrlässigk. (nicht Vorsatz!) des Getöteten od. Dritter nicht ausgeschlossen. Vgl. §§ 230 (fahrl. Körperverl.), 226 (vorsätzl. Körperverl. m. Todesf.), SprengstG. § 5 III (A. * zu § 311). **Abs. 2** enthält straferh. Umst. z. Abs. 1 (StPO. §§ 262, 264, 266, 295).

Siebenzehnter Abschnitt.

Körperverletzung.

(Vorsätzl.) einfache od. leichte Körperverletzg.

§ 223. Wer vorsätzlich einen anderen körperlich mißhandelt oder an der Gesundheit beschädigt, wird wegen Körperverletzung mit Gefängnis bis zu drei Jahren oder mit Geldstrafe bis zu eintausend Mark bestraft.

Ist die Handlung gegen Verwandte aufsteigender Linie begangen, so ist auf Gefängnis nicht unter Einem Monat zu erkennen.

Zuständig: Schöffeng. (GVG. § 27 [3 a]). Der Vorsatz w. durch aberratio ictus, nicht durch error in persona ausgeschlossen. Die Handlung muß widerrechtl. sein, nicht Ausübung e. Rechts, z. B. Züchtigungsr. Ueberschrg. eines solchen Rechts kann vorsätzl. od. fahrläss. Körperverl. sein. Vgl. §§ 223 a ff., 231 (Buße), 232 (Antrag), 233 (Kompens.), 340 (Körperverl. durch Beamte), StPO. §§ 414 ff. (Privatkl.). **Abs. 2**: Straferhöh. Umst. zu Abs. 1 (vgl. §§ 50, 215). Mildernde Umstände hierzu: § 228.

Gefährl. Körperverletzg., Kindsmißhandlg. usw.

§ 223 a. Ist die Körperverletzung mittels einer Waffe, insbesondere eines Messers oder eines anderen gefährlichen Werkzeuges, oder mittels eines hinterlistigen Ueberfalls, oder von mehreren gemeinschaftlich, oder mittels einer das Leben gefährdenden Behandlung begangen, so tritt Gefängnisstrafe nicht unter zwei Monaten ein.

Gleiche Strafe tritt ein, wenn gegen eine noch nicht achtzehn Jahre alte oder wegen Gebrechlichkeit oder Krankheit wehrlose Person, die der Fürsorge oder Obhut des Täters untersteht oder seinem Hausstand angehört, oder die der Fürsorgepflichtige der Gewalt des Täters überlassen hat, eine Körperverletzung mittels grausamer oder boshafter Behandlung begangen wird.

Zuständig: Strafk. oder Ueberweisung an Schöffenger. (GVG. § 75 [6]). Abs. 1: Straferhöh. Umstände zu § 223 (StPO. §§ 262, 264, 266, 295) hinsichtlich der angewandten Mittel (nicht hinsichtl. der Folgen wie in §§ 224, 226). „Gefährl. Werkzeug": Bewegliche Sache, die objektiv (an sich) und nach ihrer Anwendung geeignet (nicht notwendig bestimmt) ist, erhebl. Verletzungen zuzufügen. „Hinterlistig": § 181 [1]; „Ueberfall": Unvermuteter Angriff. „Gemeinschaftl.": § 47. Vgl. §§ 40 (Einziehung), 228 (mild. Umstände), 231 (Buße), 367 [10]. Abs. 2 (Nov. v. 1912): Die besondere Strafwürdigkeit beruht nicht nur auf d. Wehrlosigkeit d. Opfers, sondern vor allem auf d. gröbl. Verletzung d. dem Täter obl. Pflichten. Die Vorschrift trifft Eltern, Adoptiv-, Pflegeeltern, Vormünder u. Pfleger, denen d. Fürsorge für d. Pers. des Mißhandelten obliegt, Geistl., Lehrer, Erzieher, Aerzte u. andere Medizinalpers., in Gefängn., Kranken-, Waisenh. 2c. beschäftigte Pers., sofern der Mißhandelte ihrer Obhut 2c. untersteht, ferner Ziehmütter, welche d. Pflege neugeb., insbes. unehel. Kinder übernehmen, sowie Dienstboten, denen Kinder von ihrer Herrschaft anvertraut werden, u. dgl. m.

Schwere Körperverletzg.

§ 224. Hat die Körperverletzung zur Folge, daß der Verletzte ein wichtiges Glied des Körpers, das Sehvermögen auf einem oder beiden Augen, das Gehör, die Sprache oder die Zeugungsfähigkeit verliert, oder in erheblicher Weise dauernd entstellt wird, oder in Siechtum, Lähmung oder Geisteskrankheit verfällt, so ist auf Zuchthaus bis zu fünf Jahren oder Gefängnis nicht unter Einem Jahre zu erkennen.

Zuständig: Strafk. Straferhöh. Umstände zu §§ 223 und 223a: Schwere Folgen [in §§ 224, 226 Strafbarkeitsmerkmale, in § 225 Tatbestandsmerkmale] einfacher oder gefährl. Körperverletzung: vgl. § 223a Anm. — Verlust des „Glieds": nicht bloß der Gebrauchsfähigk. des Gliedes, des „Gehörs": auf beiden Ohren. Vgl. §§ 32, 225 (Straferhöh., nur hier Versuch möglich), 227 (Schlägerei), 228 (mild. Umstände), 231 (Buße), 340 II (Beamte), SprengstG. § 5 II.

Beabsichtigte schwere Körperverletzg.

§ 225. War eine der vorbezeichneten Folgen beabsichtigt und eingetreten, so ist auf Zuchthaus von zwei bis zu zehn Jahren zu erkennen.

Zust.: Schwurg. Zu § 224 (s. Anm.). Keine mild. Umst. (vgl. § 228).

Körperverletzg. mit Todesfolge.

§ 226. Ist durch die Körperverletzung der Tod des Verletzten verursacht worden, so ist auf Zuchthaus nicht unter drei Jahren oder Gefängnis nicht unter drei Jahren zu erkennen.

Zust.: Schwurg. Straferhöh. Umst. z. §§ 223 f. Todesf. ist Strafbark.-, nicht Tatbestandsmerkmal. Vgl. §§ 32, 40, 211 ff. (wenn d. Tod beabs. war), 222 (Gesetzeskonk.), 224 f. (Idealkonk.), 228 (mild. Umst.).

Schlägerei (Raufhandel).

§ 227. Ist durch eine Schlägerei oder durch einen von mehreren gemachten Angriff der Tod eines Menschen oder eine schwere Körperverletzung (§ 224) verursacht worden, so ist jeder, welcher sich an der Schlägerei oder dem Angriffe beteiligt hat, schon wegen dieser Beteiligung mit Gefängnis bis zu drei Jahren zu bestrafen, falls er nicht ohne sein Verschulden hineingezogen worden ist.

Ist eine der vorbezeichneten Folgen mehreren Verletzungen zuzuschreiben, welche dieselbe nicht einzeln, sondern nur durch ihr Zusammentreffen verursacht haben, so ist jeder, welchem eine dieser Verletzungen zur Last fällt, mit Zuchthaus bis zu fünf Jahren zu bestrafen.

Zuständig: Strafk.

Abs. 1: „Jeder“: u. U. auch der Verletzte. Für den Tod oder die schwere Körperverletzung selbst braucht niemand strafrechtl. verantwortlich zu sein; Bestrafung erfolgt nur wegen Beteiligung an der Schlägerei ꝛc. Bloße Abwehr ist nicht „Beteiligung“. Vgl. §§ 231 (Buße), 367[10]. Idealkonk. mit §§ 211 ff., 223 ff.

Abs. 2: Straferh. Umst. z. Abs. 1. Vgl. §§ 32, 228 (mild. Umstde.).

Mildernde Umstände.

§ 228. Sind mildernde Umstände vorhanden, so ist in den Fällen des § 223 Absatz 2 und des § 223a auf Gefängnis bis zu drei Jahren oder Geldstrafe bis zu eintausend Mark, in den Fällen der §§ 224 und 227 Absatz 2 auf Gefängnis nicht unter Einem Monat, und im Falle des § 226 auf Gefängnis nicht unter drei Monaten zu erkennen.

Vergiftg.

§ 229. Wer vorsätzlich einem anderen, um dessen Gesundheit zu beschädigen, Gift oder andere Stoffe beibringt, welche die Gesundheit zu zerstören geeignet sind, wird mit Zuchthaus bis zu zehn Jahren bestraft.

Ist durch die Handlung eine schwere Körperverletzung verursacht worden, so ist auf Zuchthaus nicht unter fünf Jahren und, wenn durch die Handlung der Tod verursacht worden, auf Zuchthaus nicht unter zehn Jahren oder auf lebenslängliches Zuchthaus zu erkennen.

Zuständig: Schwurger.
Abs. 1: Neben Schädigungsabsicht ist Bewußtsein d. Täters erforderlich, daß d. dem Verletzten (ohne dessen Willen) „beigebrachten" Stoffe „geeignet" sind, „die Gesundheit zu zerstören"; andernfalls § 59. Abs. 2: Straferh. Umstde. z. Abs. 1 (StPO. §§ 262, 264, 266, 295). Zu Abs. 1 u. 2: Vgl. §§ 32, 211 f. (wenn der Vorsatz auf Tötung ging), 224 („schwere Körperverletzung"), 231 (Buße).

Fahrlässige Körperverletzung.

§ 230. Wer durch Fahrlässigkeit die Körperverletzung eines anderen verursacht, wird mit Geldstrafe bis zu neunhundert Mark oder mit Gefängnis bis zu zwei Jahren bestraft.

War der Täter zu der Aufmerksamkeit, welche er aus den Augen setzte, vermöge seines Amtes, Berufes oder Gewerbes besonders verpflichtet, so kann die Strafe auf drei Jahre Gefängnis erhöht werden.

Zuständig: Abs. 1: Schöffenger., Abs. 2: Strafk. oder Ueberweisung (GVG. §§ 27 3 a, 73 1, 75 5). Die verursachte Körperverletzung kann leicht oder schwer sein. Bei eingetret. Tod ist Verurteilung wegen fahrläss. Körperverletzung möglich, wenn bloß diese, nicht jener vorausgesehen werden konnte. Abs. 2 enthält straferhöh. Umstand zu Abs. 1. Vgl. §§ 28 II (Umwandlung der Geldstrafe auch in Haft), 222 (fahrlässige Tötung), 223 (Begriff der „Körperverletzung"), 231 (Buße), 232 (Antrag zu Abs. 1), ImpfG. § 17.

Buße.

§ 231. In allen Fällen der Körperverletzung kann auf Verlangen des Verletzten neben der Strafe auf eine an denselben zu erlegende Buße bis zum Betrage von sechstausend Mark erkannt werden.

Eine erkannte Buße schließt die Geltendmachung eines weiteren Entschädigungsanspruches aus.

Für diese Buße haften die zu derselben Verurteilten als Gesamtschuldner.

Vgl. § 188, StPO. §§ 443—46 (Geltendmachung des Anspruchs), 495 (Vollstreckung). § 231 ist auch im Falle des § 340 (Körperverletzung durch Beamte) anwendbar (bestr.), nicht dagegen beim Tode des Verletzten (§§ 226, 227, 229 II): StPO. § 444 IV.

Strafantrag.

§ 232. Die Verfolgung leichter vorsätzlicher, sowie aller durch Fahrlässigkeit verursachter Körperverletzungen (§§ 223, 230) tritt nur auf Antrag ein, insofern nicht die Körperverletzung mit Uebertretung einer Amts-, Berufs- oder Gewerbspflicht begangen worden ist.

Ist das Vergehen gegen einen Angehörigen verübt, so ist die Zurücknahme des Antrages zulässig.

Die in den §§ 195, 196 und 198 enthaltenen Vorschriften finden auch hier Anwendung.

Abs. 1: §§ 61 ff., 194, GVG. §§ 27 3 a, 75 6.
Abs. 2: § 64. „Angehörige": § 52 II.
Abs. 3: § 195: Ist eine Ehefrau verletzt worden, so hat sowohl sie als ihr Ehemann das Antragsrecht. § 196: Wenn die Körperverletzung gegen einen Beamten, einen Religionsdiener oder ein Mitglied der bewaffneten Macht, während sie in der Ausübung ihres Berufes begriffen sind, begangen ist, so haben außer den unmittelbar Beteiligten auch deren amtl. Vorgesetzte das Antragsrecht. § 198: Ist bei wechselseitigen Körperverletzungen oder Beleidiggn. von einem Teile auf Bestrafung angetragen worden, so ist der andere Teil bei Verlust seines Rechts verpflichtet, den Antrag auf Bestrafung spätestens vor Schluß der Verhandlung in erster Instanz zu stellen, hierzu aber auch dann berechtigt, wenn zu jenem Zeitpunkte die dreimonatliche Frist bereits abgelaufen ist. StPO. § 428 (Widerklage).

Retorsion. Kompensation v. Körperverl. mit Beleidiggn.

§ 233. Wenn leichte Körperverletzungen mit solchen, Beleidigungen mit leichten Körperverletzungen oder letztere mit ersteren auf der Stelle erwidert werden, so kann der Richter für beide Angeschuldigte, oder für einen derselben eine der Art oder dem Maße nach mildere oder überhaupt keine Strafe eintreten lassen.

„Leichte Körperverletzungen": §§ 223, 230, nicht §§ 223 a oder 340 (hier ist Aufrechnung unstatth.). Vgl. § 199; StPO. § 500 (Kosten).

Achtzehnter Abschnitt.

Verbrechen und Vergehen wider die persönliche Freiheit.

Menschenraub.

§ 234. Wer sich eines Menschen durch List, Drohung oder Gewalt bemächtigt, um ihn in hilfloser Lage auszusetzen oder in Sklaverei, Leibeigenschaft oder in auswärtige Kriegs- oder Schiffsdienste zu bringen, wird wegen Menschenraubes mit Zuchthaus bestraft.

Zuständig: Schwurger. Vgl. §§ 32, 139 (Anzeigepflicht), 141 (Anwerbung zum ausländ. Militärdienst), 221 (dem Raube nachfolgende Aussetzung ist kein neues Vergehen), SklavRG. v. 28. VII. 95.

Kinderraub.

§ 235. Wer eine minderjährige Person durch List, Drohung oder Gewalt ihren Eltern, ihrem Vormund oder ihrem Pfleger entzieht, wird mit Gefängnis bestraft.

Sind mildernde Umstände vorhanden, so kann auf Geldstrafe bis zu dreitausend Mark erkannt werden.

Geschieht die Handlung in der Absicht, die Person zum Betteln oder zu gewinnsüchtigen oder unsittlichen Zwecken oder Beschäftigungen zu gebrauchen, so tritt Zuchthaus bis zu zehn Jahren ein.

Zuständig: Strafk., qualif. Fall (Abs. 3): Schwurger. Neufassg. Nov. v. 1912. „Entziehen": Auch Verstecktalten, rechtswidr. Verweigerung der Auskunft über den Aufenthalt. Einwilligung des Minderjährigen ist hier unerheblich (anders §§ 236, 237). Dem Minderjährigen bei Selbstentziehung geleistete Beihilfe ist straflos, sofern sie nicht den Tatbestand des § 235 erfüllt. Vgl. § 32.

Entführg. einer Frauenspers. ohne ihren Willen.

§ 236. Wer eine Frauensperson wider ihren Willen durch List, Drohung oder Gewalt entführt, um sie zur Unzucht zu bringen, wird mit Zuchthaus bis zu zehn Jahren und, wenn die Entführung begangen wurde, um die Entführte zur Ehe zu bringen, mit Gefängnis bestraft.

Die Verfolgung tritt nur auf Antrag ein.

Zuständig: Schwurger., privileg. Fall: Strafk. „Unzucht" oder „Ehe" mit dem Täter oder einem Dritten. Demgemäß kann auch eine Frauensperson Täterin sein (ebenso bei § 237). „Zur Unzucht": Auch zur Fortsetzung eines schon bestehenden unzüchtigen Verhältnisses. Unbescholtenheit der Entführten in §§ 236, 237 nicht Tatbestandsmerkmal (anders bei Verführung nach § 182). Vgl. §§ 32, 61 ff. (Antragsberechtigt ist die Entführte oder ihr gesetzl. Vertreter: § 65), 238 (Bedingung der Strafverfolgung).

Entführg. eines Mädchens mit seinem Willen.

§ 237. Wer eine minderjährige, unverehelichte Frauensperson mit ihrem Willen, jedoch ohne Einwilligung ihrer Eltern, ihres Vormundes oder ihres Pflegers, entführt, um sie zur Unzucht oder zur Ehe zu bringen, wird mit Gefängnis bestraft.

Die Verfolgung tritt nur auf Antrag ein.

Zuständig: Strafk. Unzucht oder Ehe mit dem Entführer oder einem Dritten. S. § 236 Anm. Vgl. §§ 61 (Antragsberechtigt: Eltern, Vormund, Pfleger), 238.

Bedingg. der Strafverfolgg.

§ 238. Hat der Entführer die Entführte geheiratet, so findet die Verfolgung nur statt, nachdem die Ehe für nichtig erklärt worden ist.

„Verfolgung" aus §§ 236 f. Vgl. § 69 (Ruhen der Verjährung, die mit Beendigung des durch die Entführung geschaff. rechtswidr. Zustands beginnt), BGB. §§ 1323 ff.

Freiheitsberaubg.

§ 239. Wer vorsätzlich und widerrechtlich einen Menschen einsperrt oder auf andere Weise des Gebrauches der persönlichen Freiheit beraubt, wird mit Gefängnis oder mit Geldstrafe bis zu zweitausend Mark bestraft.

Wenn die Freiheitsentziehung über eine Woche gedauert hat, oder wenn eine schwere Körperverletzung des der Freiheit Beraubten durch die Freiheitsentziehung oder die ihm während derselben widerfahrene Behandlung verursacht worden ist, so ist auf Zuchthaus bis zu zehn Jahren zu erkennen. Sind mildernde Umstände vorhanden, so tritt Gefängnisstrafe nicht unter Einem Monat ein.

Ist der Tod des der Freiheit Beraubten durch die Freiheitsentziehung oder die ihm während derselben widerfahrene Behandlung verursacht worden, so ist auf Zuchthaus nicht unter drei Jahren zu erkennen. Sind mildernde Umstände vorhanden, so tritt Gefängnisstrafe nicht unter drei Monaten ein.

Zuständig: Abs. 1: Strafk., Abs. 2, 3: Schwurger.
Abs. 1: Geldstr. durch Nov. v. 1912 zugelassen.
Abs. 2, 3: Straferhöh. Umstände zu Abs. 1 (StPO. §§ 262, 264, 266, 295). Schwere Körperverletzung (§ 224) oder Tod nicht beabsichtigt, sonst §§ 211 ff. anwendbar. „Behandlung": Nicht notw. körperliche Mißhandlung (§ 223). — Vgl. §§ 32, 59 (Bewußtsein der Widerrechtlichkeit erforderlich), 240 (Idealkonk. möglich), 341, 345 (Amtsdel.).

Nötigung.

§ 240. Wer einen anderen widerrechtlich durch Gewalt oder durch Bedrohung mit einem Verbrechen oder Vergehen zu einer Handlung, Duldung oder Unterlassung nötigt, wird mit Gefängnis bis zu Einem Jahre oder mit Geldstrafe bis zu sechshundert Mark bestraft.

Der Versuch ist strafbar.

Zuständig: Strafk. oder Ueberweisung an Schöffenger. (GVG. § 75[5a]). „Gewalt" braucht nicht unwiderstehlich (§ 52) zu sein. Auch genügt mittelbare Einwirkung. Vgl. §§ 59 (Bewußtsein der Widerrechtlichkeit erforderlich), 114 (Nötigung zur Amtshandlung), 241 (Gesetzeskonk.), 253 ff. (Erpressung). Nötigung zur Arbeitseinstellung: GewO. § 153, SeemO. v. 2. VI. 02 § 103.

Bedrohung.

§ 241. Wer einen anderen mit der Begehung eines Verbrechens bedroht, wird mit Gefängnis bis zu sechs Monaten oder mit Geldstrafe bis zu dreihundert Mark bestraft.

Zuständig: Schöffenger. (GVG. § 27^{3c}). Der Bedrohte muß von der ernst gemeinten „Bedrohung“ mit Willen des Drohenden Kenntnis erhalten, sonst strafl. Versuch. Die Drohung braucht im Bedrohten nicht Furcht und Schrecken vor ihrer Verwirklichung hervorzurufen, wenn auch der Drohende dies wollen muß. „Verbrechen“: § 1 I; Irrtum des Täters hierüber ist bedeutungslos; ebenso, wer das Verbrechen begehen soll. § 240 schließt § 241 aus. Vgl. §§ 126 (Friedensstörung durch Androhung eines gemeingefährl. Verbr.), 253 ff. (Erpress., Gesetzeskonk.).

Neunzehnter Abschnitt.

Diebstahl und Unterschlagung.

Einfacher Diebstahl.

§ 242. Wer eine fremde bewegliche Sache einem anderen in der Absicht wegnimmt, dieselbe sich rechtswidrig zuzueignen, wird wegen Diestahls mit Gefängnis bestraft.

Der Versuch ist strafbar.

Zuständig: bis einschließlich 150 Mk. Wert des Gestohlenen: Schöffenger., über 150 Mk.: Strafk. oder Ueberweisung (GVG. §§ 27^{4}, 73^{1}, 75^{6}). — „Fremd“ = (mindestens teilweise) einem andern gehörig, in fremdem Allein- oder Miteigentum stehend (nicht herrenlos oder derelinquiert); Dieb muß sich dessen bewußt sein (§ 59). „Beweglich“: auch beweglich gemacht. „Sache“: Körperlicher Gegenstand (BGB. § 90), auch Flüssigkeiten und Gase, nicht Elektrizität.*) „Wegnehmen“ setzt fremden Gewahrsam voraus (vgl. § 246). Bewußt (§ 59) „rechtswidr.“ Zueignung: nicht Selbsthilfe (BGB. §§ 229 bis 231); Rückgabeabsicht (furtum usus) schließt Zueignungsabsicht aus; Verpfändung ist nicht notwendig Zueignung. Vgl. §§ 243 (Strafschärfungsgründe), 244 (Rückfall), 247 (Diebstahl gegen Angehörige rc., Antrag), 248 (Ehrenrechtsverl. und Polizeiaufsicht), 248a (Notdiebst.), 249 (Raub), 252 (räuberischer Diebstahl), 289 (Besitzentziehung), 290 (Pfandmißbrauch), 291 (Munitionsdiebstahl), 292 ff. (Jagdfrevel rc.), 168 und 367^{1} (Leichendiebstahl, Idealkonk. möglich), $370^{2, 4, 5, 6}$ (Gesetzeskonk.); 133 und 274^{1} (Urkundenbeseitigg. rc.), 137 (Pfandbruch); EG. § 2 II (Feld- und Forstdiebstahl); Aneignung von Strandgut: StrandO. v. 17. V. 74 §§ 12 f., 20, 43; Entziehung elektrischer Arbeit (Energie): G. v. 9. IV. 00.*)

---

*) Gesetz, betr. die Bestrafung der Entziehung elektrischer Arbeit, v. 9. April 00 (RGBl. S. 228):

§ 1. Wer einer elektrischen Anlage oder Einrichtung fremde elektrische Arbeit mittelst eines Leiters entzieht, der zur ordnungsmäßigen Entnahme von Arbeit aus der Anlage oder Einrichtung nicht be-

Schwerer Diebstahl.

§ 243. Auf Zuchthaus bis zu zehn Jahren ist zu erkennen, wenn

1. aus einem zum Gottesdienste bestimmten Gebäude Gegenstände gestohlen werden, welche dem Gottesdienste gewidmet sind;
2. aus einem Gebäude oder umschlossenen Raume mittels Einbruchs, Einsteigens oder Erbrechens von Behältnissen gestohlen wird;
3. der Diebstahl dadurch bewirkt wird, daß zur Eröffnung eines Gebäudes oder der Zugänge eines umschlossenen Raumes, oder zur Eröffnung der im Innern befindlichen Türen oder Behältnisse falsche Schlüssel oder andere zur ordnungsmäßigen Eröffnung nicht bestimmte Werkzeuge angewendet werden;
4. auf einem öffentlichen Wege, einer Straße, einem öffentlichen Platze, einer Wasserstraße oder einer Eisenbahn, oder in einem Postgebäude oder dem dazu gehörigen Hofraume, oder auf einem Eisenbahnhofe eine zum Reisegepäck oder zu anderen Gegenständen der Beförderung gehörende Sache mittels Abschneidens oder Ablösens der Befestigungs- oder Verwahrungsmittel, oder durch Anwendung falscher Schlüssel oder anderer zur ordnungsmäßigen Eröffnung nicht bestimmter Werkzeuge gestohlen wird;
5. der Dieb oder einer der Teilnehmer am Diebstahle bei Begehung der Tat Waffen bei sich führt;

---

stimmt ist, wird, wenn er die Handlung in der Absicht begeht, die elektrische Arbeit sich rechtswidrig zuzueignen, mit Gefängnis und mit Geldstrafe bis zu fünfzehnhundert Mark oder mit einer dieser Strafen bestraft.

Neben der Gefängnisstrafe kann auf Verlust der bürgerlichen Ehrenrechte erkannt werden.

Der Versuch ist strafbar.

Zuständig: Strafk.

§ 2. Wird die im § 1 bezeichnete Handlung in der Absicht begangen, einem anderen rechtswidrig Schaden zuzufügen, so ist auf Geldstrafe bis zu eintausend Mark oder auf Gefängnis bis zu zwei Jahren zu erkennen.

Die Verfolgung tritt nur auf Antrag ein.

Zuständig: Strafk.

6. zu dem Diebstahle mehrere mitwirken, welche sich zur fortgesetzten Begehung von Raub oder Diebstahl verbunden haben, oder
7. der Diebstahl zur Nachtzeit in einem bewohnten Gebäude, in welches sich der Täter in diebischer Absicht eingeschlichen, oder in welchem er sich in gleicher Absicht verborgen hatte, begangen wird, auch wenn zur Zeit des Diebstahls Bewohner in dem Gebäude nicht anwesend sind. Einem bewohnten Gebäude werden der zu einem bewohnten Gebäude gehörige umschlossene Raum und die in einem solchen befindlichen Gebäude jeder Art, sowie Schiffe, welche bewohnt werden, gleich geachtet.

Sind mildernde Umstände vorhanden, so tritt Gefängnisstrafe nicht unter drei Monaten ein.

Zuständig: Strafk. (GVG. § 73 5). — Straferhöh. Umstände (StPO. §§ 262, 264, 266, 295) nur zu § 242 (nicht §§ 248a oder 370 5). Idealkonk. ist zwischen §§ 242, 243 oder den einzelnen Nrn. des § 243 möglich. Vgl. §§ 244, 247, 248 (Polizeiaufsicht).
Nr. 1: §§ 166 f. „Gewidmet" = dienend. **Nr. 2 f.:** Schiffe gehören nicht hierher; s. Nr. 7. „Aus einem Geb. rc.": nicht, wenn im Innern in Abteilungen des Hauses („Behältnisse") eingestiegen, nicht eingebrochen wird. Gesetzeskonk. mit §§ 123, 303. **Nr. 4:** „Wasserstraße", nicht off. See: § 250 3, StrandO. § 21. „Eisenbahn": auch Pferde- oder Trambahn. **Nr. 5:** Bewußtsein der Bewaffnung (§ 59), nicht Gebrauchsabsicht erforderlich. **Nr. 6:** Bandendiebstahl, Komplott: kein Kollektivdelikt. „Mehrere": Mindestens 2. Zugehörigkeit zur Diebsbande: § 50. **Nr. 7:** Vgl. Nr. 2 f.

Rückfall.

§ 244. Wer im Inlande als Dieb, Räuber oder gleich einem Räuber oder als Hehler bestraft worden ist, darauf abermals eine dieser Handlungen begangen hat, und wegen derselben bestraft worden ist, wird, wenn er einen einfachen Diebstahl (§ 242) begeht, mit Zuchthaus bis zu zehn Jahren, wenn er einen schweren Diebstahl (§ 243) begeht, mit Zuchthaus nicht unter zwei Jahren bestraft.

Sind mildernde Umstände vorhanden, so tritt beim einfachen Diebstahl Gefängnisstrafe nicht unter drei Monaten, beim schweren Diebstahl Gefängnisstrafe nicht unter Einem Jahre ein.

Zuständig: Strafk. (GVG. § 73 [5]). — Straferhöh. Umstand zu §§ 242 und 243: § 50 (Zurechnung), StPO. §§ 264, 266, 262 III (295 hier ausgeschlossen); über die Voraussetzungen des Rückfalls entscheiden nicht die Geschwor. „Inland“: § 3; „Dieb“: §§ 242 f.; „Räuber“: § 249; „gleich einem Räuber“: §§ 252, 255; „Hehler“: §§ 258 f. „Bestraft“: Wegen Täterschaft, Teilnahme oder Versuchs, auch mit Verweis, jedoch nicht nach § 37. Vgl. §§ 245 (Rückfallverjährg.), 248.

Strafverbüßg., Straferlaß; Rückfallverjährg.

§ 245. Die Bestimmungen des § 244 finden Anwendung, auch wenn die früheren Strafen nur teilweise verbüßt oder ganz oder teilweise erlassen sind, bleiben jedoch ausgeschlossen, wenn seit der Verbüßung oder dem Erlasse der letzten Strafe bis zur Begehung des neuen Diebstahls zehn Jahre verflossen sind.

§§ 250 [5], 261 III, 264 III.

Unterschlagung.

§ 246. Wer eine fremde bewegliche Sache, die er in Besitz oder Gewahrsam hat, sich rechtswidrig zueignet, wird wegen Unterschlagung mit Gefängnis bis zu drei Jahren und, wenn die Sache ihm anvertraut ist, mit Gefängnis bis zu fünf Jahren bestraft.

Sind mildernde Umstände vorhanden, so kann auf Geldstrafe bis zu neunhundert Mark erkannt werden.

Der Versuch ist strafbar.

Zuständig: bis 150 Mk.: Schöffenger., darüber: Strafk. oder Ueberweisung, wie bei § 242 (GVG. §§ 27 [5], 73 [1], 75 [7]). „Fremde bewegliche Sache“ und „rechtswidr.“ Zueignung: § 242. „Besitz oder Gewahrsam“: Strafrechtl. Begriff = tatsächl. Allein-Inhabg., nicht identisch mit dem zivilrechtl. Besitz (§§ 854 ff. BGB.). Demgemäß kann zwar der Besitzdiener (BGB. § 855) als alleiniger Gewahrsamsinhaber, nicht aber der mittelbare Besitzer (BGB. § 868) unterschlagen. Der strafrechtl. Besitz oder Gewahrsam geht nicht ohne weiteres, sondern erst mit Erlangung der tatsächl. Gewalt auf den Erben über (anders BGB. § 857). Unterschlagung erfordert auf straflose Weise erlangten ausschließl. „Besitz oder Gewahrsam“ des Unterschlagenden, bei Mitbesitz Dritter ist nur Diebstahl möglich, z. B. Diebstahl der Dienstboten an den von ihrer Herrschaft mitbesessenen Sachen. „Anvertraut“: Straferhöh. Umstand (§ 50, StPO. §§ 262, 264. 266, 295): „Veruntreuung“. Vgl. §§ 28 II (zu § 246 II), 247 (Unterschlagung gegen Angehörige 2c.), 248 (Ehrenrechtsverl.), 248 a (Notunterschl.), 258 [1] (Personenhehlerei), 266 (Untreue; Idealkonk. mit Unterschlagung wird in der Praxis viel zu häufig angenommen), 350 f. (Amtsunterschl.), 370 [5], DepotG. v. 5. VII. 96 §§ 9, 11 f. (Depotunterschlagg.; § 246 schließt den § 9 DepotG., § 11 DepotG. den § 246 aus).*)

*) Anmerkung siehe nächste Seite.

Diebst. u. Unterschlagg. geg. Angehörige usw.

§ 247. Wer einen Diebstahl oder eine Unterschlagung gegen Angehörige, Vormünder oder Erzieher begeht, oder wer einer Person, zu der er im Lehrlingsverhältnisse steht, oder in deren häuslicher Gemeinschaft er als Gesinde sich befindet, Sachen von unbedeutendem Werte stiehlt oder unterschlägt, ist nur auf Antrag zu verfolgen. Die Zurücknahme des Antrages ist zulässig.

Ein Diebstahl oder eine Unterschlagung, welche von Verwandten aufsteigender Linie gegen Verwandte absteigender Linie oder von einem Ehegatten gegen den anderen begangen worden ist, bleibt straflos.

Diese Bestimmungen finden auf Teilnehmer oder Begünstiger, welche nicht in einem der vorbezeichneten persönlichen Verhältnisse stehen, keine Anwendung.

---

*) Ges., betr. die Pflichten der Kaufleute bei Aufbewahrung fremder Wertpapiere, v. 5. Juli 96 (RGBl. S. 183):

§ 9. Wenn ein Kaufmann über Wertpapiere der im § 1 bezeichneten Art, welche ihm zur Verwahrung oder als Pfand übergeben sind, oder welche er als Kommissionär für den Kommittenten in Besitz genommen hat, außer dem Falle des § 246 des Strafgesetzbuchs zum eigenen Nutzen oder zum Nutzen eines Dritten rechtswidrig verfügt, wird er mit Gefängnis bis zu einem Jahre und Geldstrafe bis zu dreitausend Mark oder mit einer dieser Strafen bestraft.

Der gleichen Strafe unterliegt, wer der Vorschrift des § 8 zum eigenen Nutzen oder zum Nutzen eines Dritten vorsätzlich zuwiderhandelt.

Ist der Täter ein Angehöriger (§ 52 Absatz 2 des Strafgesetzbuchs) des Verletzten, so tritt die Verfolgung nur auf Antrag ein. Die Zurücknahme des Antrages ist zulässig. Der § 247 Absatz 2 und 3 des Strafgesetzbuchs findet entsprechende Anwendung.
Zuständig: Strafk.

§ 11. Ein Kaufmann, welcher seine Zahlungen eingestellt hat oder über dessen Vermögen das Konkursverfahren eröffnet worden ist, wird mit Zuchthaus bestraft, wenn er im Bewußtsein seiner Zahlungsunfähigkeit oder Ueberschuldung fremde Wertpapiere, welche er im Betriebe seines Handelsgewerbes als Verwahrer, Pfandgläubiger oder Kommissionär in Gewahrsam genommen, sich rechtswidrig zugeeignet hat.

Sind mildernde Umstände vorhanden, so tritt Gefängnisstrafe nicht unter drei Monaten ein.
Zuständig: Schwurger.

§ 12 betrifft Mitglieder des Vorstands einer Aktiengesellschaft oder eingetr. Genossenschaft, Geschäftsführer einer Gesellsch. m. b. H. 2c.

Zu §§ 242—244, 246.
Abs. 1: Relatives Antragsdelikt. §§ 52 II (Angehör.), 61 ff. (Antrag). „Gesinde": Dienstbote, nicht Geselle. Bei Mehrheit der Verletzten, von denen auch nur einer nicht in den in § 247 bezeichneten Verhältnissen zum Täter steht, bedarf es keines Antrags.
Abs. 2: Persönl. Strafausschließungsgründe: StPO. §§ 262, 266. Vgl. § 289 V.
Abs. 3 bezieht sich auf Abs. 1 und 2: §§ 47 ff., 257. Auf Hehler ist § 247 unanwendbar.

Ehrenrechtsverlust u. Polizeiaufsicht.

§ 248. Neben der wegen Diebstahls oder Unterschlagung erkannten Gefängnisstrafe kann auf Verlust der bürgerlichen Ehrenrechte und neben der wegen Diebstahls erkannten Zuchthausstrafe auf Zulässigkeit von Polizei-Aufsicht erkannt werden.

Vgl. §§ 32, 38, 45, 76, 256, 262.

Notdiebst. u. -Unterschl.

§ 248 a. Wer aus Not geringwertige Gegenstände entwendet oder unterschlägt, wird mit Geldstrafe bis zu dreihundert Mark oder mit Gefängnis bis zu drei Monaten bestraft.

Die Verfolgung tritt nur auf Antrag ein. Die Zurücknahme des Antrags ist zulässig.

Wer die Tat gegen einen Verwandten absteigender Linie oder gegen seinen Ehegatten begeht, bleibt straflos.

Zuständig: Schöffenger. — § 248 a (Nov. v. 1912) enthält wie § 370 [5] gegenüber §§ 242, 246 einen selbständ. Tatbestand. §§ 243, 244, 247 f. sind hier unanwendbar. Versuch ist im Gegensatz zu § 264 a Abs. 2 straflos.
Abs. 1: Vgl. § 28 II (Umwandlung der Geldstr. auch in Haft).
Abs. 2: §§ 61 ff.
Abs. 3: Persönl. Strafausschließungsgrund wie § 247 II, III.

Zwanzigster Abschnitt.

Raub und Erpressung.

(Einfacher) Raub.

§ 249. Wer mit Gewalt gegen eine Person oder unter Anwendung von Drohungen mit gegenwärtiger Gefahr für Leib oder Leben eine fremde bewegliche Sache einem anderen in der Absicht wegnimmt, sich dieselbe rechtswidrig zuzueignen, wird wegen Raubes mit Zuchthaus bestraft.

Sind mildernde Umstände vorhanden, so tritt Gefängnisstrafe nicht unter sechs Monaten ein.

Zuständig: Schwurger. — Raub: Gewaltsame Wegnahme rc.; Hingabe an Täter infolge Zwangs: Erpressung (§§ 253, 255), infolge Täuschung: Betrug (§ 263). Raub ist gegenüber Diebstahl (§ 242) selbständ. Verbrechen, § 247 deshalb hier ebensowenig anwendbar wie z. B. §§ 248 a, 370 5 bei Gewaltanwendung rc. i. S. § 249. Vgl. §§ 32, 38, 256 (Ehrenrechtsverl. und Polizeiaufsicht), 250 f. (Straferhöh.).

Schwerer Raub.

§ 250. Auf Zuchthaus nicht unter fünf Jahren ist zu erkennen, wenn

1. der Räuber oder einer der Teilnehmer am Raube bei Begehung der Tat Waffen bei sich führt;
2. zu dem Raube mehrere mitwirken, welche sich zur fortgesetzten Begehung von Raub oder Diebstahl verbunden haben;
3. der Raub auf einem öffentlichen Wege, einer Straße, einer Eisenbahn, einem öffentlichen Platze, auf offener See oder einer Wasserstraße begangen wird;
4. der Raub zur Nachtzeit in einem bewohnten Gebäude (§ 243 Nr. 7) begangen wird, in welches sich der Täter zur Begehung eines Raubes oder Diebstahls eingeschlichen oder sich gewaltsam Eingang verschafft oder in welchem er sich in gleicher Absicht verborgen hatte, oder
5. der Räuber bereits einmal als Räuber oder gleich einem Räuber im Inlande bestraft worden ist. Die im § 245 enthaltenen Vorschriften finden auch hier Anwendung.

Sind mildernde Umstände vorhanden, so tritt Gefängnisstrafe nicht unter Einem Jahre ein.

Zuständig: Schwurger. Straferhöh. Umstände zu § 249. Zu Nr. 1 bis 4: § 243 4—7. Zu Nr. 5: § 244. „Gleich einem Räuber": §§ 252, 255.

Raub mit Marterung.

§ 251. Mit Zuchthaus nicht unter zehn Jahren oder mit lebenslänglichem Zuchthaus wird der Räuber bestraft, wenn bei dem Raube ein Mensch gemartert, oder durch die gegen ihn verübte Gewalt eine schwere Körperverletzung oder der Tod desselben verursacht worden ist.

Zuständig: Schwurger. Straferhöh. Umstände zu §§ 249 f. Alternative Feststellung und Fragestellung an die Geschworenen: „gemartert oder . . . . ." zulässig. Waren die verursachten schweren Folgen — „schwere Körperverletzung" (§ 224) oder Tod — beabsichtigt: Idealkonk. zw. §§ 249, 251, 211 (212) bzw. 225.

Räuberischer Diebstahl.

§ 252. Wer, bei einem Diebstahle auf frischer Tat betroffen, gegen eine Person Gewalt verübt oder Drohungen mit gegenwärtiger Gefahr für Leib oder Leben anwendet, um sich im Besitze des gestohlenen Gutes zu erhalten, ist gleich einem Räuber zu bestrafen.

Zuständig: Schwurger. Straferhöh. Umstände zu §§ 242 ff. (nicht 248a, 370 [2, 5]). Gewalt und Drohung werden hier nicht als Mittel zur Wegnahme, sondern erst nach vollendeter Wegnahme zur Erhaltung (nicht Erlangung) des Besitzes angewendet (nicht notw. gegen den Bestohlenen). Bestrafung „gleich einem Räuber" nach §§ 249—251. Vgl. § 214.

(Einfache) Erpressung.

§ 253. Wer, um sich oder einem Dritten einen rechtswidrigen Vermögensvorteil zu verschaffen, einen anderen durch Gewalt oder Drohung zu einer Handlung, Duldung oder Unterlassung nötigt, ist wegen Erpressung mit Gefängnis nicht unter Einem Monat zu bestrafen.

Der Versuch ist strafbar.

Zuständig: Strafk. Erpressung erfordert wie Betrug (§ 263) Bereicherungsabsicht, Vollendung nicht eingetretene Bereicherung oder Erlangg. des erstrebten Vermögensvorteils, im Gegensatze zum vollendeten Betrug auch nicht eingetretene Vermögensbeschädigung. „Rechtswidrig": nicht rechtl. begründet; der zu verschaffende Vermögensvorteil muß dem Vermögen eines andern, des Geschädigten, der mit dem Genötigten oder Getäuschten (§ 263) nicht identisch zu sein braucht, widerrechtlich entzogen werden, nur bei vollendetem Betrug entzogen sein. Vgl. §§ 240 (Nötigung), 254 f. (Straferhöhung), 256, 339 III (Erpressung im Amt), 361 [4] und 362 II (Idealkonk. möglich).

Schwere Erpressung.

§ 254. Wird die Erpressung durch Bedrohung mit Mord, mit Brandstiftung oder mit Verursachung einer Ueberschwemmung begangen, so ist auf Zuchthaus bis zu fünf Jahren zu erkennen.

Zuständig: Strafk. Straferhöh. Umstände zu § 253. „Mord": § 211; „Brandstiftung": §§ 306 ff., 311; „Ueberschwemmung": §§ 312 f. Vgl. §§ 126, 241.

Räuberische Erpressung.

§ 255. Wird die Erpressung durch Gewalt gegen eine Person oder unter Anwendung von Drohungen mit gegenwärtiger Gefahr für Leib oder Leben begangen, so ist der Täter gleich einem Räuber zu bestrafen.

Zuständig: Schwurger. Straferhöh. Umstände zu §§ 253 f. Vgl. § 52 I. Bestrafung „gleich einem Räuber“ nach §§ 249 ff.

Ehrenrechtsverlust u. Polizeiaufsicht.

§ 256. Neben der wegen Erpressung erkannten Gefängnisstrafe kann auf Verlust der bürgerlichen Ehrenrechte und neben der wegen Raubes oder Erpressung erkannten Zuchthausstrafe auf Zulässigkeit von Polizei-Aufsicht erkannt werden.

Vgl. §§ 32, 38, 45, 76, 248.

Einundzwanzigster Abschnitt.

Begünstigung und Hehlerei.

(Persönl. u. sachl.) Begünstigung.

§ 257. Wer nach Begehung eines Verbrechens oder Vergehens dem Täter oder Teilnehmer wissentlich Beistand leistet, um denselben der Bestrafung zu entziehen oder um ihm die Vorteile des Verbrechens oder Vergehens zu sichern, ist wegen Begünstigung mit Geldstrafe bis zu sechshundert Mark oder mit Gefängnis bis zu Einem Jahre und, wenn er diesen Beistand seines Vorteils wegen leistet, mit Gefängnis zu bestrafen. Die Strafe darf jedoch, der Art oder dem Maße nach, keine schwerere sein, als die auf die Handlung selbst angedrohte.

Die Begünstigung ist straflos, wenn dieselbe dem Täter oder Teilnehmer von einem Angehörigen gewährt worden ist, um ihn der Bestrafung zu entziehen.

Die Begünstigung ist als Beihilfe zu bestrafen, wenn sie vor Begehung der Tat zugesagt worden ist. Diese Bestimmung leidet auch auf Angehörige Anwendung.

Zuständig: Schöffenger., wenn die Handlung, auf welche sich die Begünstigung bezieht, zur Zuständigkeit der Schöffenger. gehört, sonst

Strafk., Ueberweisung an Schöffenger. (GVG. §§ 27^{8}, 73^{1}, 75^{8}). Antrag erforderl., wenn die Haupttat Antragsdelikt. Bewußtsein des Begünstigers, daß der Begünstigte ein Verbrechen oder Vergehen begangen; Irrtum über die rechtl. Qualifikation (§ 1) ist belanglos (§ 59). Absicht, der „Bestrafung" (Verurteilung oder Strafvollstreckung, wenn auch nicht dauernd) zu entziehen.
Selbstbegünstigg. ist straflos, aber Teilnahme des Haupttäters an dem selbständ. Vergehen der Begünstigg. (insbes. Anstiftg.) strafbar.
Abs. 2 enthält persönlichen Strafausschließungsgr. (StPO. §§ 262, 266), auch wenn Angehörige ihres Vorteils wegen Dritte zur Begünstigung angestiftet haben, aber nur in der Absicht, den Täter rc. der Bestrafung zu entziehen, nicht ihm die Vorteile seiner Straftat zu sichern.
Vgl. §§ 28 II (Umwandlung der Geldstrafe auch in Haft), 49 (Beihilfe; vorher zugesagte Begünstigung kann auch Anstiftung sein), 52 II („Angehör."), 63 (Unteilbarkeit des Strafantrags), 247 III, 120 (Idealkonk.), 346 (Begünstigung durch Beamte). Besondere Bestimmungen enthalten KO. §§ 241 f. und andere Nebengesetze (Steuergesetze auch Begünstigung von Uebertretungen).

Personenhehlerei.

§ 258. Wer seines Vorteiles wegen sich einer Begünstigung schuldig macht, wird als Hehler bestraft, wenn der Begünstigte

1. einen einfachen Diebstahl oder eine Unterschlagung begangen hat, mit Gefängnis,
2. einen schweren Diebstahl, einen Raub oder ein dem Raube gleich zu bestrafendes Verbrechen begangen hat, mit Zuchthaus bis zu fünf Jahren.

Sind mildernde Umstände vorhanden, so tritt Gefängnisstrafe nicht unter drei Monaten ein.

Diese Strafvorschriften finden auch dann Anwendung, wenn der Hehler ein Angehöriger ist.

Zuständig: Nr. 1: Schöffenger., wenn die Handlung, auf welche sich die Hehlerei bezieht, zur Zuständigkeit des Schöffenger. gehört, sonst Strafk., Ueberweisung; Nr. 2: Strafk. (GVG. §§ 27^{8}, $73^{1,2}$, 75^{9}).
Straferhöh. Umst. zu § 257 (StPO. §§ 262, 264, 266, 295).
Nr. 1: §§ 242, 246, nicht 248 a, 370^{5}.
Nr. 2: §§ 243, 249—252, 255.
Vgl. §§ 32, 262 (Ehrenrechtsverl. und Polizei-Aufsicht), 259 (Idealkonk. mögl.), 260 (Gewerbs- und Gewohnheitsmäßigkeit), 261 (Rückfall), 52 II („Angehör.").

Sachhehlerei od. Partiererei.

§ 259. Wer seines Vorteils wegen Sachen, von denen er weiß oder den Umständen nach annehmen muß, daß sie mittels einer strafbaren Handlung erlangt sind, verheimlicht, ankauft, zum Pfande nimmt oder sonst an sich bringt oder zu deren Absatze bei anderen mitwirkt, wird als Hehler mit Gefängnis bestraft.

Zuständig: Schöffenger. bzw. Strafk. und Ueberweisung wie § 258 Nr. 1. „Sachen": Nur körperl., wie § 242, BGB. § 90. „Strafbare Handlung": Verbrechen, Vergehen oder Uebertretung, auch wenn z. B. wegen Mangels des erforderl. Strafantr. oder persönl. Strafausschließungsgrundes (§ 247 II) nicht verfolgbar. Art und Umstände der konkr. strafb. Handlung können dem Hehler unbekannt sein. Hehlerei nur an der unmittelb. durch die strafbare Handlung erlangten Sache, nicht an dem durch deren Veräußerung 2c. erzielten Erlös. Realkonk. zwischen Anstiftung (oder Beihilfe) zum Diebstahl (nicht Mittäterschaft) und Hehlerei. Vgl. §§ 260—262, 370 [3] (Ankauf von militär. Monturstücken).

Gewerbs- u. gewohnheitsmäß. Hehlerei.

§ 260. Wer die Hehlerei gewerbs- oder gewohnheitsmäßig betreibt, wird mit Zuchthaus bis zu zehn Jahren bestraft.

Zuständig: Strafk. (GVG. § 73 [6]). Straferhöh. Umst. zu §§ 258 f. Kollektivdelikt. Vgl. §§ 32, 50, 261 f., 294.

Hehlerei i. Rückfall.

§ 261. Wer im Inlande wegen Hehlerei einmal und wegen darauf begangener Hehlerei zum zweiten Male bestraft worden ist, wird, wenn sich die abermals begangene Hehlerei auf einen schweren Diebstahl, einen Raub oder ein dem Raube gleich zu bestrafendes Verbrechen bezieht, mit Zuchthaus nicht unter zwei Jahren bestraft. Sind mildernde Umstände vorhanden, so tritt Gefängnisstrafe nicht unter Einem Jahre ein.

Bezieht sich die Hehlerei auf eine andere strafbare Handlung, so ist auf Zuchthaus bis zu zehn Jahren zu erkennen. Sind mildernde Umstände vorhanden, so tritt Gefängnisstrafe nicht unter drei Monaten ein.

Die in dem § 245 enthaltenen Vorschriften finden auch hier Anwendung.

Zuständig: Strafk. wie § 260. Straferhöh. Umst. zu §§ 258 ff. (§ 50, StPO. §§ 264, 266, 262 III: Schuldfr. begreift nicht Voraussetzungen d. Rückf.). Vgl. § 244 (Diebst. im Rückf.).
Abs. 1: „Schwerer Diebst.": § 243; „Raub 2c.": §§ 249—252, 255.
Abs. 3: § 245: Rückfall, auch wenn die früheren Strafen nur teilweise verbüßt oder ganz oder teilweise erlassen, nicht, wenn seit Verbüßung oder Erlaß der letzten Strafe bis zur Begehung der neuen Hehlerei 10 Jahre verflossen sind (Rückfallverjährung).

Ehrenrechtsverlust u. Polizeiaufsicht.
§ 262. Neben der wegen Hehlerei erkannten Gefängnisstrafe kann auf Verlust der bürgerlichen Ehrenrechte und neben jeder Verurteilung wegen Hehlerei auf Zulässigkeit von Polizei-Aufsicht erkannt werden.
Vgl. §§ 32, 38, 45, 248, 256.

Zweiundzwanzigster Abschnitt.

Betrug und Untreue.

(Einfacher) Betrug.
§ 263. Wer in der Absicht, sich oder einem Dritten einen rechtswidrigen Vermögensvorteil zu verschaffen, das Vermögen eines anderen dadurch beschädigt, daß er durch Vorspiegelung falscher oder durch Entstellung oder Unterdrückung wahrer Tatsachen einen Irrtum erregt oder unterhält, wird wegen Betruges mit Gefängnis bestraft, neben welchem auf Geldstrafe bis zu dreitausend Mark, sowie auf Verlust der bürgerlichen Ehrenrechte erkannt werden kann.

Sind mildernde Umstände vorhanden, so kann ausschließlich auf die Geldstrafe erkannt werden.

Der Versuch ist strafbar.

Wer einen Betrug gegen Angehörige, Vormünder oder Erzieher begeht, ist nur auf Antrag zu verfolgen. Die Zurücknahme des Antrages ist zulässig.

Zuständig: bis einschl. 150 Mk. Schaden: Schöffenger.; darüber: Strafk., Ueberweisung an Schöffenger. (GVG. §§ 27^{6}, 73^{1}, 75^{10}). **Abs. 1, 2:** Arglist. Täuschung durch falsche Vorspiegelung ꝛc. als Mittel der zum vollendeten Betrug erforderten (auch bei Vorspiegelung gesetzwidriger, unsittlicher Gegenleistg. möglichen: RG. 44 S. 230) Vermögensbeschädigung, indem der Getäuschte durch den erregten ꝛc. Irrtum zu einem für ihn oder einen Dritten nachteiligen Handeln ꝛc. bestimmt wird. „Tatsachen": auch facta interna z. B. Absicht (Zechprellerei). §§ 27 ff. (Umwandlung der Geldstrafe). 32, 35, 253 Anm., 264 (Rückfall), 264a (Notbetrug). Idealkonk. mit §§ 146 ff., 266, 267 ff.; KrankVG. § 82b, jetzt RVO. v. 19. VII. 1911 § 533; BörsenG. § 88 (Kursbetrug).*)
Abs. 4: §§ 52 II („Angehör."), 61 ff.

*) Börsenges. v. 22. Juni 96 / 27. Mai 08 (RGBl. 08 S. 215):
§ 88. Wer in betrügerischer Absicht auf Täuschung berechnete Mittel anwendet, um auf den Börsen- oder Marktpreis von Waren oder Wertpapieren einzuwirken, wird mit Gefängnis und zugleich mit

Betrug i. Rückfall.

§ 264. Wer im Inlande wegen Betruges einmal und wegen darauf begangenen Betruges zum zweiten Male bestraft worden ist, wird wegen abermals begangenen Betruges mit Zuchthaus bis zu zehn Jahren und zugleich mit Geldstrafe von einhundertfünfzig bis zu sechstausend Mark bestraft.

Sind mildernde Umstände vorhanden, so tritt Gefängnisstrafe nicht unter drei Monaten ein, neben

---

Geldstrafe bis zu fünfzehntausend Mark bestraft. Auch kann auf Verlust der bürgerlichen Ehrenrechte erkannt werden.

Sind mildernde Umstände vorhanden, so kann ausschließlich auf die Geldstrafe erkannt werden.

Die gleiche Strafe trifft denjenigen, welcher in betrügerischer Absicht wissentlich unrichtige Angaben in Prospekten (§ 38) oder in öffentlichen Kundgebungen macht, durch welche die Zeichnung oder der Ankauf oder Verkauf von Wertpapieren herbeigeführt werden soll.

§ 89. Wer für Mitteilungen in der Presse, durch welche auf den Börsenpreis eingewirkt werden soll, Vorteile gewährt oder verspricht oder sich gewähren oder versprechen läßt, welche in auffälligem Mißverhältnisse zu der Leistung stehen, wird mit Gefängnis bis zu einem Jahre und zugleich mit Geldstrafe bis zu fünftausend Mark bestraft.

Die gleiche Strafe trifft denjenigen, der sich für die Unterlassung von Mitteilungen der bezeichneten Art Vorteile gewähren oder versprechen läßt.

Der Versuch ist strafbar.

Sind mildernde Umstände vorhanden, so kann ausschließlich auf die Geldstrafe erkannt werden.

§ 94. Wer gewohnheitsmäßig in gewinnsüchtiger Absicht andere unter Ausbeutung ihrer Unerfahrenheit oder ihres Leichtsinns zu Börsenspekulationsgeschäften verleitet, welche nicht zu ihrem Gewerbebetriebe gehören, wird mit Gefängnis und zugleich mit Geldstrafe bis zu fünfzehntausend Mark bestraft. Auch kann auf Verlust der bürgerlichen Ehrenrechte erkannt werden.

§ 95. Ein Kommissionär, welcher, um sich oder einem Dritten einen Vermögensvorteil zu verschaffen,

1. das Vermögen des Kommittenten dadurch beschädigt, daß er hinsichtlich eines abzuschließenden Geschäfts wider besseres Wissen unrichtigen Rat oder unrichtige Auskunft erteilt, oder
2. bei der Ausführung eines Auftrags oder bei der Abwickelung eines Geschäfts absichtlich zum Nachteile des Kommittenten handelt,

wird mit Gefängnis bestraft. Neben der Gefängnisstrafe kann auf Geldstrafe bis zu dreitausend Mark sowie auf Verlust der bürgerlichen Ehrenrechte erkannt werden.

Sind mildernde Umstände vorhanden, so kann ausschließlich auf die Geldstrafe erkannt werden.

Der Versuch ist strafbar in den Fällen der Ziffer 1.

Zuständig für §§ 88, 89, 94, 95: Straff.

welcher zugleich auf Geldstrafe bis zu dreitausend Mark erkannt werden kann.

Die im § 245 enthaltenen Vorschriften finden auch hier Anwendung.

Zuständig: Strafk. (GVG. § 73 [7]). Straferhöh. Umst. zu § 263, nicht 264a od. 265 (§ 50, StPO. § 262 III, 264, 266). Vgl. §§ 244, 261. In Abs. 1 Geldstrafe geboten („und zugleich . . ."), in Abs. 2 zugelassen; Umwandlung: §§ 28 f., 74 Anm. (keine Gesamtstrafe!). Strafantrag nach § 263 IV auch bei Rückfallbetrug (wie bei Rückfalldiebstahl) gegen Angehörige ꝛc. erforderl. (bestritten).
Abs. 3: § 245 betrifft teilweise Strafverbüßung und Rückfallsverjährung (10 Jahre).

Notbetrug.

§ 264 a. Wer aus Not sich oder einem Dritten geringwertige Gegenstände zum Schaden eines anderen durch Täuschung (§ 263 Abs. 1) verschafft, wird mit Geldstrafe bis zu dreihundert Mark oder mit Gefängnis bis zu drei Monaten bestraft.

Der Versuch ist strafbar.

Die Verfolgung tritt nur auf Antrag ein. Die Zurücknahme des Antrags ist zulässig.

Wer die Tat gegen einen Verwandten absteigender Linie oder gegen seinen Ehegatten begeht, bleibt straflos.

Zuständ.: Schöffenger. — § 264 a (Nov. v. 1912) enthält gegenüber § 263 einen selbständ. Tatbestand; § 264 ist hier unanwendbar. Vgl. § 248 a.

Versicherungsbetrug.

§ 265. Wer in betrügerischer Absicht eine gegen Feuersgefahr versicherte Sache in Brand setzt, oder ein Schiff, welches als solches oder in seiner Ladung oder in seinem Frachtlohn versichert ist, sinken oder stranden macht, wird mit Zuchthaus bis zu zehn Jahren und zugleich mit Geldstrafe von einhundertfünfzig bis zu sechstausend Mark bestraft.

Sind mildernde Umstände vorhanden, so tritt Gefängnisstrafe nicht unter sechs Monaten ein, neben welcher auf Geldstrafe bis zu dreitausend Mark erkannt werden kann.

Zuständig: Schwurger. „Betrügerische Absicht": die in § 263 bezeichnete Bereicherungsabsicht, die Versicherungssumme ganz oder teilweise für sich oder einen andern zu erlangen; Täter kann auch ein anderer als der Eigentümer der versicherten Sache sein. Vgl. §§ 32, 264 Anm., 306 ff., 323 (Idealkonk.).

Untreue.

§ 266. Wegen Untreue werden mit Gefängnis, neben welchem auf Verlust der bürgerlichen Ehrenrechte erkannt werden kann, bestraft:

1. Vormünder, Kuratoren, Güterpfleger, Sequester, Massenverwalter, Vollstrecker letztwilliger Verfügungen und Verwalter von Stiftungen, wenn sie absichtlich zum Nachteile der ihrer Aufsicht anvertrauten Personen oder Sachen handeln;
2. Bevollmächtigte, welche über Forderungen oder andere Vermögensstücke des Auftraggebers absichtlich zum Nachteile desselben verfügen;
3. Feldmesser, Versteigerer, Mäkler, Güterbestätiger, Schaffner, Wäger, Messer, Bracker, Schauer, Stauer und andere zur Betreibung ihres Gewerbes von der Obrigkeit verpflichtete Personen, wenn sie bei den ihnen übertragenen Geschäften absichtlich diejenigen benachteiligen, deren Geschäfte sie besorgen.

Wird die Untreue begangen, um sich oder einem anderen einen Vermögensvorteil zu verschaffen, so kann neben der Gefängnisstrafe auf Geldstrafe bis zu dreitausend Mark erkannt werden.

Zuständig: Strafk.
Abs. 1: Vgl. §§ 32, 35. „Absichtl." = vorsätzl.
Nr. 1: § 174 I, BGB. §§ 1773 ff., 1909 ff., 1693 &c.
Nr. 2: „Bevollmächtigte": zur rechtsgeschäftl. Verfügung und Vertretung des „Auftraggebers", nicht bloße Boten. Der Täter muß in seiner Eigenschaft als Bevollmächt. handeln; die Handlung darf nicht außer Zusammenhang mit dem erteilten Auftrag stehen.
Nr. 3: GewO. § 36.
Abs. 2: Bereicherungsabsicht ist straferhöh. Umst. zu Abs. 1; StPO. §§ 262, 264, 266, 295. Vgl. §§ 246, 263 (Idealkonk.). Mehrere Nebenges. enthalten Spezialbestimmungen. Vgl. RVO. v. 19. VII. 11 §§ 23 II, 535.

Dreiundzwanzigster Abschnitt.

Urkundenfälschung.

Einfache Urk.-Fälschung.

§ 267. Wer in rechtswidriger Absicht eine inländische oder ausländische öffentliche Urkunde oder eine solche Privaturkunde, welche zum Beweise von Rechten oder Rechtsverhältnissen von Erheblichkeit ist, verfälscht oder fälschlich anfertigt und von derselben zum Zwecke einer Täuschung Gebrauch macht, wird wegen Urkundenfälschung mit Gefängnis bestraft.

Zuständig: Strafk. „Rechtswidr. Absicht": auf unrechtmäßige Verwendung des gefälschten Beweismittels, nicht notw. auf Herbeiführung eines materiell rechtswidr. Erfolgs gerichtet (Formaldelikt). Nur für Privaturk., nicht für öffentliche Urk., ist Beweiserheblichkeit erforderlich. Nach § 415 ZPO. sind öffentliche Urkunden solche „Urkunden, welche von einer öffentlichen Behörde innerhalb der Grenzen ihrer Amtsbefugnisse oder von einer mit öffentlichem Glauben versehenen Person innerhalb des ihr zugewiesenen Geschäftskreises in der vorgeschriebenen Form aufgenommen sind". Vgl. §§ 268 (Strafschärfung), 269 (Ausfüllung eines Blanketts), 270 (Gebrauch gef. Urk.), 277, 279 (ärztl. Zeugn.), 280 (Ehrenrechtsverl.). Spezialfälle: § 363 (Fälschung von Legitimationspapieren); Schlachtvieh- u. FleischbeschauG. v. 3. VI. 1900 § 26 3; RVO. v. 19. VII. 11 § 1495. Fälschung ohne Gebrauchmachen ist nur bei § 268 strafbarer Versuch, u. U. aber auch hier nach § 46 1 straflos.

Schwere (qualifizierte) Urk.-Fälschung.

§ 268. Eine Urkundenfälschung, welche in der Absicht begangen wird, sich oder einem anderen einen Vermögensvorteil zu verschaffen oder einem anderen Schaden zuzufügen, wird bestraft, wenn

1. die Urkunde eine Privaturkunde ist, mit Zuchthaus bis zu fünf Jahren, neben welchem auf Geldstrafe bis zu dreitausend Mark erkannt werden kann;
2. die Urkunde eine öffentliche ist, mit Zuchthaus bis zu zehn Jahren, neben welchem auf Geldstrafe von einhundertfünfzig bis zu sechstausend Mark erkannt werden kann.

Sind mildernde Umstände vorhanden, so tritt Gefängnisstrafe ein, welche bei der Fälschung einer Privaturkunde nicht unter Einer Woche, bei der Fälschung einer öffentlichen Urkunde nicht unter drei Monaten betragen soll. Neben der Gefängnisstrafe kann zugleich auf Geldstrafe bis zu dreitausend Mark erkannt werden.

Zuständig: Nr. 1: Strafk., Nr. 2: Schwurger. Straferhöh. Umstand zu § 267 (StPO. §§ 262, 264, 266, 295). §§ 27, 28 I, III (Eventual-Zuchthausstr. neben Zuchth.), 29, 32.

Blankettmißbrauch (-fälschung).

§ 269. Der fälschlichen Anfertigung einer Urkunde wird es gleich geachtet, wenn jemand einem mit der Unterschrift eines anderen versehenen Papiere ohne dessen Willen oder dessen Anordnungen zuwider durch Ausfüllung einen urkundlichen Inhalt gibt.

„Fälschl. Anfertigung": § 267. Auch hier muß das Gebrauchmachen von der Urkunde hinzukommen.

Gebrauch einer gefälschten Urkunde.

§ 270. Der Urkundenfälschung wird es gleich geachtet, wenn jemand von einer falschen oder verfälschten Urkunde, wissend, daß sie falsch oder verfälscht ist, zum Zwecke einer Täuschung Gebrauch macht.

„Urkundenfälschung": §§ 267 f. Die „falsche (= fälschlich angefertigte Urkunde, nicht „falsche Beurkundung" [§ 273], d. h. echte Urkunde mit unwahrem Inhalt) oder verfälschte Urkunde" kann der Täter ohne die in § 267 erforderte „rechtswidr. Absicht" oder ein anderer gefälscht haben. Gebrauchmachen muß „in rechtswidr. Absicht" erfolgen.

(Einfache) intellektuelle Urk.-Fälschung.

§ 271. Wer vorsätzlich bewirkt, daß Erklärungen, Verhandlungen oder Tatsachen, welche für Rechte oder Rechtsverhältnisse von Erheblichkeit sind, in öffentlichen Urkunden, Büchern oder Registern als abgegeben oder geschehen beurkundet werden, während sie überhaupt nicht oder in anderer Weise oder von einer Person in einer ihr nicht zustehenden Eigenschaft oder von einer anderen Person abgegeben oder geschehen sind, wird mit Gefängnis bis zu sechs Monaten oder mit Geldstrafe bis zu dreihundert Mark bestraft.

Zuständig: Straff. (vgl. GVG. § 75 [14]). „Oeffentl. Urkunden": § 267 Anm. Gebrauchmachen ist hier (im Gegensatz zu § 267) weder erforderlich, noch, wenn es durch den nach § 271 zu bestrafenden intellekt. Fälscher selbst geschieht, neue selbständige Straftat nach §§ 273, 74. Verjährung beginnt mit dem Tage der falschen Beurkundung. Vgl. §§ 272 (Strafschärfung), 273, 348 f. (Falschbeurkundung durch Beamte).

Schwere intellektuelle Urk.-Fälschung.

§ 272. Wer die vorbezeichnete Handlung in der Absicht begeht, sich oder einem anderen einen Vermögensvorteil zu verschaffen oder einem anderen Schaden zuzufügen, wird mit Zuchthaus bis zu zehn Jahren bestraft, neben welchem auf Geldstrafe von einhundertfünfzig bis zu sechstausend Mark erkannt werden kann.

Sind mildernde Umstände vorhanden, so tritt Gefängnisstrafe ein, neben welcher auf Geldstrafe bis zu dreitausend Mark erkannt werden kann.

Zuständig: Schwurger. Straferhöh. Umst. zu § 271. §§ 27, 28 I, III (Eventual-Zuchthausstr. in § 272 I), 29, 32, 268, 349.

Gebrauch einer falschen Beurkundung.

§ 273. Wer wissentlich von einer falschen Beurkundung der im § 271 bezeichneten Art zum Zwecke einer Täuschung Gebrauch macht, wird nach Vorschrift jenes Paragraphen und, wenn die Absicht dahin gerichtet war, sich oder einem anderen einen Vermögensvorteil zu verschaffen oder einem anderen Schaden zuzufügen, nach Vorschrift des § 272 bestraft.

Zuständig: Strafk. bzw. Schwurger. Vgl. § 270.

Urkundenunterdrückung u. Grenzsteinverrückung.

§ 274. Mit Gefängnis, neben welchem auf Geldstrafe bis zu dreitausend Mark erkannt werden kann, wird bestraft, wer

1. eine Urkunde, welche ihm entweder überhaupt nicht oder nicht ausschließlich gehört, in der Absicht, einem anderen Nachteile zuzufügen, vernichtet, beschädigt oder unterdrückt, oder
2. einen Grenzstein oder ein anderes zur Bezeichnung einer Grenze oder eines Wasserstandes bestimmtes Merkmal in der Absicht, einem anderen Nachteil zuzufügen, wegnimmt, vernichtet, unkenntlich macht, verrückt oder fälschlich setzt.

Zuständig: Strafk. §§ 27 ff., 280 (Ehrenrechtsverl.). Idealkonk. mit §§ 133, 242, 348 II, 349; Gesetzeskonk. mit § 303.
Nr. 1: Beweiserheblichkeit der Urk. i. S. § 267 nicht erforderl. Vernichtung von Arbeitsbüchern: GewO. § 150 [3].
Nr. 2: Ob der Grenzstein richtig sitzt, ist für den objekt. Tatbest. belanglos. Vgl. § 370 [1] (Verringerung, nicht Beseitigung oder Vernichtung ꝛc. eines Grenzrains).

Stempel- u. Markenfälschung.

§ 275. Mit Gefängnis nicht unter drei Monaten wird bestraft, wer

1. wissentlich von falschem oder gefälschtem Stempelpapier, von falschen oder gefälschten Stempelmarken, Stempelblanketten, Stempelabdrücken, Post- oder Telegraphen-Freimarken oder gestempelten Briefkuverts Gebrauch macht,
2. unechtes Stempelpapier, unechte Stempelmarken, Stempelblankette oder Stempelabdrücke für Spielkarten, Pässe oder sonstige Drucksachen oder Schriftstücke, ingleichen wer unechte Post- oder Telegraphen-Freimarken oder gestempelte Briefkuverts in der Absicht anfertigt, sie als echt zu verwenden, oder

3. echtes Stempelpapier, echte Stempelmarken, Stempelblankette, Stempelabdrücke, Post- oder Telegraphen-Freimarken oder gestempelte Briefkuverts in der Absicht verfälscht, sie zu einem höheren Werte zu verwenden.

Zuständig: Strafk. § 275 bezieht sich auch auf ausländ. Stempelmarken rc. Vgl. §§ 280, 360[4, 5] (Anfertigung von Formen, Unternehmen oder Verabfolgen eines Abdrucks), EG. § 2 II, SpielkartenstempG. v. 3. VII. 78 § 12, WarenStatG. v. 7. II. C6 § 17, WechselstempG. v. 15. VII. 09 § 18, RVO. v. 19. VII. 11 §§ 1496 ff. und andere die §§ 275 f. ergänzende Nebenges.

Wiederverwendg. gebrauchter Stempel u. Marken.

§ 276. Wer wissentlich schon einmal zu stempelpflichtigen Urkunden, Schriftstücken oder Formularen verwendetes Stempelpapier oder schon einmal verwendete Stempelmarken oder Stempelblankette, ingleichen Stempelabdrücke, welche zum Zeichen stattgehabter Versteuerung gedient haben, zu stempelpflichtigen Schriftstücken verwendet, wird, außer der Strafe, welche durch die Entziehung der Stempelsteuer begründet ist, mit Geldstrafe bis zu sechshundert Mark bestraft.

Gleiche Strafe trifft denjenigen, welcher wissentlich schon einmal verwendete Post- oder Telegraphenwertzeichen nach gänzlicher oder teilweiser Entfernung des Entwertungszeichens zur Frankierung benutzt. Neben dieser Strafe ist die etwa wegen Entziehung der Post- oder Telegraphengebühren begründete Strafe verwirkt.

Zuständig: Schöffenger. (GVG. § 27[2]) oder Strafbefehl (StPO. §§ 447; 231, 319). Vgl. §§ 28 I, II (Strafumwandlung), 275, 364 (Veräußerung und Feilhalten); PostG. v. 28. X. 71 § 27, Telegr-FreimarkenG. v. 16. V. 69 § 2.

Fälschg. ärztl. Zeugnisse.

§ 277. Wer unter der ihm nicht zustehenden Bezeichnung als Arzt oder als eine andere approbierte Medizinalperson oder unberechtigt unter dem Namen solcher Personen ein Zeugnis über seinen oder eines anderen Gesundheitszustand ausstellt oder ein derartiges echtes Zeugnis verfälscht, und davon zur Täuschung von Behörden oder Versicherungsgesellschaften Gebrauch macht, wird mit Gefängnis bis zu Einem Jahre bestraft.

Zuständig: Strafk. § 277 schließt §§ 267 f. aus. Materiell unrichtiger Inhalt des Zeugnisses nicht erforderlich (§ 278). Vgl. §§ 279, 280, GewO. §§ 29, 147³ („Arzt", „Medizinalpers."; unbefugte Titelführung).

Ausstellg. falscher ärztl. Zeugnisse.

§ 278. Aerzte und andere approbierte Medizinalpersonen, welche ein unrichtiges Zeugnis über den Gesundheitszustand eines Menschen zum Gebrauche bei einer Behörde oder Versicherungsgesellschaft wider besseres Wissen ausstellen, werden mit Gefängnis von Einem Monat bis zu zwei Jahren bestraft.

Zuständig: Strafk. Vgl. §§ 277, 279, 280.

Gebrauch falscher ärztl. Zeugnisse.

§ 279. Wer, um eine Behörde oder eine Versicherungsgesellschaft über seinen oder eines anderen Gesundheitszustand zu täuschen, von einem Zeugnisse der in den §§ 277 und 278 bezeichneten Art Gebrauch macht, wird mit Gefängnis bis zu Einem Jahre bestraft.

Zuständig: Strafk. Gebrauchmachen durch den Fälscher: § 277. Vgl. §§ 270, 273, die durch § 279 ausgeschlossen werden; § 280.

Ehrenrechtsverlust.

§ 280. Neben einer nach Vorschrift der §§ 267, 274, 275, 277 bis 279 erkannten Gefängnisstrafe kann auf Verlust der bürgerlichen Ehrenrechte erkannt werden.

Gefängnisstrafe von mindestens 3 Mon. § 32.

Vierundzwanzigster Abschnitt.

Bankerutt.

§§ 281—283 sind durch das Dritte Buch der Konkursordnung vom $\frac{10.\ II.\ 77}{20.\ V.\ 98}$ ersetzt, das folgende „Strafbestimmungen" enthält:

Betrügl. Bankerutt.

KO. § 239. Schuldner, welche ihre Zahlungen eingestellt haben, oder über deren Vermögen das Konkursverfahren eröffnet worden ist, werden wegen betrüglichen Bankerutts mit Zuchthaus bestraft, wenn sie in der Absicht, ihre Gläubiger zu benachteiligen,

1. Vermögensstücke verheimlicht oder beiseite geschafft haben,
2. Schulden oder Rechtsgeschäfte anerkannt oder aufgestellt haben, welche ganz oder teilweise erdichtet sind,
3. Handelsbücher zu führen unterlassen haben, deren Führung ihnen gesetzlich oblag, oder
4. ihre Handelsbücher vernichtet oder verheimlicht oder so geführt oder verändert haben, daß dieselben keine Uebersicht des Vermögenszustandes gewähren.

Sind mildernde Umstände vorhanden, so tritt Gefängnisstrafe nicht unter drei Monaten ein.

Zuständig: Schwurger. Kausalzusammenhang zwischen Zahlungseinstellung oder Konkurseröffnung (KO. § 102) und den einzelnen Bankerutthandlungen (§ 239 Nr. 1—4 und § 240 Nr. 1—4) ist nicht erforderlich. Bei Zusammentreffen mehrerer solcher Handlungen bez. einer und derselben Zahlungseinst. oder Konkurseröffnung liegt nur eine Straftat, event. Idealkonkurr. zwischen §§ 239, 240, vor. Handelsbücher: HGB. §§ 1 ff., 38 ff., DepotG. § 1 [3] (§ 10 f.*) Idealkonkurrenz). Vgl. § 32, KO. 244.

---

*) Depotgesetz v. 5. Juli 96 (RGBl. S. 183):

§ 10. Ein Kaufmann, welcher seine Zahlungen eingestellt hat oder über dessen Vermögen das Konkursverfahren eröffnet worden ist, wird mit Gefängnis bis zu zwei Jahren bestraft, wenn er den Vorschriften des § 1 Ziffer 1 oder 2 vorsätzlich zuwidergehandelt hat und dadurch der Berechtigte bezüglich des Anspruches auf Aussonderung der von jenem zu verwahrenden Wertpapiere benachteiligt wird, desgleichen wenn er als Kommissionär den Vorschriften der §§ 3 oder 5 vorsätzlich zuwidergehandelt hat und dadurch der Berechtigte bezüglich des Anspruches auf Aussonderung der von jenem eingekauften, eingetauschten oder bezogenen Wertpapiere benachteiligt wird.

Zuständig: Strafk.

§ 11. S. Note * zu § 246!

Ges. über d. Sicherung d. Bauforderungen v. 1. Juni 09 (RGBl. S. 449):

§ 5. Baugeldempfänger, welche ihre Zahlungen eingestellt haben oder über deren Vermögen das Konkursverfahren eröffnet worden ist und deren im § 1 Abs. 1 bezeichnete Gläubiger zur Zeit der Zahlungseinstellung oder der Konkurseröffnung benachteiligt sind, werden mit Gefängnis nicht unter einem Monate bestraft, wenn sie vorsätzlich zum Nachteile der bezeichneten Gläubiger den Vorschriften des § 1 zuwidergehandelt haben. Sind mildernde Umstände vor-

Einfacher Bankerutt.

KO. § 240. Schuldner, welche ihre Zahlungen eingestellt haben, oder über deren Vermögen das Konkursverfahren eröffnet worden ist, werden wegen einfachen Bankerutts mit Gefängnis bestraft, wenn sie

1. durch Aufwand, Spiel oder Wette oder durch Differenzhandel mit Waren oder Börsenpapieren übermäßige Summen verbraucht haben oder schuldig geworden sind;
2. in der Absicht, die Eröffnung des Konkursverfahrens hinauszuschieben, Waren oder Wertpapiere auf Kredit entnommen und diese Gegenstände erheblich unter dem Werte in einer den Anforderungen einer ordnungsmäßigen Wirtschaft widersprechenden Weise veräußert oder sonst weggegeben haben;
3. Handelsbücher zu führen unterlassen haben, deren Führung ihnen gesetzlich oblag, oder dieselben verheimlicht, vernichtet oder so unordentlich geführt haben, daß sie keine Uebersicht ihres Vermögenszustandes gewähren, oder
4. es gegen die Bestimmung des Handelsgesetzbuchs unterlassen haben, die Bilanz ihres Vermögens in der vorgeschriebenen Zeit zu ziehen.

Neben der Gefängnisstrafe kann in den Fällen der Nr. 1, 2 auf Verlust der bürgerlichen Ehrenrechte erkannt werden.

Sind mildernde Umstände vorhanden, so kann auf Geldstrafe bis zu sechstausend Mark erkannt werden.

---

handen, so kann die Strafe bis auf einen Tag Gefängnis ermäßigt oder auf Geldstrafe bis zu dreitausend Mark erkannt werden.

§ 6. Zur Führung eines Baubuchs verpflichtete Personen, welche ihre Zahlungen eingestellt haben oder über deren Vermögen das Konkursverfahren eröffnet worden ist und deren im § 2 Abs. 3 Ziffer 1 bezeichnete Gläubiger zur Zeit der Zahlungseinstellung oder der Konkurseröffnung benachteiligt sind, werden mit Gefängnis bis zu einem Jahre oder mit Geldstrafe bis zu dreitausend Mark bestraft, wenn sie das vorgeschriebene Baubuch zu führen unterlassen, oder es verheimlicht, vernichtet oder so unordentlich geführt haben, daß es keine genügende Uebersicht, insbesondere über die Verwendung der zur Bestreitung der Baukosten zugesicherten Mittel, gewährt.
Zuständig für §§ 5 und 6: Strafk.

Zuständig: Strafk. Vgl. §§ 28 (Umwandlung der Geldstrafe in Abs. 3) 32, 35, KO. §§ 239 Anm., 244, BGB. §§ 762 f. (Spiel und Wette; Lotterie), 764 (Differenzgesch.), HGB. §§ 38 (Handelsbücher), 39 ff. (Bilanz).

Gläubigerbegünstigg.

KO. § 241. Schuldner, welche ihre Zahlungen eingestellt haben, oder über deren Vermögen das Konkursverfahren eröffnet worden ist, werden mit Gefängnis bis zu zwei Jahren bestraft, wenn sie, obwohl sie ihre Zahlungsunfähigkeit kannten, einem Gläubiger in der Absicht, ihn vor den übrigen Gläubigern zu begünstigen, eine Sicherung oder Befriedigung gewährt haben, welche derselbe nicht oder nicht in der Art oder nicht zu der Zeit zu beanspruchen hatte.

Sind mildernde Umstände vorhanden, so kann auf Geldstrafe bis zu sechstausend Mark erkannt werden.

Zuständig: Strafk. Der begünstigte Gläubiger kann Anstifter oder Gehilfe sein, aber nicht durch bloße Annahme der gewährten Sicherung ꝛc. Begünstigung mehrerer Gläubiger bei demselben Bankerutt ist nicht Realkonkurr. Vgl. §§ 28 (Umwandlung der Geldstrafe), KO. 239 f. (Idealkonk. bei Identität des Bankerutts), 244, 30, 181, 188[1].

Schuldnerbegünstigg.

KO. § 242. Mit Zuchthaus bis zu zehn Jahren wird bestraft, wer

1. im Interesse eines Schuldners, welcher seine Zahlungen eingestellt hat, oder über dessen Vermögen das Konkursverfahren eröffnet worden ist, Vermögensstücke desselben verheimlicht oder beiseite geschafft hat, oder
2. im Interesse eines solchen Schuldners, oder, um sich oder einem anderen Vermögensvorteil zu verschaffen, in dem Verfahren erdichtete Forderungen im eigenen Namen oder durch vorgeschobene Personen geltend gemacht hat.

Sind mildernde Umstände vorhanden, so tritt Gefängnisstrafe oder Geldstrafe bis zu sechstausend Mark ein.

Zuständig: Schwurger. Vgl. §§ 28 (Umwandlung der Geldstrafe in Abs. 2 nur in Gef.), 32, 257 (Idealkonk., da KO. § 242 Strafbarkeit des begünstigten Schuldners nicht voraussetzt).

Stimmenverkauf i. Konkursverf.

KO. § 243. Ein Gläubiger, welcher sich von dem Gemeinschuldner oder anderen Personen besondere Vorteile dafür hat gewähren oder versprechen lassen, daß er bei den Abstimmungen der Konkursgläubiger in einem gewissen Sinne stimme, wird mit Geldstrafe bis zu dreitausend Mark oder mit Gefängnis bis zu einem Jahre bestraft.

Zuständig: Strafk. § 28 I, II (Umwandlung der Geldstrafe auch in Haft), KO. §§ 80, 84, 86 ff., 182 2c. (Abstimmung der Konkurs-Gläubiger).

Jurist. Personen.

KO. § 244. Die Strafvorschriften der §§ 239—241 finden gegen die Mitglieder des Vorstandes einer Aktiengesellschaft oder eingetragenen Genossenschaft und gegen die Liquidatoren einer Handelsgesellschaft oder eingetragenen Genossenschaft, welche ihre Zahlungen eingestellt hat, oder über deren Vermögen das Konkursverfahren eröffnet worden ist, Anwendung, wenn sie in dieser Eigenschaft die mit Strafe bedrohten Handlungen begangen haben.

Geschäftsführer einer Gesellsch. m. beschr. Haftung: GmbHG. vom $\frac{20.\ IV.\ 92}{20.\ V.\ 98}$ § 83. Vgl. DepotG. § 12.

Fünfundzwanzigster Abschnitt.

Strafbarer Eigennutz und Verletzung fremder Geheimnisse.

Gewerbsmäß. Glücksspiel.

§ 284. Wer aus dem Glücksspiele ein Gewerbe macht, wird mit Gefängnis bis zu zwei Jahren bestraft, neben welchem auf Geldstrafe von dreihundert bis zu sechstausend Mark, sowie auf Verlust der bürgerlichen Ehrenrechte erkannt werden kann.

Ist der Verurteilte ein Ausländer, so ist die Landespolizeibehörde befugt, denselben aus dem Bundesgebiete zu verweisen.

Zuständig: Strafk.

Abs. 1: „Glücksspiel": Spiel um Vermögenswerte, bei dem die Entscheidung über Gewinn und Verlust wesentlich vom Zufall abhängt. Täter muß vorsätzlich handeln und am Spiele, d. h. an den

Gewinn- und Verlustchancen, selbst als Mitspieler unmittelbar beteiligt sein; anders § 360 [14] (Halten von Glücksspielen an öffentl. Orten). Vgl. §§ 32, 35.
Abs. 2: §§ 39 [2], 361 [2] (Rückkehr ohne Erlaubnis).

Halten v. Spiellokalen.

§ 285. Der Inhaber eines öffentlichen Versammlungsorts, welcher Glücksspiele daselbst gestattet oder zur Verheimlichung solcher Spiele mitwirkt, wird mit Geldstrafe bis zu eintausendfünfhundert Mark bestraft.

Zuständig: Strafk., Ueberweisung an Schöffenger. (GVG. § 75 [14]). Gewerbsmäßigkeit oder Gewinnsucht nicht erforderlich. §§ 28 I, II (Umwandlung d. Geldstr. in Gef. od. Haft), 29, StPO. §§ 231, 319. Vgl. GewO. § 33 II.

Oeffentl. Lotterien u. Ausspielungen.

§ 286. Wer ohne obrigkeitliche Erlaubnis öffentliche Lotterien veranstaltet, wird mit Gefängnis bis zu zwei Jahren oder mit Geldstrafe bis zu dreitausend Mark bestraft.

Den Lotterien sind öffentlich veranstaltete Ausspielungen beweglicher oder unbeweglicher Sachen gleich zu achten.

Zuständig: Abs. 1: Strafk. oder Ueberweisung, Abs. 2: Schöffenger. (GVG. §§ 75 [11], 27 [3, 11]). Vorsatz erforderlich. „Ausspielung" (wie Lotterie und Glücksspiel vom Zufall abhängig): auch Hydra- oder Schneeballgeschäfte. InhPrämG. vom 8. VI. 71 § 6 (unbef. Ausg. von Prämienpap.).

§ 287. (Gestrichen.)

Jetzt gelten §§ 14 ff. WarenZG. vom 12. V. 94 (zuständ.: Strafk.):
§ 14. Wer wissentlich oder aus grober Fahrlässigkeit Waren oder deren Verpackung oder Umhüllung, oder Ankündigungen, Preislisten, Geschäftsbriefe, Empfehlungen, Rechnungen oder dergleichen mit dem Namen oder der Firma eines anderen oder mit einem nach Maßgabe dieses Gesetzes geschützten Warenzeichen widerrechtlich versieht oder dergleichen widerrechtlich gekennzeichnete Waren in Verkehr bringt oder feilhält, ist dem Verletzten zur Entschädigung verpflichtet.

Hat er die Handlung wissentlich begangen, so wird er außerdem mit Geldstrafe von einhundertfünfzig bis fünftausend Mark oder mit Gefängnis bis zu sechs Monaten bestraft. Die Strafverfolgung tritt nur auf Antrag ein. Die Zurücknahme des Antrages ist zulässig.
§ 15. Wer zum Zweck der Täuschung in Handel und Verkehr Waren oder deren Verpackung oder Umhüllung, oder Ankündigungen, Preislisten, Geschäftsbriefe, Empfehlungen, Rechnungen oder dergleichen mit einer Ausstattung, welche innerhalb beteiligter Verkehrskreise als Kennzeichen gleichartiger Waren eines anderen gilt, ohne dessen Ge-

nehmigung versieht, oder wer zu dem gleichen Zweck derartig gekennzeichnete Waren in Verkehr bringt oder feilhält, ist dem Verletzten zur Entschädigung verpflichtet und wird mit Geldstrafe von einhundert bis dreitausend Mark oder mit Gefängnis bis zu drei Monaten bestraft. Die Strafverfolgung tritt nur auf Antrag ein. Die Zurücknahme des Antrages ist zulässig.

§ 16. Wer Waren oder deren Verpackung oder Umhüllung oder Ankündigungen, Preislisten, Geschäftsbriefe, Empfehlungen, Rechnungen oder dergleichen fälschlich mit einem Staatswappen oder mit dem Namen oder Wappen eines Ortes, eines Gemeinde- oder weiteren Kommunalverbandes zu dem Zweck versieht, über Beschaffenheit und Wert der Waren einen Irrtum zu erregen, oder wer zu dem gleichen Zweck derartig bezeichnete Waren in Verkehr bringt oder feilhält, wird mit Geldstrafe von einhundertfünfzig bis fünftausend Mark oder mit Gefängnis bis zu sechs Monaten bestraft.

Die Verwendung von Namen, welche nach Handelsgebrauch zur Benennung gewisser Waren dienen, ohne deren Herkunft bezeichnen zu sollen, fällt unter diese Bestimmung nicht.

§§ 18 (Buße), 19 (Beseitigung der widerrechtlichen Kennzeichnung oder Vernichtung; Publikationsbefugnis zu §§ 14, 15).

Vereitelg. d. Zwangsvollstreckg.

§ 288. Wer bei einer ihm drohenden Zwangsvollstreckung in der Absicht, die Befriedigung des Gläubigers zu vereiteln, Bestandteile seines Vermögens veräußert oder beiseite schafft, wird mit Gefängnis bis zu zwei Jahren oder mit Geldstrafe bis zu zweitausend Mark bestraft.

Die Verfolgung tritt nur auf Antrag des Gläubigers ein.

Zuständig: Strafk., Ueberweisung an Schöffenger. (GVG. § 75[11]).
Abs. 1: Die Zwangsvollstr. muß dem Täter, nicht einem Dritten, „drohen", nicht notw. unmittelbar bevorstehen. Vgl. § 137. Die Geldstr. ist durch Nov. v. 1912 zugelassen.
Abs. 2: §§ 61 ff. (Antrag).

Besitzentziehg. (furtum possessionis).

§ 289. Wer seine eigene bewegliche Sache, oder eine fremde bewegliche Sache zu Gunsten des Eigentümers derselben, dem Nutznießer, Pfandgläubiger oder demjenigen, welchem an der Sache ein Gebrauchs- oder Zurückbehaltungsrecht zusteht, in rechtswidriger Absicht wegnimmt, wird mit Gefängnis bis zu drei Jahren oder mit Geldstrafe bis zu neunhundert Mark bestraft.

Neben der Gefängnisstrafe kann auf Verlust der bürgerlichen Ehrenrechte erkannt werden.

Der Versuch ist strafbar.

Die Verfolgung tritt nur auf Antrag ein.

Die Bestimmungen des § 247 Absatz 2 und 3 finden auch hier Anwendung.

Zuständig: Strafk., Ueberweisung (GVG. § 75 11).
Abs. 1: Vgl. § 242. Nießbrauch, Pfandrecht, „Gebrauchs- oder Zurückbehaltungsrecht“: nach bürgerl. Recht zu bestimmen. Täter muß das Bestehen dieser Rechte kennen; § 59. Idealkonk. mit § 253 möglich.
Abs. 2: §§ 32, 35.
Abs. 4: § 61.
Abs. 5: Eine Besitzentziehung, welche von Verwandten aufsteigender Linie gegen Verwandte absteigender Linie oder von einem Ehegatten gegen den anderen begangen worden ist, bleibt straflos. Diese Bestimmungen finden auf Teilnehmer oder Begünstiger, welche nicht in einem der vorbezeichneten persönl. Verhältnisse stehen, keine Anwendung.

Pfandmißbrauch.

§ 290. Oeffentliche Pfandleiher, welche die von ihnen in Pfand genommenen Gegenstände unbefugt in Gebrauch nehmen, werden mit Gefängnis bis zu Einem Jahre, neben welchem auf Geldstrafe bis zu neunhundert Mark erkannt werden kann, bestraft.

Zuständig: Schöffenger. (GVG. § 27 3 d). Vgl. § 360 12 (Zinsfußüberschreitung der Pfandleiher), GewO. §§ 34, 38, 40, 53 f., 147 1, 148 4 a.

Munitionsdiebstahl.

§ 291. Wer die bei den Uebungen der Artillerie verschossene Munition, oder wer Bleikugeln aus den Kugelfängen der Schießstände der Truppen sich widerrechtlich zueignet, wird mit Gefängnis bis zu Einem Jahre oder mit Geldstrafe bis zu neunhundert Mark bestraft.

Zuständig: Schöffenger. (GVG. § 27 3 d). § 291 schließt §§ 242, 246 aus.

Einfaches Jagdvergehen (unbefugte Jagdausübg.).

§ 292. Wer an Orten, an denen zu jagen er nicht berechtigt ist, die Jagd ausübt, wird mit Geldstrafe bis zu dreihundert Mark oder mit Gefängnis bis zu drei Monaten bestraft.

Ist der Täter ein Angehöriger des Jagdberechtigten, so tritt die Verfolgung nur auf Antrag ein. Die Zurücknahme des Antrages ist zulässig.

Zuständig: Schöffenger. (GVG. § 27²), Strafbef. (StPO. § 447). Jagdausübg. = auf Okkupation jagdbaren Wildes gerichtete Handlungen. Jagdbare Tiere: nach Landesrecht zu bestimmen. Auch Fallwild und Teile (Geweihe) von solchem gehören hierher. Wild in Gehegen: §§ 242 f., BGB. § 960. Vgl. § 28 I, II (Umwandlung der Geldstrafe in Gef. oder Haft), 29, 52 II („Angehör."), 59 (Bewußtsein der Nichtberechtigung), 61 ff. (Antrag), 293 f. (Strafschärfung), 295 (Einziehung), 368¹⁰ (Betreten fremden Jagdgebiets), ¹¹ (Ausnehmen von Eiern u. Jungen v. Federwild), EG. § 2 II (Jagdpolizeiübertretung), VogelschutzG. v. 30. V. 08.

Qualifiziertes Jagdvergehen.

§ 293. Die Strafe kann auf Geldstrafe bis zu sechshundert Mark oder auf Gefängnis bis zu sechs Monaten erhöht werden, wenn dem Wilde nicht mit Schießgewehr oder Hunden, sondern mit Schlingen, Netzen, Fallen oder anderen Vorrichtungen nachgestellt oder, wenn das Vergehen während der gesetzlichen Schonzeit, in Wäldern, zur Nachtzeit oder gemeinschaftlich von mehreren begangen wird.

Zuständig: Straff., Ueberweisung an Schöffenger. (GVG. § 75¹⁴). Straferhöh. Umstände zu § 292 (StPO. §§ 262, 264, 266, 295). Antrag hier nicht erforderl. „Wild": auch Fallwild. „Schonzeit": nach Landesrecht. Vgl. §§ 28 I, II, 29, 47 („gemeinschaftlich von mehreren" — nicht, wenn einer von zweien in gutem Glauben war), 243⁷ und 296 („Nachtzeit"), 295 (Einziehung).

Gewerbsmäß. Jagdvergehen.

§ 294. Wer unberechtigtes Jagen gewerbsmäßig betreibt, wird mit Gefängnis nicht unter drei Monaten bestraft; auch kann auf Verlust der bürgerlichen Ehrenrechte, sowie auf Zulässigkeit von Polizei-Aufsicht erkannt werden.

Zuständig: Straff. Persönl. Strafschärfungsgrund (§ 50) zu §§ 292 f. Kollektivdelikt; daher bei Mehrheit von Einzelfällen nicht Realkonk. i. S. § 74. Vgl. §§ 32, 38, 260, 295.

Einziehung (obligatorisch).

§ 295. Neben der durch das Jagdvergehen verwirkten Strafe ist auf Einziehung des Gewehrs, des Jagdgeräts und der Hunde, welche der Täter bei dem unberechtigten Jagen bei sich geführt hat, ingleichen der Schlingen, Netze, Fallen und anderen Vorrichtungen zu erkennen, ohne Unterschied, ob sie dem Verurteilten gehören oder nicht.

Zu §§ 292—294. Daneben gelten §§ 40, 42. „Jagdgerät“: Zur Verwendung bei der Jagd bestimmte (nicht bloß geeignete) Gerätschaften; vgl. § 293.

Fischen u. Krebsen zur Nachtzeit usw.

§ 296. Wer zur Nachtzeit, bei Fackellicht oder unter Anwendung schädlicher oder explodierender Stoffe unberechtigt fischt oder krebst, wird mit Geldstrafe bis zu sechshundert Mark oder mit Gefängnis bis zu sechs Monaten bestraft.

Zuständig: Strafk. oder Ueberweisung an Schöffenger. (GVG. § 75 [14]). „Fischen“ = auf Okkupation v. Gegenständen der Fischereiberechtigg. gerichtete Handlgn. Fischereirecht: landesrechtl. Fischen in Teichen und anderen geschlossenen Gewässern fällt unter §§ 242 f. (BGB. § 960). Vgl. §§ 28 I, II (Umwandlung der Geldstrafe in Gef. oder Haft), 29, 293. Einfacher Fischfrevel: §§ 370 [4], 361 [9]. EG. § 2 II (Fischereipolizeiübertretung).

Küstenfischerei.

§ 296 a. Ausländer, welche in deutschen Küstengewässern unbefugt fischen, werden mit Geldstrafe bis zu sechshundert Mark oder mit Gefängnis bis zu sechs Monaten bestraft.

Neben der Geld- oder Gefängnisstrafe ist auf Einziehung der Fanggeräte, welche der Täter bei dem unbefugten Fischen bei sich geführt hat, ingleichen der in dem Fahrzeuge enthaltenen Fische zu erkennen, ohne Unterschied, ob die Fanggeräte und Fische dem Verurteilten gehören oder nicht.

Zuständig: Strafk. (vgl. GVG. § 75 [14]).
Abs. 1: Vgl. §§ 28 I, II (Umwandlung der Geldstrafe), 29.
Abs. 2: §§ 40, 42, 295.

Schiffskonterbande.

§ 297. Ein Reisender oder Schiffsmann, welcher ohne Vorwissen des Schiffers, ingleichen ein Schiffer, welcher ohne Vorwissen des Rheders Gegenstände an Bord nimmt, welche das Schiff oder die Ladung gefährden, indem sie die Beschlagnahme oder Einziehung des Schiffes oder der Ladung veranlassen können, wird mit Geldstrafe bis zu eintausendfünfhundert Mark oder mit Gefängnis bis zu zwei Jahren bestraft.

Zuständig: Strafk. §§ 28 I, II (Umwandlung der Geldstrafe), 29. „Schiffer": Kapitän. Vorsatz, Bewußtsein der Gefährdg. erforderl.

Bruch des Heuervertrags.

§ 298. Ein Schiffsmann, welcher mit der Heuer entläuft, oder sich verborgen hält, um sich dem übernommenen Dienste zu entziehen, wird, ohne Unterschied, ob das Vergehen im Inlande oder im Auslande begangen worden ist, mit Gefängnis bis zu Einem Jahre bestraft.

Zuständig: Schöffenger. (GVG. § 27 [3] d). „Im Inland oder im Auslande" (§ 8): Ausn. von § 4. SeemannsO. v. 2. VI. 02 §§ 93, 121.

Verletzg. des Briefgeheimnisses.

§ 299. Wer einen verschlossenen Brief oder eine andere verschlossene Urkunde, die nicht zu seiner Kenntnisnahme bestimmt ist, vorsätzlich und unbefugterweise eröffnet, wird mit Geldstrafe bis zu dreihundert Mark oder mit Gefängnis bis zu drei Monaten bestraft.

Die Verfolgung tritt nur auf Antrag ein.

Zuständig: Schöffenger. (GVG. § 27 [2]), Strafbefehl (StPO. § 447). „Unbefugterweise": im Bewußtsein der Nichtberechtigung (§ 59). Vgl. §§ 28 I, II, 29, 61; StPO. §§ 99 f., 110 (Beschlagnahme und Durchsicht von Briefen 2c. im Strafverfahren). Mittäterschaft und Beihilfe von Post- und Telegraphen-Beamten: §§ 354 f., 358.

Verletzg. des Berufsgeheimnisses.

§ 300. Rechtsanwälte, Advokaten, Notare, Verteidiger in Strafsachen, Aerzte, Wundärzte, Hebammen, Apotheker, sowie die Gehilfen dieser Personen werden, wenn sie unbefugt Privatgeheimnisse offenbaren, die ihnen kraft ihres Amtes, Standes oder Gewerbes anvertraut sind, mit Geldstrafe bis zu eintausendfünfhundert Mark oder mit Gefängnis bis zu drei Monaten bestraft.

Die Verfolgung tritt nur auf Antrag ein.

Zuständig: Strafk., Ueberweisung an Schöffenger. (GVG. § 75 [14]). „Unbefugt": § 299 Anm. Offenbarung ist nicht unbefugt, wenn sie z. B. auf Grund (sei es auch nur irrtümlich angenommener) Zeugnis- oder Anzeigepflicht (§ 139) geschieht, selbst bei Verzicht auf das Zeugnisverweigerungsrecht (StPO. § 52, ZPO. § 383). Vgl. §§ 28 I, II, 29, 61; UnlWettbewG. v. 7. VI. 09 §§ 17, 18, 20, die lauten (Antragsdelikte, für die bei öffentl. Klage die Strafk., bei Privatklage das Schöffenger. zuständig ist):

§ 17. Mit Gefängnis bis zu einem Jahre und mit Geldstrafe bis zu fünftausend Mark oder mit einer dieser Strafen wird bestraft, wer als Angestellter, Arbeiter oder Lehrling eines Geschäftsbetriebs Geschäfts- oder Betriebsgeheimnisse, die ihm vermöge des Dienstverhältnisses anvertraut oder sonst zugänglich geworden sind, während der Geltungsdauer des Dienstverhältnisses unbefugt an andere zu Zwecken des Wettbewerbes oder in der Absicht, dem Inhaber des Geschäftsbetriebs Schaden zuzufügen, mitteilt.

Gleiche Strafe trifft denjenigen, welcher Geschäfts- oder Betriebsgeheimnisse, deren Kenntnis er durch eine der im Abs. 1 bezeichneten Mitteilungen oder durch eine gegen das Gesetz oder die guten Sitten verstoßende eigene Handlung erlangt hat, zu Zwecken des Wettbewerbes unbefugt verwertet oder an andere mitteilt.

§ 18. Mit Gefängnis bis zu einem Jahre und mit Geldstrafe bis zu fünftausend Mark oder mit einer dieser Strafen wird bestraft, wer die ihm im geschäftlichen Verkehr anvertrauten Vorlagen oder Vorschriften technischer Art, insbesondere Zeichnungen, Modelle, Schablonen, Schnitte, Rezepte, zu Zwecken des Wettbewerbes unbefugt verwertet oder an andere mitteilt.

§ 20. Wer zu Zwecken des Wettbewerbes es unternimmt, einen anderen zu einer Zuwiderhandlung gegen die Vorschriften des § 17 Abs. 1, § 18 zu bestimmen, wird mit Gefängnis bis zu neun Monaten und mit Geldstrafe bis zu zweitausend Mark oder mit einer dieser Strafen bestraft.

S. ferner RVO. v. 19. VII. 11 §§ 141 ff.

Wucher: Ausbeutg. Minderjähriger.

§ 301. Wer in gewinnsüchtiger Absicht und unter Benutzung des Leichtsinns oder der Unerfahrenheit eines Minderjährigen sich von demselben Schuldscheine, Wechsel, Empfangsbekenntnisse, Bürgschaftsinstrumente oder eine andere, eine Verpflichtung enthaltende Urkunde ausstellen oder auch nur mündlich ein Zahlungsversprechen erteilen läßt, wird mit Gefängnis bis zu sechs Monaten oder mit Geldstrafe bis zu eintausendfünfhundert Mark bestraft.

Die Verfolgung tritt nur auf Antrag ein.

Zuständig: Strafk. (vgl. GVG. § 75 [14]). §§ 61 ff., 302 (Strafschärfung).

Qualifiz. Ausbeutg. Minderjähriger.

§ 302. Wer in gewinnsüchtiger Absicht und unter Benutzung des Leichtsinns oder der Unerfahrenheit eines Minderjährigen sich von demselben unter Verpfändung der Ehre, auf Ehrenwort, eidlich oder unter ähnlichen Versicherungen oder Beteuerungen die Zahlung einer Geldsumme oder die Erfüllung einer anderen, auf Gewährung geldwerter Sachen gerichteten Verpflichtung aus einem Rechtsgeschäfte versprechen läßt, wird mit Gefängnis bis zu Einem Jahre oder mit Geldstrafe bis zu dreitausend Mark bestraft.

Neben der Gefängnisstrafe kann auf Verlust der bürgerlichen Ehrenrechte erkannt werden.

Dieselbe Strafe trifft denjenigen, welcher sich eine Forderung, von der er weiß, daß deren Berichtigung ein Minderjähriger in der vorbezeichneten Weise versprochen hat, abtreten läßt.

Die Verfolgung tritt nur auf Antrag ein.

Zuständig: Strafk. Straferhöh. Umst. zu § 301 (StPO. §§ 262, 264, 266). Vgl. §§ 32, 35, 61.

(Einfacher) Kreditwucher.

§ 302 a. Wer unter Ausbeutung der Notlage, des Leichtsinns oder der Unerfahrenheit eines anderen mit Bezug auf ein Darlehen oder auf die Stundung einer Geldforderung oder auf ein anderes zweiseitiges Rechtsgeschäft, welches denselben wirtschaftlichen Zwecken dienen soll, sich oder einem Dritten Vermögensvorteile versprechen oder gewähren läßt, welche den üblichen Zinsfuß dergestalt überschreiten, daß nach den Umständen des Falles die Vermögensvorteile in auffälligem Mißverhältnis zu der Leistung stehen, wird wegen Wuchers mit Gefängnis bis zu sechs Monaten und zugleich mit Geldstrafe bis zu dreitausend Mark bestraft. Auch kann auf Verlust der bürgerlichen Ehrenrechte erkannt werden.

Zuständig: Strafk. Vgl. §§ 32, 35, 302 b ff. (Straffchärfung), 360 [12], BGB. § 138 (Nichtigkeit des wucherischen Rechtsgesch.).

Qualifiz. Kreditwucher.

§ 302 b. Wer sich oder einem Dritten die wucherlichen Vermögensvorteile (§ 302 a) verschleiert oder wechselmäßig oder unter Verpfändung der Ehre, auf Ehrenwort, eidlich oder unter ähnlichen Versicherungen oder Beteuerungen versprechen läßt, wird mit Gefängnis bis zu Einem Jahre und zugleich mit Geldstrafe bis zu sechstausend Mark bestraft. Auch kann auf Verlust der bürgerlichen Ehrenrechte erkannt werden.

Zuständig: Strafk. Straferhöh. Umst. zu § 302a. Verschleierung erfordert nicht Täuschung des Bewucherten, z. B. Darlehen gegen gleichzeitige Abnahme von Waren. Vgl. §§ 32, 35.

Mit- od. Nachwucher.

§ 302c. Dieselben Strafen (§ 302a, § 302b) treffen denjenigen, welcher mit Kenntnis des Sachverhalts eine Forderung der vorbezeichneten Art erwirbt und entweder dieselbe weiter veräußert oder die wucherlichen Vermögensvorteile geltend macht.

Zuständig: Strafk. „Erwirbt": auch ohne Zutun des Täters, z. B. von Todes wegen. Erwerb der Wucherforderg. ohne Kenntnis des Sachverhalts bewirkt auch nach Kenntniserlangg. Straflosigkeit der Weiterveräußerg. oder Geltendmachung.

Gewerbs- od. gewohnheitsmäß. Wucher.

§ 302d. Wer den Wucher (§§ 302a bis 302c) gewerbs- oder gewohnheitsmäßig betreibt, wird mit Gefängnis nicht unter drei Monaten und zugleich mit Geldstrafe von einhundertfünfzig bis zu fünfzehntausend Mark bestraft. Auch ist auf Verlust der bürgerlichen Ehrenrechte zu erkennen.

Zuständig: Strafk. Persönlicher Straferhöhungsgrund (§ 50) zu §§ 302a—c. Obligator. Ehrverlust auf 1—5 Jahre: § 32.

Sachwucher.

§ 302e. Dieselbe Strafe (§ 302d) trifft denjenigen, welcher mit Bezug auf ein Rechtsgeschäft anderer als der im § 302a bezeichneten Art gewerbs- oder gewohnheitsmäßig unter Ausbeutung der Notlage, des Leichtsinns oder der Unerfahrenheit eines anderen sich oder einem Dritten Vermögensvorteile versprechen oder gewähren läßt, welche den Wert der Leistung dergestalt überschreiten, daß nach den Umständen des Falles die Vermögensvorteile in auffälligem Mißverhältnis zu der Leistung stehen.

Zuständig: Strafk.

Sechsundzwanzigster Abschnitt.

Sachbeschädigung.

Einfache Sachbeschädigung.

§ 303. Wer vorsätzlich und rechtswidrig eine fremde Sache beschädigt oder zerstört, wird mit Geldstrafe bis zu eintausend Mark oder mit Gefängnis bis zu zwei Jahren bestraft.

Der Versuch ist strafbar.

Die Verfolgung tritt nur auf Antrag ein.

Ist das Vergehen gegen einen Angehörigen verübt, so ist die Zurücknahme des Antrages zulässig.

Zuständig: Bis einschl. 150 Mk. Schaden: Schöffenger., darüber: Strafk. oder Ueberweisung (GVG. §§ 27 7, 75 12). „Rechtswidrig" Täter muß sich der Rechtswidrigkeit bewußt sein (§ 59); Rechtswidrigkeit ausgeschlossen: BGB. §§ 228 ff., 904 u. a. „Fremde (hier bewegliche oder unbewegliche) Sache": § 242. Nachträgliche Vernichtung gestohlener oder unterschlagener Sachen durch den Dieb ꝛc. ist keine selbständige Straftat. Vgl. §§ 28 I, II (Umwandlung der Geldstrafe in Gef. oder Haft), 29, 52 II („Angehörige"), 61 ff. (Antrag; antragsberechtigt sind die unmittelbar Verletzten oder Geschädigten, nicht bloß Eigentümer).
Besondere Fälle: Beschädigung von Hoheitszeichen: §§ 103a, 135, Urkunden: §§ 133 f., 274, Gräbern: 168, Grab- oder anderen Denkmälern ꝛc.: § 304, Zerstörung von Bauwerken: § 305, mit explod. Stoffen: § 311, Beschädigung von Eisenbahn-, Telegraphen- und Fernsprechanlagen: §§ 315 ff., Wasserbauten: § 321, Schiffahrtszeichen: § 322, Betreten bestellter Felder: § 368 9, Grundstücksverringerung: § 370 1, ElektrizG. v. 9. IV. 00 § 2 (abgedruckt bei § 242 N. *).

Qualifiz. Sachbeschädigung.

§ 304. Wer vorsätzlich und rechtswidrig Gegenstände der Verehrung einer im Staate bestehenden Religionsgesellschaft, oder Sachen, die dem Gottesdienste gewidmet sind, oder Grabmäler, öffentliche Denkmäler, Gegenstände der Kunst, der Wissenschaft oder des Gewerbes, welche in öffentlichen Sammlungen aufbewahrt werden oder öffentlich aufgestellt sind, oder Gegenstände, welche zum öffentlichen Nutzen oder zur Verschönerung öffentlicher Wege, Plätze oder Anlagen dienen, beschädigt oder zerstört, wird mit Gefängnis bis zu drei Jahren oder mit Geldstrafe bis zu eintausendfünfhundert Mark bestraft.

Neben der Gefängnisstrafe kann auf Verlust der bürgerlichen Ehrenrechte erkannt werden.

Der Versuch ist strafbar.

Zuständig: Strafk., Ueberweisung an Schöffenger. (GVG. § 75 [12]). „Sachen": hier nicht notw. fremde. Strafantrag nicht erforderlich. Vgl. §§ 303 Anm., 32, 35, 166—168, 243 [1], 317 (Gesetzeskonk.).

Zerstörg. fremder Bauwerke.

§ 305. Wer vorsätzlich und rechtswidrig ein Gebäude, ein Schiff, eine Brücke, einen Damm, eine gebaute Straße, eine Eisenbahn oder ein anderes Bauwerk, welche fremdes Eigentum sind, ganz oder teilweise zerstört, wird mit Gefängnis nicht unter Einem Monat bestraft.

Der Versuch ist strafbar.

Zuständig: Strafk. Vgl. §§ 303 Anm., 311.

Siebenundzwanzigster Abschnitt.

Gemeingefährliche Verbrechen und Vergehen.

Vorsätzl. Brandstiftung.

§ 306. Wegen Brandstiftung wird mit Zuchthaus bestraft, wer vorsätzlich in Brand setzt:

1. ein zu gottesdienstlichen Versammlungen bestimmtes Gebäude,
2. ein Gebäude, ein Schiff oder eine Hütte, welche zur Wohnung von Menschen dienen, oder
3. eine Räumlichkeit, welche zeitweise zum Aufenthalt von Menschen dient, und zwar zu einer Zeit, während welcher Menschen in derselben sich aufzuhalten pflegen.

Zuständig: Schwurger. „In Brand setzt": Das Feuer muß das Gebäude bereits ergriffen haben und selbständig (auch nach Entfernung des Zündstoffs) weiterbrennen können; zur Vollendung ist Brennen mit heller Flamme nicht notwendig, es genügt Glühen und Glimmen, wenn dieses das Fortbrennen ermöglicht. Anwesenheit von Menschen nicht erforderlich. Idealkonk. mit §§ 211 f. (vgl. § 307 [1, 2]), 265, 303 ff. möglich. Vgl. §§ 32, 38, 325 (Polizei-Aufsicht), 139 (Anzeigepflicht), 307 (Strafschärfungsgründe), 310 (Strafaufhebungsgrund).

§ 307. Die Brandstiftung (§ 306) wird mit Zuchthaus nicht unter zehn Jahren oder mit lebenslänglichem Zuchthaus bestraft, wenn

1. der Brand den Tod eines Menschen dadurch verursacht hat, daß dieser zur Zeit der Tat in einer der in Brand gesetzten Räumlichkeiten sich befand,
2. die Brandstiftung in der Absicht begangen worden ist, um unter Begünstigung derselben Mord oder Raub zu begehen oder einen Aufruhr zu erregen, oder
3. der Brandstifter, um das Löschen des Feuers zu verhindern oder zu erschweren, Löschgerätschaften entfernt oder unbrauchbar gemacht hat.

Zuständig: Schwurger. Straferhöh. Umstände zu § 306: StPO. §§ 262, 264, 266, 295. Vgl. §§ 32, 38, 325, EG. § 4 (Todesstrafe). Nr. 1: War der Tod vom Täter unmittelbar verschuldet, vorsätzl. oder fahrläss. verursacht, besteht Idealkonk. mit §§ 211—222. Nr. 2: Mord: § 211, Raub: §§ 249—251, nicht 252, 255, Aufruhr: § 115.

§ 308. Wegen Brandstiftung wird mit Zuchthaus bis zu zehn Jahren bestraft, wer vorsätzlich Gebäude, Schiffe, Hütten, Bergwerke, Magazine, Warenvorräte, welche auf dazu bestimmten öffentlichen Plätzen lagern, Vorräte von landwirtschaftlichen Erzeugnissen oder von Bau- oder Brennmaterialien, Früchte auf dem Felde, Waldungen oder Torfmoore in Brand setzt, wenn diese Gegenstände entweder fremdes Eigentum sind, oder zwar dem Brandstifter eigentümlich gehören, jedoch ihrer Beschaffenheit und Lage nach geeignet sind, das Feuer einer der im § 306 Nr. 1 bis 3 bezeichneten Räumlichkeiten oder einem der vorstehend bezeichneten fremden Gegenstände mitzuteilen.

Sind mildernde Umstände vorhanden, so tritt Gefängnisstrafe nicht unter sechs Monaten ein.

Zuständig: Schwurger. War eine Brandstiftung nach §§ 306 f. beabsichtigt, so kommen im zweiten Falle des § 308 §§ 306 f., 43 (73) zur Anwendung. „Geeignet . . . mitzuteilen“: Täter muß dies wissen (§ 59). Vgl. §§ 32, 38, 325, 310, 139, 265 (Idealkonk.).

Fahrläss. Brandstiftg.

§ 309. Wer durch Fahrlässigkeit einen Brand der in den §§ 306 und 308 bezeichneten Art herbeiführt, wird mit Gefängnis bis zu Einem Jahre oder mit

Geldstrafe bis zu neunhundert Mark und, wenn durch den Brand der Tod eines Menschen verursacht worden ist, mit Gefängnis von Einem Monat bis zu drei Jahren bestraft.

Zuständig: Strafk., Ueberweisung an Schöffenger. (GVG. § 75[13]). Strafaufhebungsgrund: § 310. „Tod" (straferhöh. Umst.) braucht selbst nicht auf Fahrlässigkeit des Täters zu beruhen (z. B. Tod eines Feuerwehrmannes beim Löschen rc.); andernfalls Idealkonk. mit § 222. Verwahrlosung von Feuer: §§ 367[4—6], 368[3—8], 369[3].

Straflosigkt. bei tätiger Reue.

§ 310. Hat der Täter den Brand, bevor derselbe entdeckt und ein weiterer als der durch die bloße Inbrandsetzung bewirkte Schaden entstanden war, wieder gelöscht, so tritt Straflosigkeit ein.

Strafaufhebungsgrund i. S. StPO. §§ 295 II, 262, 266 bei vollendeter Brandstiftung (§§ 306—309), bei Versuch s. § 46[2]. „Straflosigkeit" schlechthin, also auch nicht Bestrafung aus §§ 303, 305.

Zerstörg. durch Explosion.

§ 311. Die gänzliche oder teilweise Zerstörung einer Sache durch Gebrauch von Pulver oder anderen explodierenden Stoffen ist der Inbrandsetzung der Sache gleich zu achten.

„Zerstörung": nicht bloß Beschädigung; es muß mindestens teilweise Unbrauchbarkeit der Sache für ihren Zweck eingetreten sein. „Inbrandsetzung" i. S. §§ 306—310, nicht § 265; dieser ist hier nur anwendbar, wenn durch die Explosion Brand verursacht war. Vgl. §§ 139, 325, EG. § 4, SprengstG.*)

---

*) Ges. geg. d. verbrecherischen u. gemeingefährl. Gebrauch v. Sprengstoffen v. 9. Juni 84 (RGBl. S. 61):

§ 5. Wer vorsätzlich durch Anwendung von Sprengstoffen Gefahr für das Eigentum, die Gesundheit oder das Leben eines anderen herbeiführt, wird mit Zuchthaus bestraft.

Ist durch die Handlung eine schwere Körperverletzung verursacht worden, so tritt Zuchthausstrafe nicht unter fünf Jahren, und wenn der Tod eines Menschen verursacht worden ist, Zuchthausstrafe nicht unter zehn Jahren oder lebenslängliche Zuchthausstrafe ein.

Ist durch die Handlung der Tod eines Menschen herbeigeführt worden und hat der Täter einen solchen Erfolg voraussehen können, so ist auf Todesstrafe zu erkennen.

Zuständig: Schwurger.

§ 6. Haben mehrere die Ausführung einer oder mehrerer nach § 5 zu ahndender strafbarer Handlungen verabredet oder sich zur fortgesetzten Begehung derartiger, wenn auch im einzelnen noch nicht bestimmter Handlungen verbunden, so werden dieselben, auch ohne

Vorsätzl. Ueberschwemmg. mit Gefahr für Menschenleben.

§ 312. Wer mit gemeiner Gefahr für Menschenleben vorsätzlich eine Ueberschwemmung herbeiführt, wird mit Zuchthaus nicht unter drei Jahren und, wenn durch die Ueberschwemmung der Tod eines Menschen verursacht worden ist, mit Zuchthaus nicht unter zehn Jahren oder mit lebenslänglichem Zuchthaus bestraft.

Zuständig: Schwurger. „Gemeine Gefahr" (Tatbestandsmerkmal): Konkrete Gefährdung in unbestimmter Ausdehnung; auch hierauf bezieht sich „vorsätzl." (§ 59). Vgl. §§ 32, 38, 325, 139, 211 (Idealkonkurrenz möglich), EG. § 4.

---

daß der Entschluß der Verübung des Verbrechens durch Handlungen, welche einen Anfang der Ausführung enthalten, betätigt worden ist, mit Zuchthaus nicht unter fünf Jahren bestraft.

Zuständig: Schwurger. — Vgl. § 43 StGB.

§ 7. Wer Sprengstoffe herstellt, anschafft, bestellt, oder in seinem Besitze hat, in der Absicht, durch Anwendung derselben Gefahr für das Eigentum, die Gesundheit oder das Leben eines anderen entweder selbst herbeizuführen oder andere Personen zur Begehung dieses Verbrechens in den Stand zu setzen, wird mit Zuchthaus bis zu zehn Jahren bestraft.

Der gleichen Strafe verfällt, wer Sprengstoffe, wissend, daß dieselben zur Begehung eines in dem § 5 vorgesehenen Verbrechens bestimmt sind, an andere Personen überläßt.

Zuständig: Schwurger.

§ 8. Wer Sprengstoffe herstellt, anschafft, bestellt, wissentlich in seinem Besitze hat oder an andere Personen überläßt unter Umständen, welche nicht erweisen, daß dies zu einem erlaubten Zweck geschieht, wird mit Zuchthausstrafe bis zu fünf Jahren oder mit Gefängnis nicht unter einem Jahre bestraft. Diese Bestimmung findet auf die gemäß § 1 Absatz 3 vom Bundesrat bezeichneten Stoffe nicht Anwendung.

Zuständig: Strafk.

§ 9. Wer der Vorschrift in dem ersten Absatz des § 1 zuwider es unternimmt, ohne polizeiliche Ermächtigung Sprengstoffe herzustellen, vom Auslande einzuführen, feilzuhalten, zu verkaufen oder sonst an andere zu überlassen, oder wer im Besitze derartiger Stoffe betroffen wird, ohne polizeiliche Erlaubnis hierzu nachweisen zu können, ist mit Gefängnis von drei Monaten bis zu zwei Jahren zu bestrafen.

Gleicher Strafe verfällt, wer die Vorschriften des § 1 Absatz 2, die von den Zentralbehörden in Gemäßheit des § 2 getroffenen Anordnungen oder die bereits bestehenden oder noch zu erlassenden sonstigen polizeilichen Bestimmungen über den Verkehr mit Sprengstoffen, auf welche § 1 Absatz 1 Anwendung findet, übertritt.

Zuständig: Strafk. — Vgl. § 367^5 StGB.

Vorsätzl. Ueberschwemmg. mit Gef. f. fremdes Eigentum.

§ 313. Wer mit gemeiner Gefahr für das Eigentum vorsätzlich eine Ueberschwemmung herbeiführt, wird mit Zuchthaus bestraft.

Ist jedoch die Absicht des Täters nur auf Schutz seines Eigentums gerichtet gewesen, so ist auf Gefängnis nicht unter Einem Jahre zu erkennen.

Zuständig: Abs. 1: Schwurger., Abs. 2: Strafk.
Abs. 1: §§ 312 Anm., 325.
Abs. 2: Eigentumsnotstand, Strafmilderungsgrund (StPO. §§ 262, 264, 266, 295).

Fahrläss. Ueberschwemmung.

§ 314. Wer eine Ueberschwemmung mit gemeiner Gefahr für Leben oder Eigentum durch Fahrlässigkeit herbeiführt, wird mit Gefängnis bis zu Einem Jahre und, wenn durch die Ueberschwemmung der

---

§ 10. Wer öffentlich vor einer Menschenmenge oder wer durch Verbreitung oder öffentlichen Anschlag oder öffentliche Ausstellung von Schriften oder anderen Darstellungen, oder wer in Schriften oder anderen Darstellungen zur Begehung einer der in den §§ 5 und 6 bezeichneten strafbaren Handlungen oder zur Teilnahme an denselben auffordert, wird mit Zuchthaus bestraft.

Gleiche Strafe trifft denjenigen, welcher auf die vorbezeichnete Weise zur Begehung der im Absatz 1 gedachten strafbaren Handlungen insbesondere dadurch anreizt oder verleitet, daß er dieselben anpreist oder als etwas Rühmliches darstellt.

Zuständig: Schwurger.

§ 11. In den Fällen der §§ 5, 6, 7, 8 und 10 kann auf Zulässigkeit von Polizeiaufsicht erkannt werden. In den Fällen der §§ 5, 6, 7, 8 und in dem Falle einer Anwendung der Strafvorschriften des § 9 ist auf Einziehung der zur Zubereitung der Sprengstoffe gebrauchten oder bestimmten Gegenstände, sowie der im Besitze des Verurteilten vorgefundenen Vorräte von Sprengstoffen zu erkennen, ohne Unterschied, ob dieselben dem Verurteilten gehören oder nicht.

§ 12. Die Bestimmungen im § 4 Absatz 2 Nr. 1 des Strafgesetzbuchs für das Deutsche Reich finden auch auf die in den §§ 5, 6, 7, 8 und 10 dieses Gesetzes vorgesehenen Verbrechen Anwendung.

§ 13. Der in dem § 139 des Strafgesetzbuchs für das Deutsche Reich angedrohten Strafe verfällt, wer von dem Vorhaben eines im § 5 vorgesehenen Verbrechens oder von einer im § 6 vorgesehenen Verabredung oder von dem Tatbestande eines im § 7 des gegenwärtigen Gesetzes unter Strafe gestellten Verbrechens in glaubhafter Weise Kenntnis erhält und es unterläßt, der durch das Verbrechen bedrohten Person oder der Behörde rechtzeitig Anzeige zu machen.

Zuständig: Strafk. — Strafe: Gef. bis zu 5 Jahren.

Tod eines Menschen verursacht worden ist, mit Gefängnis von Einem Monat bis zu drei Jahren bestraft.

Zuständig: Strafk. Vgl. §§ 309, 312 f. Todesfolge ist straferhöh. Umst. (StPO. §§ 262, 264, 266, 295).

Vorsätzl. Eisenbahn-Transportgefährdung.

§ 315. Wer vorsätzlich Eisenbahnanlagen, Beförderungsmittel oder sonstiges Zubehör derselben dergestalt beschädigt, oder auf der Fahrbahn durch falsche Zeichen oder Signale oder auf andere Weise solche Hindernisse bereitet, daß daduch der Transport in Gefahr gesetzt wird, wird mit Zuchthaus bis zu zehn Jahren bestraft.

Ist durch die Handlung eine schwere Körperverletzung verursacht worden, so tritt Zuchthausstrafe nicht unter fünf Jahren und, wenn der Tod eines Menschen verursacht worden ist, Zuchthausstrafe nicht unter zehn Jahren oder lebenslängliche Zuchthausstrafe ein.

Zuständig: Schwurger. §§ 315 f. werden auf Pferdebahnen nicht bezogen, wohl aber auf elektrische und Dampfstraßenbahnen. Idealkonk. mit §§ 305, 306 ³, 317 möglich. Vgl. §§ 32, 38, 319 f., 325, 139, EG. § 4.

Abs. 2: Strafschärfungsgründe zu Abs. 1 (StPO. §§ 262, 264, 266, 295). Vgl. §§ 224 (schwere Körperverl.), 307 ¹, 312.

Fahrläss. Eisenbahn-Transportgefährdg.

§ 316. Wer fahrlässigerweise durch eine der vorbezeichneten Handlungen den Transport auf einer Eisenbahn in Gefahr setzt, wird mit Gefängnis bis zu Einem Jahre oder mit Geldstrafe bis zu neunhundert Mark und, wenn durch die Handlung der Tod eines Menschen verursacht worden ist, mit Gefängnis von Einem Monat bis zu drei Jahren bestraft.

Gleiche Strafe trifft die zur Leitung der Eisenbahnfahrten und zur Aufsicht über die Bahn und den Beförderungsbetrieb angestellten Personen, wenn sie durch Vernachlässigung der ihnen obliegenden Pflichten einen Transport in Gefahr setzen.

Zuständig: Strafk., Ueberweisung an Schöffenger. (GVG. § 75 ¹³). Die die fahrläss. Transportgefährdung verursachende Handlung oder Pflichtvernachlässigung erfordert schuldhaftes Verhalten; dieses kann

vorsätzlich oder fahrlässig sein. Vgl. §§ 315 Anm., 222 und 230 (Idealkonk. mögl.).
Abs. 2: Vgl. § 319; dieser ist aber bei Idealkonk. mit §§ 222 II, 230 II unanwendbar.

Vorsätzl. Gefährdg. v. Telegr.-Anlagen.

§ 317. Wer vorsätzlich und rechtswidrig den Betrieb einer zu öffentlichen Zwecken dienenden Telegraphenanlage dadurch verhindert oder gefährdet, daß er Teile oder Zubehörungen derselben beschädigt oder Veränderungen daran vornimmt, wird mit Gefängnis von Einem Monat bis zu drei Jahren bestraft.

Zuständig: Strafk. § 317 enthält gegenüber § 304 den spezielleren Tatbestand, deshalb Gesetzeskonk. Vgl. §§ 318a, 319 f. Beschädigung unterseeischer Telegraphen-Kabel: TelKabG. v. 21. XI. 87.

Fahrläss. Gefährdg. v. Telegr.-Anl.

§ 318. Wer fahrlässigerweise durch eine der vorbezeichneten Handlungen den Betrieb einer zu öffentlichen Zwecken dienenden Telegraphenanlage verhindert oder gefährdet, wird mit Gefängnis bis zu Einem Jahre oder mit Geldstrafe bis zu neunhundert Mark bestraft.

Gleiche Strafe trifft die zur Beaufsichtigung und Bedienung der Telegraphenanlagen und ihrer Zubehörungen angestellten Personen, wenn sie durch Vernachlässigung der ihnen obliegenden Pflichten den Betrieb verhindern oder gefährden.

Zuständ.: Strafk., Ueberweisung an Schöffenger. (GVG. § 75 [13]). Vgl. §§ 316 f., 318a, 319 f.

Rohrpost- u. Fernsprechanlagen.

§ 318a. Die Vorschriften in den §§ 317 und 318 finden gleichmäßig Anwendung auf die Verhinderung oder Gefährdung des Betriebes der zu öffentlichen Zwecken dienenden Rohrpostanlagen.

Unter Telegraphenanlagen im Sinne der §§ 317 und 318 sind Fernsprechanlagen mitbegriffen.

Verurteilg. v. Eisenbahn- u. Telegraphen-Angestellten; Dienstunfähigkt.

§ 319. Wird einer der in den §§ 316 und 318 erwähnten Angestellten wegen einer der in den §§ 315 bis 318 bezeichneten Handlungen verurteilt, so kann derselbe zugleich für unfähig zu einer Beschäftigung im Eisenbahn- oder Telegraphendienste oder in bestimmten Zweigen dieser Dienste erklärt werden.

Nichtentlassg. od. Wiederanstellg. Verurteilter.

§ 320. Die Vorsteher einer Eisenbahngesellschaft, sowie die Vorsteher einer zu öffentlichen Zwecken dienenden Telegraphenanstalt, welche nicht sofort nach Mitteilung des rechtskräftigen Erkenntnisses die Entfernung des Verurteilten bewirken, werden mit Geldstrafe bis zu dreihundert Mark oder mit Gefängnis bis zu drei Monaten bestraft.

Gleiche Strafe trifft denjenigen, welcher für unfähig zum Eisenbahn- oder Telegraphendienste erklärt worden ist, wenn er sich nachher bei einer Eisenbahn oder Telegraphenanstalt wieder anstellen läßt, sowie diejenigen, welche ihn wieder angestellt haben, obgleich ihnen die erfolgte Unfähigkeitserklärung bekannt war.

Zuständig: Strafk. (vgl. GVG. §§ 27³, 75¹⁴). Vgl. §§ 28 I, II, 29.

Vorsätzl. Beschädigg. v. Wasserbauten usw.

§ 321. Wer vorsätzlich Wasserleitungen, Schleusen, Wehre, Deiche, Dämme oder andere Wasserbauten, oder Brücken, Fähren, Wege oder Schutzwehre, oder dem Bergwerksbetriebe dienende Vorrichtungen zur Wasserhaltung, zur Wetterführung oder zum Ein- und Ausfahren der Arbeiter zerstört oder beschädigt, oder in schiffbaren Strömen, Flüssen oder Kanälen das Fahrwasser stört und durch eine dieser Handlungen Gefahr für das Leben oder die Gesundheit anderer herbeiführt, wird mit Gefängnis nicht unter drei Monaten bestraft.

Ist durch eine dieser Handlungen eine schwere Körperverletzung verursacht worden, so tritt Zuchthausstrafe bis zu fünf Jahren und, wenn der Tod eines Menschen verursacht worden ist, Zuchthausstrafe nicht unter fünf Jahren ein.

Zuständig: Strafk., Abs. 2 Fall 2 (Tötung): Schwurger. „Zerstört oder beschädigt": §§ 303 f. Vgl. § 326 (fahrläss. Schadenstiftung). Abs. 1: Versuch (§ 43 II) ist nur aus §§ 303 ff. strafbar. Abs. 2 enthält Strafschärfungsgründe zu Abs. 1. Vgl. §§ 224 (schwere Körperverl.), 315 II, 32, 38, 325, 139 (Anzeigepflicht).

Vorsätzl. Gefährdg. der Schiffahrt: Zerstörg. v. Schiffahrtszeichen usw.

§ 322. Wer vorsätzlich ein zur Sicherung der Schiffahrt bestimmtes Feuerzeichen oder ein anderes zu diesem Zwecke aufgestelltes Zeichen zerstört, wegschafft oder unbrauchbar macht, oder ein solches Feuerzeichen auslöscht oder seiner Dienstpflicht zuwider nicht aufstellt, oder ein falsches Zeichen, welches geeignet ist, die Schiffahrt unsicher zu machen, aufstellt, insbesondere zur Nachtzeit auf der Strandhöhe Feuer anzündet, welches die Schiffahrt zu gefährden geeignet ist, wird mit Zuchthaus bis zu zehn Jahren bestraft.

Ist durch die Handlung die Strandung eines Schiffes verursacht worden, so tritt Zuchthausstrafe nicht unter fünf Jahren und, wenn der Tod eines Menschen verursacht worden ist, Zuchthausstrafe nicht unter zehn Jahren oder lebenslängliche Zuchthausstrafe ein.

Zuständig: Schwurger. Vgl. §§ 32, 38, 325 f., 139, EG. § 4, StrandgsO. v. 17. V. 74. Abs. 2 enthält straferhöh. Umst. zu Abs. 1.

Strandung.

§ 323. Wer vorsätzlich die Strandung oder das Sinken eines Schiffes bewirkt und dadurch Gefahr für das Leben eines anderen herbeiführt, wird mit Zuchthaus nicht unter fünf Jahren und, wenn durch die Handlung der Tod eines Menschen verursacht worden ist, mit Zuchthaus nicht unter zehn Jahren oder mit lebenslänglichem Zuchthaus bestraft.

Zuständig: Schwurger. „Sinken": nicht notw. völliges Untertauchen oder Versinken. Idealkonk. mit § 265 mögl. Vgl. §§ 32, 38, 325 f., 139, EG. § 4.

Vorsätzl. Vergiftung v. Brunnen, Gebrauchs- od. Verbrauchsgegenst.

§ 324. Wer vorsätzlich Brunnen- oder Wasserbehälter, welche zum Gebrauche anderer dienen, oder

Gegenstände, welche zum öffentlichen Verkaufe oder Verbrauche bestimmt sind, vergiftet oder denselben Stoffe beimischt, von denen ihm bekannt ist, daß sie die menschliche Gesundheit zu zerstören geeignet sind, ingleichen wer solche vergiftete oder mit gefährlichen Stoffen vermischte Sachen wissentlich und mit Verschweigung dieser Eigenschaft verkauft, feilhält oder sonst in Verkehr bringt, wird mit Zuchthaus bis zu zehn Jahren und, wenn durch die Handlung der Tod eines Menschen verursacht worden ist, mit Zuchthaus nicht unter zehn Jahren oder mit lebenslänglichem Zuchthaus bestraft.

Zuständig: Schwurger. Vgl. §§ 32, 38, 40, 325 f., 367 [7], EG. § 4, NahrungsmittelG. v. 14. V. 79 §§ 12 ff.,*) BleiG. v. $\frac{25. VI. 87}{22. III. 88}$, FarbenG. v. 5. VII. 87.

---

*) Ges., betr. d. Verkehr mit Nahrungsmitteln &c., v. 14. V. 79 (RGBl. S. 145):

§ 12. Mit Gefängnis, neben welchem auf Verlust der bürgerlichen Ehrenrechte erkannt werden kann, wird bestraft:

1. wer vorsätzlich Gegenstände, welche bestimmt sind, anderen als Nahrungs- oder Genußmittel zu dienen, derart herstellt, daß der Genuß derselben die menschliche Gesundheit zu beschädigen geeignet ist, ingleichen wer wissentlich Gegenstände, deren Genuß die menschliche Gesundheit zu beschädigen geeignet ist, als Nahrungs- oder Genußmittel verkauft, feilhält oder sonst in Verkehr bringt;
2. wer vorsätzlich Bekleidungsgegenstände, Spielwaren, Tapeten, Eß-, Trink- oder Kochgeschirr oder Petroleum derart herstellt, daß der bestimmungsgemäße oder vorauszusehende Gebrauch dieser Gegenstände die menschliche Gesundheit zu beschädigen geeignet ist, ingleichen wer wissentlich solche Gegenstände verkauft, feilhält oder sonst in Verkehr bringt.

Der Versuch ist strafbar.

Ist durch die Handlung eine schwere Körperverletzung oder der Tod eines Menschen verursacht worden, so tritt Zuchthausstrafe bis zu fünf Jahren ein.

Zuständig: Strafk.

§ 13. War in den Fällen des § 12 der Genuß oder Gebrauch des Gegenstandes die menschliche Gesundheit zu zerstören geeignet und war diese Eigenschaft dem Täter bekannt, so tritt Zuchthausstrafe bis zu zehn Jahren, und wenn durch die Handlung der Tod eines Menschen verursacht worden ist, Zuchthausstrafe nicht unter zehn Jahren oder lebenslängliche Zuchthausstrafe ein.

Neben der Strafe kann auf Zulässigkeit von Polizeiaufsicht erkannt werden.

Zuständig: Schwurger.

Polizeiaufsicht.

§ 325. Neben der nach den Vorschriften der §§ 306 bis 308, 311 bis 313, 315, 321 bis 324 erkannten Zuchthausstrafe kann auf Zulässigkeit von Polizei-Aufsicht erkannt werden.

Vgl. §§ 38 f.

Fahrlässigkeit.

§ 326. Ist eine der in den §§ 321 bis 324 bezeichneten Handlungen aus Fahrlässigkeit begangen worden, so ist, wenn durch die Handlung ein Schaden verursacht worden ist, auf Gefängnis bis zu Einem Jahre und, wenn der Tod eines Menschen verursacht worden ist, auf Gefängnis von Einem Monat bis zu drei Jahren zu erkennen.

Zuständig: Strafk. Der verursachte Schaden ist objektive Bedingung der Strafbarkeit; die Schuld (Fahrlässigkeit) braucht sich hierauf nicht zu beziehen.

Wissentl. Verletzg. v. Absperrungs-, Vorsichtsmaßregeln geg. ansteckende Krankheiten.

§ 327. Wer die Absperrungs- oder Aufsichts-Maßregeln oder Einfuhrverbote, welche von der zuständigen Behörde zur Verhütung des Einführens oder Verbreitens einer ansteckenden Krankheit angeordnet worden sind, wissentlich verletzt, wird mit Gefängnis bis zu zwei Jahren oder mit Geldstrafe bis zu zweitausend Mark bestraft.

Ist infolge dieser Verletzung ein Mensch von der ansteckenden Krankheit ergriffen worden, so tritt Gefängnisstrafe von drei Monaten bis zu drei Jahren ein.

Zuständig: Abs. 1: Strafk., Ueberweisung an Schöffenger. (GVG. § 75 [13]), Abs. 2: Strafk. Es handelt sich hier um Krankheiten der

---

§ 14. Ist eine der in den §§ 12, 13 bezeichneten Handlungen aus Fahrlässigkeit begangen worden, so ist auf Geldstrafe bis zu eintausend Mark oder Gefängnisstrafe bis zu sechs Monaten und, wenn durch die Handlung ein Schaden an der Gesundheit eines Menschen verursacht worden ist, auf Gefängnisstrafe bis zu einem Jahre, wenn aber der Tod eines Menschen verursacht worden ist, auf Gefängnisstrafe von einem Monat bis zu drei Jahren zu erkennen.

Zuständig: Strafk., im 1. Fall Ueberweisg. an SchöffG. zulässig.

§ 15 betrifft die Einziehung, § 16 die öffentliche Bekanntmachung der Verurteilung bzw. Freisprechung.

Menschen, Tierkrankheiten nur, soweit sie auf Menschen übertragbar sind. Viehseuchen: § 328. Eine Ergänzung findet § 327 in §§ 44—46 Ges., betr. die Bekämpfung gemeingefährlicher Krankheiten, (SeuchenG.) v. 30. VI. 00,*) von denen §§ 44, 45 den § 327 ausschließen und § 46 auf nicht wissentliche Verletzungen anwendbar ist. Abs. 2: Strafschärfungsgrund zu Abs. 1, in dem durch Nov. v. 1912 Geldstr. zugelassen ist.

Wissentl. Verletzg. v. Maßregeln gegen Viehseuchen.

§ 328. Wer die Absperrungs- oder Aufsichts-Maßregeln oder Einfuhrverbote, welche von der zuständigen Behörde zur Verhütung des Einführens oder Verbreitens von Viehseuchen angeordnet worden sind, wissentlich verletzt, wird mit Gefängnis bis zu Einem Jahre oder mit Geldstrafe bis zu eintausend Mark bestraft.

Ist infolge dieser Verletzung Vieh von der Seuche ergriffen worden, so tritt Gefängnisstrafe von Einem Monat bis zu zwei Jahren ein.

Zuständig: Strafk., Abs. 1 (Geldstr. durch Nov. v. 1912 zugelassen) auch Ueberweisung an Schöffenger. wie § 327. „Absperrungs- rc. Maßregeln": GG. v. 7. IV. 69, betr. Maßregeln gegen die Rinderpest (Instrukt. v. 9. VI. 73, RGBl. S. 147); 25. II. 76, betr. die Beseitigung von Ansteckungsstoffen bei Viehbeförderungen auf Eisenbahnen (§ 5 bedroht fahrläss. Verletzung); 21. V. 78, betr. Zuwiderhandlungen gegen die zur Abwehr der Rinderpest erlass. Vieh-Einfuhrverbote (bezüglich lebender Wiederkäuer): Lex specialis schließt den § 328 aus und bedroht in §§ 1, 2 vorsätzliche, in § 3 fahr-

---

*) Seuchengesetz v. 30. Juni 00 (RGBl. S. 306):

§ 44. Mit Gefängnis bis zu drei Jahren wird bestraft:

1. wer wissentlich bewegliche Gegenstände, für welche eine Desinfektion polizeilich angeordnet war, vor Ausführung der angeordneten Desinfektion in Gebrauch nimmt, an andere überläßt oder sonst in Verkehr bringt;
2. wer wissentlich Kleidungsstücke, Leibwäsche, Bettzeug oder sonstige bewegliche Gegenstände, welche von Personen, die an einer gemeingefährlichen Krankheit litten, während der Erkrankung gebraucht oder bei deren Behandlung oder Pflege benutzt worden sind, in Gebrauch nimmt, an andere überläßt oder sonst in Verkehr bringt, bevor sie den auf Grund des § 22 vom Bundesrate beschlossenen Bestimmungen entsprechend desinfiziert worden sind;
3. wer wissentlich Fahrzeuge oder sonstige Gerätschaften, welche zur Beförderung von Kranken oder Verstorbenen der in Nr. 2 bezeichneten Art gedient haben, vor Ausführung der polizeilich angeordneten Desinfektion benutzt oder anderen zur Benutzung überläßt.

Sind mildernde Umstände vorhanden, so kann auf Geldstrafe bis zu eintausendfünfhundert Mark erkannt werden.

Zuständig: Strafk.

lässige Zuwiderhandlung. Das ViehseuchenG. v. 26. VI. 09, das am 1. V. 12 an die Stelle des ViehseuchenG. v. $\frac{23. VI. 80}{1. V. 94}$ (s. auch GewO. §§ 56b Abs. 3, 148 [7a]) getreten ist (V. v. 29. III. 12, RGBl. S. 229), regelt die Bekämpfung übertragbarer Viehseuchen mit Ausnahme der Rinderpest und enthält in §§ 74—77 Strafbestimmungen, die § 328 ausschließen. Gleichzeitig ist das Ges., betr. die Beseitigg. v. Tierkadavern, v. 17. VI. 11 (RGBl. S. 248) in Kraft getreten, das in § 5 Zuwiderhandlgn. mit Geldstr. bis 150 M. oder Haft bedroht.

Nichterfüllg. v. Kriegs- u. Notstandsliefergn.

§ 329. Wer die mit einer Behörde geschlossenen Lieferungsverträge über Bedürfnisse des Heeres oder der Marine zur Zeit eines Krieges, oder über Lebensmittel zur Abwendung oder Beseitigung eines Notstandes vorsätzlich entweder nicht zur bestimmten Zeit oder nicht in der vorbedungenen Weise erfüllt, wird mit Gefängnis nicht unter sechs Monaten bestraft; auch kann auf Verlust der bürgerlichen Ehrenrechte erkannt werden.

Liegt der Nichterfüllung des Vertrages Fahrlässigkeit zum Grunde, so ist, wenn durch die Handlung ein Schaden verursacht worden ist, auf Gefängnis bis zu zwei Jahren zu erkennen.

Dieselben Strafen finden auch gegen die Unterlieferanten, Vermittler und Bevollmächtigten des Lieferanten Anwendung, welche mit Kenntnis des Zweckes der Lieferung die Nichterfüllung derselben vorsätzlich oder aus Fahrlässigkeit verursachen.

Zuständig: Strafk.
Abs. 1: Vgl. §§ 32, 35.
Abs. 2: „Handlung“ = Unterlassung.

Regelwidr., gefährl. Bauführg.

§ 330. Wer bei der Leitung oder Ausführung eines Baues wider die allgemein anerkannten Regeln der Baukunst dergestalt handelt, daß hieraus für andere Gefahr entsteht, wird mit Geldstrafe bis zu neunhundert Mark oder mit Gefängnis bis zu Einem Jahre bestraft.

Zuständig: Strafk. „Bau“: nicht bloß Hochbauten, auch Straßen-, Wasser-, Kanal-, Bergbau, Abbruch eines vorhandenen Gebäudes rc. Auch fahrläss. Zuwiderhandlung ist strafbar. „Andere“: auch die beim Bau beschäftigten Personen (außer dem Täter, Leiter oder Ausführer des Baues). Vgl. §§ 28 I, II (Umwandlung der Geldstrafe in Gefängnis oder Haft), 29, 222, 230 (Idealkonk. möglich), 367 [13—15], 368 [3, 4].

Achtundzwanzigster Abschnitt.

Verbrechen und Vergehen im Amte.

Einfache passive Bestechung.

§ 331. Ein Beamter, welcher für eine in sein Amt einschlagende, an sich nicht pflichtwidrige Handlung Geschenke oder andere Vorteile annimmt, fordert oder sich versprechen läßt, wird mit Geldstrafe bis zu dreihundert Mark oder mit Gefängnis bis zu sechs Monaten bestraft.

Zuständig: Strafk. (vgl. GVG. § 75 [14]). „Für eine (konkrete, auch vergangene Amts-) Handlung", auch Unterlassung. Wer die Geschenke ꝛc. gibt oder verspricht, ist straflos (nicht Teilnehmer); anders §§ 333, 334 II. Vgl. §§ 28 I, II (Umwandlung der Geldstrafe auch in Haft), 29, 332, 335 (Einziehung), 358 (Unfähigkeit zur Bekleidung öffentlicher Aemter), 359 („Beamter").

Qualifiz. passive Bestechung.

§ 332. Ein Beamter, welcher für eine Handlung, die eine Verletzung einer Amts- oder Dienstpflicht enthält, Geschenke oder andere Vorteile annimmt, fordert oder sich versprechen läßt, wird wegen Bestechung mit Zuchthaus bis zu fünf Jahren bestraft.

Sind mildernde Umstände vorhanden, so tritt Gefängnisstrafe ein.

Zuständig: Strafk. (GVG. § 73 [2]). Vgl. §§ 32, 331, 333 (Bestrafung des Geschenkgebers), 335, 359; UnlWettbewG. v. 7. VI. 09 § 12.

Aktive Bestechung.

§ 333. Wer einem Beamten oder einem Mitgliede der bewaffneten Macht Geschenke oder andere Vorteile anbietet, verspricht oder gewährt, um ihn zu einer Handlung, die eine Verletzung einer Amts- oder Dienstpflicht enthält, zu bestimmen, wird wegen Bestechung mit Gefängnis bestraft; auch kann auf Verlust der bürgerlichen Ehrenrechte erkannt werden.

Sind mildernde Umstände vorhanden, so kann auf Geldstrafe bis zu eintausendfünfhundert Mark erkannt werden.

Zuständig: Strafk., Ueberweisung an Schöffenger. (GVG. § 75 [12a]). Abs. 1: Der Täter nach § 333 ist nicht auch Teilnehmer nach § 332.

Vgl. §§ 32, 35, 49a (Idealkonk., wenn dem Beamten Diensthandlungen zugemutet werden, die Verbrechen darstellen), 335, 359. Abs. 2: §§ 28 I, II, 29.

Richterbestechung.

§ 334. Ein Richter, Schiedsrichter, Geschworener oder Schöffe, welcher Geschenke oder andere Vorteile fordert, annimmt oder sich versprechen läßt, um eine Rechtssache, deren Leitung oder Entscheidung ihm obliegt, zu Gunsten oder zum Nachteile eines Beteiligten zu leiten oder zu entscheiden, wird mit Zuchthaus bestraft.

Derjenige, welcher einem Richter, Schiedsrichter, Geschworenen oder Schöffen zu dem vorbezeichneten Zwecke Geschenke oder andere Vorteile anbietet, verspricht oder gewährt, wird mit Zuchthaus bestraft. Sind mildernde Umstände vorhanden, so tritt Gefängnisstrafe ein.

Zuständig: Schwurger. „Rechtssache": Rechtsprechung i. e. S. Vgl. §§ 32, 335.

Verfall-Erklärung.

§ 335. In den Fällen der §§ 331 bis 334 ist im Urteile das Empfangene oder der Wert desselben für dem Staate verfallen zu erklären.

„Im Urteile": § 42 hier unanwendbar; im übrigen bleibt die Anwendbarkeit der §§ 40, 42 unberührt. Nur das als Bestechungsmittel „Empfangene" ist für verf. zu erklären, nicht bloß Angebotenes.

Rechtsbeugung.

§ 336. Ein Beamter oder Schiedsrichter, welcher sich bei der Leitung oder Entscheidung einer Rechtssache vorsätzlich zu Gunsten oder zum Nachteile einer Partei einer Beugung des Rechtes schuldig macht, wird mit Zuchthaus bis zu fünf Jahren bestraft.

Zuständig: Strafk. (GVG. § 73 [2]). Rechtsbeugung = Verletzung materieller oder prozessualer Bestimmungen. Vgl. §§ 32, 334 („Rechtssache").

Gesetzwidr. Trauung.

§ 337 ist ersetzt durch § 67 PersonenstandsG. v. $\frac{6. \text{ II. } 75}{18. \text{ VIII. } 96}$, der lautet:

Ein Geistlicher oder anderer Religionsdiener, welcher zu den religiösen Feierlichkeiten einer Eheschließung schreitet, bevor ihm nachgewiesen worden ist, daß die Ehe vor dem Standesbeamten geschlossen sei, wird mit Geldstrafe bis zu dreihundert Mark oder mit Gefängnis bis zu drei Monaten bestraft.

Eine strafbare Handlung ist nicht vorhanden, wenn der Geistliche oder der Religionsdiener im Falle einer lebensgefährlichen, einen Aufschub nicht gestattenden Erkrankung eines der Verlobten zu den religiösen Feierlichkeiten der Eheschließung schreitet.*)

Zuständig: Strafk. (GVG. § 74[4]).

Bigamische Trauung.

§ 338. Ein Religionsdiener oder Personenstandsbeamter, welcher, wissend, daß eine Person verheiratet ist, eine neue Ehe derselben schließt, wird mit Zuchthaus bis zu fünf Jahren bestraft.

Zuständig: Strafk. Vgl. §§ 32, 171, 337 und N.*)

Nötigg. durch Amtsmißbrauch.

§ 339. Ein Beamter, welcher durch Mißbrauch seiner Amtsgewalt oder durch Androhung eines bestimmten Mißbrauchs derselben jemand zu einer Handlung, Duldung oder Unterlassung widerrechtlich nötigt, wird mit Gefängnis bestraft.

Der Versuch ist strafbar.

In den Fällen der §§ 106, 107, 167 und 253 tritt die daselbst angedrohte Strafe ein, wenn die Handlung von einem Beamten, wenn auch ohne Gewalt oder Drohung, aber durch Mißbrauch seiner Amtsgewalt oder Androhung eines bestimmten Mißbrauchs derselben begangen ist.

Zuständig: Strafk. Vgl. §§ 50, 240 (Nötigung), 343, 358 f.

---

*) § 69 PerſStandsG.:
Ein Standesbeamter, welcher unter Außerachtlassung der in diesem Gesetze und in dem Bürgerlichen Gesetzbuche gegebenen Vorschriften eine Eheschließung vollzieht, wird mit Geldstrafe bis zu sechshundert Mark bestraft.
Zuständig: Strafk. (GVG. § 74[4]). BGB. §§ 1303 ff.

Körperverletzg. im Amt.

§ 340. Ein Beamter, welcher in Ausübung oder in Veranlassung der Ausübung seines Amtes vorsätzlich eine Körperverletzung begeht oder begehen läßt, wird mit Gefängnis nicht unter drei Monaten bestraft. Sind mildernde Umstände vorhanden, so kann die Strafe bis auf Einen Tag Gefängnis ermäßigt oder auf Geldstrafe bis zu neunhundert Mark erkannt werden.

Ist die Körperverletzung eine schwere, so ist auf Zuchthaus nicht unter zwei Jahren zu erkennen. Sind mildernde Umstände vorhanden, so tritt Gefängnisstrafe nicht unter drei Monaten ein.

Zuständig: Abs. 1: Strafk., Abs. 2: Schwurger. Vgl. §§ 358 f., 231 (Buße).

Abs. 1: §§ 223 f. Der Beamte muß bei Verübung der KV. in amtl. Eigenschaft aufgetreten sein. Beamteter Lehrer bei wissentl. Ueberschreitung seines Züchtigungsrechts aus § 340 strafbar. Kein Strafantrag erforderlich.

Abs. 2: §§ 224, 32.

Freiheitsberaubung.

§ 341. Ein Beamter, welcher vorsätzlich, ohne hierzu berechtigt zu sein, eine Verhaftung oder vorläufige Ergreifung und Festnahme oder Zwangsgestellung vornimmt oder vornehmen läßt, oder die Dauer einer Freiheitsentziehung verlängert, wird nach Vorschrift des § 239, jedoch mindestens mit Gefängnis von drei Monaten bestraft.

Zuständig: Strafk. (§ 239 I) bzw. Schwurger. (§ 239 II, III). Beamteneigenschaft ist straferhöh. Umst. zu § 239 (§ 50, StPO. §§ 262, 264, 266, 295). Vgl. §§ 32, 59 (Irrtum über Berechtigung zur Verhaftung 2c.), 358 f., StPO. §§ 50, 69, 77, 112 ff., 127 ff., 229, ZPO. §§ 380, 390, 890, 901 ff., KO. § 106.

Hausfriedensbruch.

§ 342. Ein Beamter, der in Ausübung oder in Veranlassung der Ausübung seines Amtes einen Hausfriedensbruch (§ 123) begeht, wird mit Gefängnis bis zu Einem Jahre oder mit Geldstrafe bis zu neunhundert Mark bestraft.

Zuständig: Strafk. Straferhöh. Umst. zu § 123. Vgl. §§ 50 (Strafbarkeit der Teilnahme von Nichtbeamten), 359, StPO. §§ 102 ff., VZollG. § 126, NahrMittelG. §§ 2 ff. (zuläss. Haussuchungen).

Geständniserpressung.

§ 343. Ein Beamter, welcher in einer Untersuchung Zwangsmittel anwendet oder anwenden läßt, um Geständnisse oder Aussagen zu erpressen, wird mit Zuchthaus bis zu fünf Jahren bestraft.

Zuständig: Strafk. § 32.

Verfolgg. Unschuldiger.

§ 344. Ein Beamter, welcher vorsätzlich zum Nachteile einer Person, deren Unschuld ihm bekannt ist, die Eröffnung oder Fortsetzung einer Untersuchung beantragt oder beschließt, wird mit Zuchthaus bestraft.

Zuständig: Schwurger. § 32.

Widerrechtl. Strafvollstreckung.

§ 345. Gleiche Strafe trifft den Beamten, welcher vorsätzlich eine Strafe vollstrecken läßt, von der er weiß, daß sie überhaupt nicht oder nicht der Art oder dem Maße nach vollstreckt werden darf.

Ist die Handlung aus Fahrlässigkeit begangen, so tritt Gefängnisstrafe oder Festungshaft bis zu Einem Jahre oder Geldstrafe bis zu neunhundert Mark ein.

Zuständig: Abs. 1: Schwurger., Abs. 2: Strafk. Abs. 1: § 32.

Begünstigg. strafb. Handlungen.

§ 346. Ein Beamter, welcher vermöge seines Amtes bei Ausübung der Strafgewalt oder bei Vollstreckung der Strafe mitzuwirken hat, wird mit Zuchthaus bis zu fünf Jahren bestraft, wenn er in der Absicht, jemand der gesetzlichen Strafe rechtswidrig zu entziehen, die Verfolgung einer strafbaren Handlung unterläßt, oder eine Handlung begeht, welche geeignet ist, eine Freisprechung oder eine dem Gesetze nicht entsprechende Bestrafung zu bewirken, oder die Vollstreckung der ausgesprochenen Strafe nicht betreibt, oder eine gelindere als die erkannte Strafe zur Vollstreckung bringt.

Sind mildernde Umstände vorhanden, so tritt Gefängnisstrafe nicht unter Einem Monat ein.

Zuständig: Strafk. (GVG. § 73 [9]). Hierunter fällt auch die Nichtanzeige kriminell strafbarer Handlungen seitens Polizeibeamten. Vgl. §§ 32, 359.

Gefangenenbefreiung.

§ 347. Ein Beamter, welcher einen Gefangenen, dessen Beaufsichtigung, Begleitung oder Bewachung ihm anvertraut ist, vorsätzlich entweichen läßt oder dessen Befreiung vorsätzlich bewirkt oder befördert, wird mit Zuchthaus bis zu fünf Jahren bestraft. Sind mildernde Umstände vorhanden, so tritt Gefängnisstrafe nicht unter Einem Monat ein.

Ist die Entweichung durch Fahrlässigkeit befördert oder erleichtert worden, so tritt Gefängnisstrafe bis zu sechs Monaten oder Geldstrafe bis zu sechshundert Mark ein.

Zuständig: Strafk. (vgl. GVG. § 75 [14]). Beamteneigenschaft ist straferhöh. Umstand zu §§ 120, 121. Vgl. §§ 50, 359.
Abs. 1: § 32. „Anvertraut": Auch bei Verhaftung durch den Beamten selbst.

Falschbeurkundg. u. Urkundenbeseitigung.

§ 348. Ein Beamter, welcher, zur Aufnahme öffentlicher Urkunden befugt, innerhalb seiner Zuständigkeit vorsätzlich eine rechtlich erhebliche Tatsache falsch beurkundet oder in öffentliche Register oder Bücher falsch einträgt, wird mit Gefängnis nicht unter Einem Monat bestraft.

Dieselbe Strafe trifft einen Beamten, welcher eine ihm amtlich anvertraute oder zugängliche Urkunde vorsätzlich vernichtet, beiseite schafft, beschädigt oder verfälscht.

Zuständig: Strafk. Vgl. §§ 349 (Strafschärfung), 359.
Abs. 1: „Oeffentliche Urkunde": § 267. Vgl. §§ 271 f.
Abs. 2: Beamteneigenschaft ist straferhöh. Umstand zu § 133 (Gesetzeskonk.); vgl. §§ 50, 354 (teils Gesetzesk., teils Idealkonk. mögl.). „Urkunde": nicht bloß öffentl.

§ 349. Wird eine der im § 348 bezeichneten Handlungen in der Absicht begangen, sich oder einem anderen einen Vermögensvorteil zu verschaffen oder einem anderen Schaden zuzufügen, so ist auf Zuchthaus bis zu zehn Jahren und zugleich auf Geldstrafe von einhundertfünfzig bis zu dreitausend Mark zu erkennen.

Zuständig: Schwurger. Straferhöh. Umst. zu § 348. Vgl. §§ 28 I, III, 32, 272, 133 II.

Einfache Amtsunterschlagung.

§ 350. Ein Beamter, welcher Gelder oder andere Sachen, die er in amtlicher Eigenschaft empfangen oder in Gewahrsam hat, unterschlägt, wird mit Gefängnis nicht unter drei Monaten bestraft; auch kann auf Verlust der bürgerlichen Ehrenrechte erkannt werden.

Der Versuch ist strafbar.

Zuständig: Strafk. „Unterschlägt": § 246. „In amtl. Eigenschaft": Nicht notwendig ist Zuständigkeit des Beamten zum Empfang. Vgl. §§ 32, 35, 50 (Teilnahme von Nichtbeamten aus § 246 strafbar), 351 (Strafschärfung), 359.

Erschwerte Amtsunterschlagung.

§ 351. Hat der Beamte in Beziehung auf die Unterschlagung die zur Eintragung oder Kontrolle der Einnahmen oder Ausgaben bestimmten Rechnungen, Register oder Bücher unrichtig geführt, verfälscht oder unterdrückt, oder unrichtige Abschlüsse oder Auszüge aus diesen Rechnungen, Registern oder Büchern, oder unrichtige Belege zu denselben vorgelegt, oder ist in Beziehung auf die Unterschlagung auf Fässern, Beuteln oder Paketen der Geldinhalt fälschlich bezeichnet, so ist auf Zuchthaus bis zu zehn Jahren zu erkennen.

Sind mildernde Umstände vorhanden, so tritt Gefängnisstrafe nicht unter sechs Monaten ein.

Zuständig: Schwurger. Straferhöh. Umstände zu § 350, keine besond. Straftat. Vgl. § 32.

Gebührenüberhebg. bei zu eig. Vorteile zu erhebenden Gebühren.

§ 352. Ein Beamter, Advokat, Anwalt oder sonstiger Rechtsbeistand, welcher Gebühren oder andere Vergütungen für amtliche Verrichtungen zu seinem Vorteile zu erheben hat, wird, wenn er Gebühren oder Vergütungen erhebt, von denen er weiß, daß der Zahlende sie überhaupt nicht oder nur in geringerem Betrage verschuldet, mit Geldstrafe bis zu dreihundert Mark oder mit Gefängnis bis zu Einem Jahre bestraft.

Der Versuch ist strafbar.

Zuständig: Strafk.
Abs. 1: Vgl. §§ 28 I, II (Umwandlung der Geldstrafe auch in Haft), 29, 263 (Idealkonk. möglich), 358 f.
„Zu seinem Vorteile“: Also nicht bei zu hoher Kostenerstattgsforderg. des Anwalts gegenüber dem unterlegenen Gegner, wenn sie nur zum Vorteile des Mandanten geschieht.
Abs. 2: z. B. Aufforderung zur Zahlung.

Gebührenüberhebg. bei für öffentl. Kassen zu erhebenden Abgaben.

§ 353. Ein Beamter, welcher Steuern, Gebühren oder andere Abgaben für eine öffentliche Kasse zu erheben hat, wird, wenn er Abgaben, von denen er weiß, daß der Zahlende sie überhaupt nicht oder nur in geringerem Betrage verschuldet, erhebt, und das rechtswidrig Erhobene ganz oder zum Teil nicht zur Kasse bringt, mit Gefängnis nicht unter drei Monaten bestraft.

Gleiche Strafe trifft den Beamten, welcher bei amtlichen Ausgaben an Geld oder Naturalien dem Empfänger vorsätzlich und rechtswidrig Abzüge macht und die Ausgaben als vollständig geleistet in Rechnung stellt.

Zuständig: Strafk. Idealkonk. mit §§ 263, 350 mögl. Vgl. §§ 358 f.

Arnim-Paragr.: Verletzg. d. Amtsgeheimn. i. Dienste d. Auswärt. Amtes usw.

§ 353a. Ein Beamter im Dienste des Auswärtigen Amtes des Deutschen Reichs, welcher die Amtsverschwiegenheit dadurch verletzt, daß er ihm amtlich anvertraute oder zugängliche Schriftstücke oder eine ihm von seinem Vorgesetzten erteilte Anweisung oder deren Inhalt anderen widerrechtlich mitteilt, wird, sofern nicht nach anderen Bestimmungen eine schwerere Strafe verwirkt ist, mit Gefängnis oder mit Geldstrafe bis zu fünftausend Mark bestraft.

Gleiche Strafe trifft einen mit einer auswärtigen Mission betrauten oder bei einer solchen beschäftigten Beamten, welcher den ihm durch seinen Vorgesetzten amtlich erteilten Anweisungen vorsätzlich zuwiderhan-

delt, oder welcher in der Absicht, seinen Vorgesetzten in dessen amtlichen Handlungen irre zu leiten, demselben erdichtete oder entstellte Tatsachen berichtet.
Zuständig: Strafk. Vgl. §§ 358 f.
Abs. 1: „Schwerere Strafe“: z. B. §§ 92, 133, 348 II, 349.
Abs. 2: „Auswärtige Mission“ = Mission im Ausland (§ 8).

Verletzg. d. Briefgeheimnisses.

§ 354. Ein Postbeamter, welcher die der Post anvertrauten Briefe oder Pakete in anderen, als den im Gesetze vorgesehenen Fällen eröffnet oder unterdrückt, oder einem anderen wissentlich eine solche Handlung gestattet, oder ihm dabei wissentlich Hilfe leistet, wird mit Gefängnis nicht unter drei Monaten bestraft.
Zuständig: Strafk. PostG. v. 28. X. 71 § 5: Das Briefgeheimnis ist unverletzlich. Die bei strafgerichtlichen Untersuchungen und in Konkurs- und Zivilprozessualen Fällen notwend. Ausnahmen sind durch ein Reichsges. festzustellen. Brief ꝛc.-Beschlagnahme: StPO. §§ 99 bis 101, 110; KO. § 121. „Der Post anvertraut“: schon mit Einwerfen in den amtlichen Briefkasten. „Briefe“: auch Postkarten, -anweisungen. „Unterdrücken“ = beseitigen (vgl. §§ 169, 274 [1]). Vorsatz erforderlich. Vgl. §§ 299 (50), 348 II, 358 f.

Verletzg. d. Telegr.- u. Telephon-Geheimnisses.

§ 355. Telegraphenbeamte oder andere mit der Beaufsichtigung und Bedienung einer zu öffentlichen Zwecken dienenden Telegraphenanstalt betraute Personen, welche die einer Telegraphenanstalt anvertrauten Depeschen verfälschen oder in anderen, als in den im Gesetze vorgesehenen Fällen eröffnen oder unterdrücken, oder von ihrem Inhalt Dritte rechtswidrig benachrichtigen, oder einem anderen wissentlich eine solche Handlung gestatten oder ihm dabei wissentlich Hilfe leisten, werden mit Gefängnis bestraft.

Den einer Telegraphenanstalt anvertrauten Depeschen werden Nachrichten gleichgeachtet, die durch eine zu öffentlichen Zwecken dienende Fernsprechanlage vermittelt werden.
Zuständig: Strafk. Neufassg. d. Nov. v. 1912. Vgl. §§ 354 Anm., 358 f., TelG. v. $\frac{6. IV. 92}{17. III. 08}$ § 8.
Abs. 2: Verletzg. des Telephongeheimn. war vor der Nov. v. 1912 nur disziplinär strafbar. Vgl. § 318a Abs. 2.

Prävarikation der Rechtsbeistände.

§ 356. Ein Advokat, Anwalt oder ein anderer Rechtsbeistand, welcher bei den ihm vermöge seiner amtlichen

Eigenschaft anvertrauten Angelegenheiten in derselben Rechtssache beiden Parteien durch Rat oder Beistand pflichtwidrig dient, wird mit Gefängnis nicht unter drei Monaten bestraft.

Handelt derselbe im Einverständnisse mit der Gegenpartei zum Nachteile seiner Partei, so tritt Zuchthausstrafe bis zu fünf Jahren ein.

Zuständig: Strafk. „Dieselbe (materielle) Rechtssache" oder Rechtsangelegenheit: nicht bloß Rechtsstreit oder Prozeß in dieser formellen Beschränkung. Vgl. RAO. §§ 28, 31, 65.
Abs. 2: § 32.

Verleitg. Untergebener; Konnivenz.

§ 357. Ein Amtsvorgesetzter, welcher seine Untergebenen zu einer strafbaren Handlung im Amte vorsätzlich verleitet oder zu verleiten unternimmt, oder eine solche strafbare Handlung seiner Untergebenen wissentlich geschehen läßt, hat die auf diese strafbare Handlung angedrohte Strafe verwirkt.

Dieselbe Bestimmung findet auf einen Beamten Anwendung, welchem eine Aufsicht oder Kontrolle über die Amtsgeschäfte eines anderen Beamten übertragen ist, sofern die von diesem letzteren Beamten begangene strafbare Handlung die zur Aufsicht oder Kontrolle gehörenden Geschäfte betrifft.

Vgl. §§ 358 f.

Unfähigkt. z. öff. Aemtern.

§ 358. Neben der nach Vorschrift der §§ 331, 339 bis 341, 352 bis 355 und 357 erkannten Gefängnisstrafe kann auf Verlust der Fähigkeit zur Bekleidung öffentlicher Aemter auf die Dauer von Einem bis zu fünf Jahren erkannt werden.

„Neben der (d. h. jeder) . . . Gefängnisstr.": Mindest. 3 Mon. Gef. (§§ 32, 35) hier nicht erforderlich. § 358 ist bei Versuch oder Beihilfe nicht anwendbar (vgl. §§ 45, 49 II).

„Beamte".

§ 359. Unter Beamten im Sinne dieses Strafgesetzes sind zu verstehen alle im Dienste des Reichs oder in unmittelbarem oder mittelbarem Dienste eines Bundesstaats auf Lebenszeit, auf Zeit oder nur vorläufig angestellte Personen, ohne Unterschied, ob sie einen Diensteid geleistet haben oder nicht, ingleichen Notare, nicht aber Advokaten und Anwälte.

Beamtendelikt setzt Beamteneigenschaft des Täters und dessen Kenntnis hievon (§ 59) z. Zt. der Deliktsbegehung voraus. Nur bei reinen Beamtendelikten (bei denen die Beamteneigenschaft die Strafbarkeit begründet, nicht erhöht) wird dem Teilnehmer die Beamteneigenschaft des Täters zugerechnet (§ 50). Kommunalbeamte stehen im mittelb. Dienste des Staates. Landesgesetzlich geregelte Voraussetzungen für die Verfolgung von Beamten: EG. z. GVG. § 11.

Neunundzwanzigster Abschnitt.

Uebertretungen.

Für alle Uebertretungen ist Schöffenger. zuständig (GVG. § 27 1) und Strafbef. zulässig (StPO. § 447). Versuch, Beihilfe und Begünstigung sind bei Uebertretungen straflos (§§ 43, 49, 257); keine Gesamtstrafe bei Haft (§ 77). StPO. §§ 100 (keine Brief rc. -Beschlagnahme durch Staatsanw.), 113 (Verhaftung), 211 (Verhandlung ohne Schöffen bei vorgeführten, geständ. Beschuld.), 231 f. (Verhandlung gegen Ausgebliebene), 447 ff., 453 ff. (gerichtliches und polizeiliches Mandatsverfahren). Umwandlung der Geldstrafe bei Uebertretungen (mindest. 1 Mk.: § 27) nur in Haft (§ 28 I) von mindest. 1 Tag (§§ 29, 18 I).

§ 360. Mit Geldstrafe bis zu einhundertfünfzig Mark oder mit Haft wird bestraft:

1. wer ohne besondere Erlaubnis Risse von Festungen oder einzelnen Festungswerken aufnimmt oder veröffentlicht;
2. wer außerhalb seines Gewerbebetriebes heimlich oder wider das Verbot der Behörde Vorräte von Waffen oder Schießbedarf aufsammelt;
3. wer als beurlaubter Reservist oder Wehrmann der Land- oder Seewehr ohne Erlaubnis auswandert, ebenso wer als Ersatzreservist (erster Klasse) auswandert, ohne von seiner bevorstehenden Auswanderung der Militärbehörde Anzeige erstattet zu haben;
4. wer ohne schriftlichen Auftrag einer Behörde Stempel, Siegel, Stiche, Platten oder andere Formen, welche zur Anfertigung von Metall- oder Papiergeld, oder von solchen Papieren, welche nach § 149 dem Papiergelde gleich geachtet werden, oder von Stempelpapier, Stempelmarken, Stempelblanketten, Stempelabdrücken, Post- oder Tele-

graphenwertzeichen, öffentlichen Bescheinigungen oder Beglaubigungen dienen können, anfertigt oder an einen anderen als die Behörde verabfolgt;

5. wer ohne schriftlichen Auftrag einer Behörde den Abdruck der in Nr. 4 genannten Stempel, Siegel, Stiche, Platten oder Formen, oder einen Druck von Formularen zu den daselbst bezeichneten öffentlichen Papieren, Beglaubigungen oder Bescheinigungen unternimmt, oder Abdrücke an einen anderen als die Behörde verabfolgt;

6. wer Waren-Empfehlungskarten, Ankündigungen oder andere Drucksachen oder Abbildungen, welche in der Form oder Verzierung dem Papiergelde oder den dem Papiergelde nach § 149 gleich geachteten Papieren ähnlich sind, anfertigt oder verbreitet, oder wer Stempel, Stiche, Platten oder andere Formen, welche zur Anfertigung von solchen Drucksachen oder Abbildungen dienen können, anfertigt;

7. wer unbefugt die Abbildung des Kaiserlichen Wappens oder von Wappen eines Bundesfürsten oder von Landeswappen gebraucht;

8. wer unbefugt eine Uniform, eine Amtskleidung, ein Amtszeichen, einen Orden oder ein Ehrenzeichen trägt, oder Titel, Würden oder Adelsprädikate annimmt, ingleichen wer sich eines ihm nicht zukommenden Namens einem zuständigen Beamten gegenüber bedient;

9. wer gesetzlichen Bestimmungen zuwider ohne Genehmigung der Staatsbehörde Aussteuer-, Sterbe- oder Witwenkassen, Versicherungsanstalten oder andere dergleichen Gesellschaften oder Anstalten errichtet, welche bestimmt sind, gegen Zahlung eines Einkaufsgeldes oder gegen Leistung von Geldbeiträgen beim Eintritte gewisser Bedingungen oder Fristen, Zahlungen an Kapital oder Rente zu leisten;

10. wer bei Unglücksfällen oder gemeiner Gefahr oder Not von der Polizeibehörde oder deren Stellvertreter zur Hilfe aufgefordert, keine Folge

leistet, obgleich er der Aufforderung ohne erhebliche eigene Gefahr genügen konnte;

11. wer ungebührlicherweise ruhestörenden Lärm erregt oder wer groben Unfug verübt;
12. wer als Pfandleiher oder Rückkaufshändler bei Ausübung seines Gewerbes den darüber erlassenen Anordnungen zuwiderhandelt, insbesondere den durch Landesgesetz oder Anordnung der zuständigen Behörde bestimmten Zinsfuß überschreitet;
13. wer öffentlich oder in Aergernis erregender Weise Tiere boshaft quält oder roh mißhandelt;
14. wer unbefugt auf einem öffentlichen Wege, einer Straße, einem öffentlichen Platze oder in einem öffentlichen Versammlungsorte Glücksspiele hält.

In den Fällen der Nummern 1, 2, 4, 5, 6 und 14 kann neben der Geldstrafe oder der Haft auf Einziehung der Risse von Festungen oder Festungswerken, der Vorräte von Waffen oder Schießbedarf, der Stempel, Siegel, Stiche, Platten oder anderen Formen, der Abdrücke oder Abbildungen, oder der auf dem Spieltische oder in der Bank befindlichen Gelder erkannt werden, ohne Unterschied, ob sie dem Verurteilten gehören oder nicht.

Abs. 1: Vgl. §§ 18 (Haft von 1 Tag bis 6 Wochen), 27 ff.
Nr. 1: RayG. v. 21. XII. 71 § 32, SpionG. v. 3. VII. 93 § 8 [abgedruckt S. 41 Fußnote].
Nr. 2: § 127.
Nr. 3: § 140, StPO. §§ 470 ff. Jetzt gehören auch die Ersatzreservisten zu den Mannschaften des Beurlaubtenstandes, die Auswanderungserlaubnis bedürfen (WehrpflAendG. v. 11. II. 88 § 11); dagegen haben Wehrmänner 2. Aufgeb. (§§ 4 3, 20 f. das.) von ihrer bevorstehenden Auswanderung bloß Anzeige zu machen.
Nr. 4: Vgl. §§ 151, 275 f., 364, InvVG. §§ 187 f., jetzt RVO. §§ 1496 ff., insbes. 1499.
Nr. 5: RVO. § 1499.
Nr. 7: Der Kaiserl. Adler kann, jedoch nicht in Form eines Wappenschildes, von allen deutschen Fabrikanten zur Bezeichnung von Waren oder auf Etiketten gebraucht werden: Kaiserl. Erlaß v. 16. III. und Reichskanzl.-Bek. v. 11. IV. 72, RGBl. S. 90, 93.
Nr. 8: „Namen": Vor- und Zunamen. „Zuständiger Beamter": Nicht Briefträger.
Nr. 9: PrivVersichergsUnternG. v. 12. V. 01 § 108 III.
Nr. 10: Vgl. § 368 8, PostG. § 21, StrandgsO. v. 17. V. 74 § 9.
Nr. 11: „Grober Unfug": Nicht jedes grob ungebührl. Verhalten, sondern nur unmittelbare Beunruhigung oder Belästigung des Pub-

likums, Störung oder Gefährdung des äußeren Bestands der öffentlichen Ordnung, unter dieser Voraussetzung auch Angriffe gegen einzelne Personen auf der Straße, ungebührliche Preßäußerungen rc.
Nr. 12: § 290, GewO. §§ 34, 38, 147 1, 148 4 a.
Nr. 13: Keine Tierquälerei: Vivisektion zu wissenschaftlichen Zwecken, Schächten.
Nr. 14: §§ 284 ff.
Abs. 2: §§ 40, 42.

§ 361. Mit Haft wird bestraft:

1. wer, nachdem er unter Polizei-Aufsicht gestellt worden ist, den infolge derselben ihm auferlegten Beschränkungen zuwiderhandelt;
2. wer, nachdem er des Bundesgebietes oder des Gebietes eines Bundesstaats verwiesen ist, ohne Erlaubnis zurückkehrt;
3. wer als Landstreicher umherzieht;
4. wer bettelt oder Kinder zum Betteln anleitet oder ausschickt, oder Personen, welche seiner Gewalt und Aufsicht untergeben sind und zu seiner Hausgenossenschaft gehören, vom Betteln abzuhalten unterläßt;
5. wer sich dem Spiel, Trunk oder Müßiggang dergestalt hingibt, daß er in einen Zustand gerät, in welchem zu seinem Unterhalte oder zum Unterhalte derjenigen, zu deren Ernährung er verpflichtet ist, durch Vermittelung der Behörde fremde Hilfe in Anspruch genommen werden muß;
6. eine Weibsperson, welche wegen gewerbsmäßiger Unzucht einer polizeilichen Aufsicht unterstellt ist, wenn sie den in dieser Hinsicht zur Sicherung der Gesundheit, der öffentlichen Ordnung und des öffentlichen Anstandes erlassenen polizeilichen Vorschriften zuwiderhandelt, oder welche, ohne einer solchen Aufsicht unterstellt zu sein, gewerbsmäßig Unzucht treibt;
7. wer, wenn er aus öffentlichen Armenmitteln eine Unterstützung empfängt, sich aus Arbeitsscheu weigert, die ihm von der Behörde angewiesene, seinen Kräften angemessene Arbeit zu verrichten;
8. wer nach Verlust seines bisherigen Unterkommens binnen der ihm von der zuständigen Behörde be-

stimmten Frist sich kein anderweitiges Unterkommen verschafft hat und auch nicht nachweisen kann, daß er solches der von ihm angewandten Bemühungen ungeachtet nicht vermocht habe;

9. wer Kinder oder andere unter seiner Gewalt stehende Personen, welche seiner Aufsicht untergeben sind und zu seiner Hausgenossenschaft gehören, von der Begehung von Diebstählen, sowie von der Begehung strafbarer Verletzungen der Zoll- oder Steuergesetze, oder der Gesetze zum Schutze der Forsten, der Feldfrüchte, der Jagd oder der Fischerei abzuhalten unterläßt. Die Vorschriften dieser Gesetze über die Haftbarkeit für die den Täter treffenden Geldstrafen oder anderen Geldleistungen werden hierdurch nicht berührt;

10. wer, obschon er in der Lage ist, diejenigen, zu deren Ernährung er verpflichtet ist, zu unterhalten, sich der Unterhaltspflicht trotz der Aufforderung der zuständigen Behörde derart entzieht, daß durch Vermittelung der Behörde fremde Hilfe in Anspruch genommen werden muß.

In den Fällen der Nr. 9 und 10 kann statt der Haft auf Geldstrafe bis zu einhundertfünfzig Mark erkannt werden.

Haft von 1 Tag bis 6 Wochen (§ 18).
Nr. 1: §§ 38 f.
Nr. 2: §§ 39², 284 II, 362 IV; FreizügG. v. 1. XI. 67 § 2 II.
Nr. 3—8: § 362.
Nr. 3: Wohnungs-, mittel- und arbeits- (erwerbszweck-) loses Umherziehen im Lande.
Nr. 4: Keine Gesetzeskonk. mit §§ 253 ff.
Nr. 5 erfordert Unterhalts u n fähigkeit, Nr. 10 Unterhaltsfähigkeit des Täters.
Nr. 6: „Unzucht“: nicht notw. Beischlaf.
Nr. 9, 10: Abs. 2, §§ 27 ff.
Nr. 9 erweitert durch VogelSchG. v. 30. V. 08 § 6 II.
Nr. 10 betrifft die gesetzl. Unterhaltspflicht (BGB. §§ 1360 f., 1578 ff., 1601 ff., 1708 ff.). Vgl. Nr. 5.

Geschärfte Haft (Arbeitszwang); Ueberweisg. an d. Landespolizeibehörde; korrektionelle Nachhaft.

§ 362. Die nach Vorschrift des § 361 Nr. 3 bis 8 Verurteilten können zu Arbeiten, welche ihren Fähigleiten und Verhältnissen angemessen sind, innerhalb und, sofern sie von anderen freien Arbeitern getrennt gehalten werden, auch außerhalb der Strafanstalt angehalten werden.

Bei der Verurteilung zur Haft kann zugleich erkannt werden, daß die verurteilte Person nach verbüßter Strafe der Landespolizeibehörde zu überweisen sei. Im Falle des § 361 Nr. 4 ist dieses jedoch nur dann zulässig, wenn der Verurteilte in den letzten drei Jahren wegen dieser Uebertretung mehrmals rechtskräftig verurteilt worden ist, oder wenn derselbe unter Drohungen oder mit Waffen gebettelt hat.

Durch die Ueberweisung erhält die Landespolizeibehörde die Befugnis, die verurteilte Person bis zu zwei Jahren entweder in ein Arbeitshaus unterzubringen oder zu gemeinnützigen Arbeiten zu verwenden. Im Falle des § 361 Nr. 6 kann die Landespolizeibehörde die verurteilte Person statt in ein Arbeitshaus in eine Besserungs- oder Erziehungsanstalt oder in ein Asyl unterbringen; die Unterbringung in ein Arbeitshaus ist unzulässig, falls die verurteilte Person zur Zeit der Verurteilung das achtzehnte Lebensjahr noch nicht vollendet hat.

Ist gegen einen Ausländer auf Ueberweisung an die Landespolizeibehörde erkannt, so kann neben oder an Stelle der Unterbringung Verweisung aus dem Bundesgebiet eintreten.

Abs. 1: Vgl. §§ 16 II, III, 18 II.
Abs. 2: Ueberweisung nicht durch Strafbefehl (StPO. § 447 III). Rückfall ist straferhöh. Umstand zu § 361 [4]; StPO. §§ 262, 264, 266. „Mehrmals" (mindestens zweimal) „verurteilt": auch durch Strafbefehl oder Strafverfügung. Gebrauchmachen von der „Waffe" nicht erforderlich.
Abs. 3 u. 4: § 181 a III: „Landespolizeibehörde" (= höhere Polizei-Behörde, nicht Lokal-Polizei-Behörde) desjenigen Bundesstaats, in dem die Verurteilung erfolgte.
Abs. 4: §§ 361 [2], 39 [2].

Fälschg. v. Legitimationspapieren, Zeugnissen.

§ 363. Wer, um Behörden oder Privatpersonen zum Zwecke seines besseren Fortkommens oder des besseren Fortkommens eines anderen zu täuschen, Pässe, Militärabschiede, Wanderbücher oder sonstige Legitimationspapiere, Dienst- oder Arbeitsbücher oder sonstige auf Grund besonderer Vorschriften auszustellende Zeugnisse, sowie Führungs- oder Fähigkeitszeugnisse falsch anfertigt oder verfälscht, oder wissentlich von einer solchen falschen oder verfälschten Urkunde Gebrauch macht, wird mit Haft oder mit Geldstrafe bis zu einhundertfünfzig Mark bestraft.

Gleiche Strafe trifft denjenigen, welcher zu demselben Zwecke von solchen für einen anderen ausgestellten echten Urkunden, als ob sie für ihn ausgestellt seien, Gebrauch macht, oder welcher solche für ihn ausgestellte Urkunden einem anderen zu dem gedachten Zwecke überläßt.

§ 363 schält aus der Urkundenfälschung (§§ 267 ff.) — nicht Betrug — einen speziellen Tatbestand heraus, also Gesetzeskonk. §§ 18, 27 ff. Arbeitsbücher &c.: GewO. §§ 107 ff., 150.

Veräußerung entwerteter Stempelmarken usw. zwecks Wiederverwendg.

§ 364. Mit Geldstrafe bis zu einhundertfünfzig Mark wird bestraft, wer wissentlich schon einmal verwendetes Stempelpapier nach gänzlicher oder teilweiser Entfernung der darauf gesetzten Schriftzeichen, oder schon einmal verwendete Stempelmarken, Stempelblankette oder ausgeschnittene oder sonst abgetrennte Stempelabdrücke der im § 276 bezeichneten Art veräußert oder feilhält.

Gleiche Strafe trifft denjenigen, welcher wissentlich schon einmal verwendete Post- oder Telegraphenwertzeichen nach gänzlicher oder teilweiser Entfernung des Entwertungszeichens veräußert oder feilhält.

§§ 27 ff., 275, 276 (Wiederverwendung), StPO. §§ 231, 319 ff. (Verfahren gegen Abwesende). RVO. v. 19. VII. 11 §§ 1497 f.

Polizeistundübertretung.

§ 365. Wer in einer Schankstube oder an einem öffentlichen Vergnügungsorte über die gebotene Polizeistunde hinaus verweilt, ungeachtet der Wirt, sein Vertreter oder ein Polizeibeamter ihn zum Fortgehen aufgefordert hat, wird mit Geldstrafe bis zu fünfzehn Mark bestraft.

Der Wirt, welcher das Verweilen seiner Gäste über die gebotene Polizeistunde hinaus duldet, wird mit Geldstrafe bis zu sechzig Mark oder mit Haft bis zu vierzehn Tagen bestraft.

Abs. 1: StPO. §§ 231, 319 ff. (Verfahren gegen Abwesende).

§ 366. Mit Geldstrafe bis zu sechzig Mark oder mit Haft bis zu vierzehn Tagen wird bestraft:

1. wer den gegen die Störung der Feier der Sonn- und Festtage erlassenen Anordnungen zuwiderhandelt;
2. wer in Städten oder Dörfern übermäßig schnell fährt oder reitet, oder auf öffentlichen Straßen oder Plätzen der Städte oder Dörfer mit gemeiner Gefahr Pferde einfährt oder zureitet;
3. wer auf öffentlichen Wegen, Straßen, Plätzen oder Wasserstraßen das Vorbeifahren anderer mutwillig verhindert;
4. wer in Städten mit Schlitten ohne feste Deichsel oder ohne Geläute oder Schelle fährt;
5. wer Tiere in Städten oder Dörfern, auf öffentlichen Wegen, Straßen oder Plätzen, oder an anderen Orten, wo sie durch Ausreißen, Schlagen oder auf andere Weise Schaden anrichten können, mit Vernachlässigung der erforderlichen Sicherheitsmaßregeln stehen läßt oder führt;
6. wer Hunde auf Menschen hetzt;
7. wer Steine oder andere harte Körper oder Unrat auf Menschen, auf Pferde oder andere Zug- oder Lasttiere, gegen fremde Häuser, Gebäude oder Einschließungen, oder in Gärten oder eingeschlossene Räume wirft;
8. wer nach einer öffentlichen Straße oder Wasserstraße, oder nach Orten hinaus, wo Menschen zu verkehren pflegen, Sachen, durch deren Umstürzen oder Herabfallen jemand beschädigt werden kann, ohne gehörige Befestigung aufstellt oder aufhängt, oder Sachen auf eine Weise ausgießt oder auswirft, daß dadurch jemand beschädigt oder verunreinigt werden kann;

9. wer auf öffentlichen Wegen, Straßen, Plätzen oder Wasserstraßen Gegenstände, durch welche der freie Verkehr gehindert wird, aufstellt, hinlegt oder liegen läßt;
10. wer die zur Erhaltung der Sicherheit, Bequemlichkeit, Reinlichkeit und Ruhe auf den öffentlichen Wegen, Straßen, Plätzen oder Wasserstraßen erlassenen Polizei-Verordnungen übertritt.

Nr. 1: Vgl. GewO. §§ 41 a, 55 a, 105 a ff., **146 a.**
Nr. 6 u. 7 erfordern Vorsatz.
Nr. 7: „Auf Menschen" rc. = nach Menschen rc., ohne zu verletzen oder zu treffen, sonst Körperverletzung (§§ 223 ff.) bzw. Sachbeschädigung (§§ 303 ff.) oder Tierquälerei (360 [13]) in Idealkonk. mit verbot. Werfen. „Gegen" (oder an) fr. Häuser, ohne sie zu beschädigen (§§ 303 ff.).
Nr. 10: Spezialbestimmungen enthält das Ges. über den Verkehr mit Kraftfahrzeugen v. 3. V. 09 §§ 21 ff. (in Kraft 1. IV. 1910), die lauten:

§ 21. Wer den zur Erhaltung der Ordnung und Sicherheit auf den öffentlichen Wegen oder Plätzen erlassenen polizeilichen Anordnungen über den Verkehr mit Kraftfahrzeugen zuwiderhandelt, wird mit Geldstrafe bis zu einhundertfünfzig Mark oder mit Haft bestraft.

§ 22. Der Führer eines Kraftfahrzeugs, der nach einem Unfalle (§ 7) es unternimmt, sich der Feststellung des Fahrzeugs und seiner Person durch die Flucht zu entziehen, wird mit Geldstrafe bis zu dreihundert Mark oder mit Gefängnis bis zu zwei Monaten bestraft. Er bleibt jedoch straflos, wenn er spätestens am nächstfolgenden Tage nach dem Unfall Anzeige bei einer inländischen Polizeibehörde erstattet und die Feststellung des Fahrzeugs und seiner Person bewirkt.

Verläßt der Führer des Kraftfahrzeugs eine bei dem Unfalle verletzte Person vorsätzlich in hilfloser Lage, so wird er mit Gefängnis bis zu 6 Monaten bestraft. Sind mildernde Umstände vorhanden, so kann auf Geldstrafe bis zu dreihundert Mark erkannt werden.

Zuständig: Abs. 1: SchöffenGer. (Strafbef.), Abs. 2: Strafk., Ueberweisg. an SchöffG.

§ 23. Mit Geldstrafe bis zu dreihundert Mark oder mit Gefängnis bis zu zwei Monaten wird bestraft, wer auf öffentlichen Wegen oder Plätzen ein Kraftfahrzeug führt, das nicht von der zuständigen Behörde zum Verkehre zugelassen ist.

Die gleiche Strafe trifft den Halter eines nicht zum Verkehre zugelassenen Kraftfahrzeugs, wenn er vorsätzlich oder fahrlässig dessen Gebrauch auf öffentlichen Wegen oder Plätzen gestattet.

§ 24. Mit Geldstrafe bis zu dreihundert Mark oder mit Gefängnis bis zu zwei Monaten wird bestraft:

1. wer ein Kraftfahrzeug führt, ohne einen Führerschein zu besitzen;
2. wer ein Kraftfahrzeug führt, obwohl ihm die Fahrerlaubnis entzogen ist;

3. wer nicht seinen Führerschein der Behörde, die ihm die Fahrerlaubnis entzogen hat, auf ihr Verlangen abliefert.

Die gleiche Strafe trifft den Halter des Kraftfahrzeugs, wenn er vorsätzlich oder fahrlässig eine Person zur Führung des Fahrzeugs bestellt oder ermächtigt, die sich nicht durch einen Führerschein ausweisen kann oder der die Fahrerlaubnis entzogen ist.

§ 25. Wer in rechtswidriger Absicht

1. ein Kraftfahrzeug, für welches von der Polizeibehörde ein Kennzeichen nicht ausgegeben oder zugelassen worden ist, mit einem Zeichen versieht, welches geeignet ist, den Anschein der polizeilich angeordneten oder zugelassenen Kennzeichnung hervorzurufen,
2. ein Kraftfahrzeug mit einer anderen als der polizeilich für das Fahrzeug ausgegebenen oder zugelassenen Kennzeichnung versieht,
3. das an einem Kraftfahrzeuge gemäß polizeilicher Anordnung angebrachte Kennzeichen verändert, beseitigt, verdeckt oder sonst in seiner Erkennbarkeit beeinträchtigt,

wird, sofern nicht nach den Vorschriften des Strafgesetzbuchs eine höhere Strafe verwirkt ist, mit Geldstrafe bis zu fünfhundert Mark oder mit Gefängnis bis zu drei Monaten bestraft.

Die gleiche Strafe trifft Personen, welche auf öffentlichen Wegen oder Plätzen von einem Kraftfahrzeuge Gebrauch machen, von dem sie wissen, daß die Kennzeichnung in der im Abs. 1 unter Nr. 1 bis 3 bezeichneten Art gefälscht, verfälscht oder unterdrückt worden ist.

Zuständig für §§ 23—25: Schöffenger. (Strafbefehl).

Uferschutz.

§ 366 a. Wer die zum Schutze der Dünen und der Fluß- und Meeresufer, sowie der auf denselben vorhandenen Anpflanzungen und Anlagen erlassenen Polizei-Verordnungen übertritt, wird mit Geldstrafe bis zu einhundertfünfzig Mark oder mit Haft bestraft.

§§ 18, 27 ff.

§ 367. Mit Geldstrafe bis zu einhundertfünfzig Mark oder mit Haft wird bestraft:

1. wer ohne Vorwissen der Behörde einen Leichnam beerdigt oder beiseite schafft, oder wer unbefugt einen Teil einer Leiche aus dem Gewahrsam der dazu berechtigten Personen wegnimmt;
2. wer den polizeilichen Anordnungen über vorzeitige Beerdigungen entgegenhandelt;
3. wer ohne polizeiliche Erlaubnis Gift oder Arzeneien, soweit der Handel mit denselben nicht frei-

gegeben ist, zubereitet, feilhält, verkauft oder sonst an andere überläßt;

4. wer ohne die vorgeschriebene Erlaubnis Schießpulver oder andere explodierende Stoffe oder Feuerwerke zubereitet;

5. wer bei der Aufbewahrung oder bei der Beförderung von Giftwaren, Schießpulver oder Feuerwerken, oder bei der Aufbewahrung, Beförderung, Verausgabung oder Verwendung von Sprengstoffen oder anderen explodierenden Stoffen, oder bei Ausübung der Befugnis zur Zubereitung oder Feilhaltung dieser Gegenstände, sowie der Arzeneien die deshalb ergangenen Verordnungen nicht befolgt;

5a. wer bei Versendung oder Beförderung von leicht entzündlichen oder ätzenden Gegenständen durch die Post die deshalb ergangenen Verordnungen nicht befolgt;

6. wer Waren, Materialien oder andere Vorräte, welche sich leicht von selbst entzünden oder leicht Feuer fangen, an Orten oder in Behältnissen aufbewahrt, wo ihre Entzündung gefährlich werden kann, oder wer Stoffe, die nicht ohne Gefahr einer Entzündung bei einander liegen können, ohne Absonderung aufbewahrt;

7. wer verfälschte oder verdorbene Getränke oder Eßwaren, insbesondere trichinenhaltiges Fleisch feilhält oder verkauft;

8. wer ohne polizeiliche Erlaubnis an bewohnten oder von Menschen besuchten Orten Selbstgeschosse, Schlageisen oder Fußangeln legt, oder an solchen Orten mit Feuergewehr oder anderem Schießwerkzeuge schießt, oder Feuerwerkskörper abbrennt;

9. wer einem gesetzlichen Verbot zuwider Stoß-, Hieb- oder Schußwaffen, welche in Stöcken oder Röhren oder in ähnlicher Weise verborgen sind, feilhält oder mit sich führt;

10. wer bei einer Schlägerei, in welche er nicht ohne sein Verschulden hineingezogen worden ist, oder bei einem Angriff sich einer Waffe, ins-

besondere eines Messers oder eines anderen gefährlichen Werkzeuges bedient;

11. wer ohne polizeiliche Erlaubnis gefährliche wilde Tiere hält, oder wilde oder bösartige Tiere frei umherlaufen läßt, oder in Ansehung ihrer die erforderlichen Vorsichtsmaßregeln zur Verhütung von Beschädigungen unterläßt;
12. wer auf öffentlichen Straßen, Wegen oder Plätzen, auf Höfen, in Häusern und überhaupt an Orten, an welchen Menschen verkehren, Brunnen, Keller, Gruben, Oeffnungen oder Abhänge dergestalt unverdeckt oder unverwahrt läßt, daß daraus Gefahr für andere entstehen kann;
13. wer trotz der polizeilichen Aufforderung es unterläßt, Gebäude, welche den Einsturz drohen, auszubessern oder niederzureißen;
14. wer Bauten oder Ausbesserungen von Gebäuden, Brunnen, Brücken, Schleusen oder anderen Bauwerken vornimmt, ohne die von der Polizei angeordneten oder sonst erforderlichen Sicherungsmaßregeln zu treffen;
15. wer als Bauherr, Baumeister oder Bauhandwerker einen Bau oder eine Ausbesserung, wozu die polizeiliche Genehmigung erforderlich ist, ohne diese Genehmigung oder mit eigenmächtiger Abweichung von dem durch die Behörde genehmigten Bauplane ausführt oder ausführen läßt;
16. wer den über das Abhalten von öffentlichen Versteigerungen und über das Verabfolgen geistiger Getränke vor und bei öffentlichen Versteigerungen erlassenen polizeilichen Anordnungen zuwiderhandelt.

In den Fällen der Nr. 7 bis 9 kann neben der Geldstrafe oder der Haft auf die Einziehung der verfälschten oder verdorbenen Getränke oder Eßwaren, ingleichen der Selbstgeschosse, Schlageisen oder Fußangeln, sowie der verbotenen Waffen erkannt werden, ohne Unterschied, ob sie dem Verurteilten gehören oder nicht.

Abs. 1: §§ 18, 27 ff.
Nr. 1: Vgl. § 168, VersStG. § 60.
Nr. 3: GewO. §§ 6, 29, 34, 147 1, V. v. 22. X. 01, betr. den Verkehr mit Arzneimitteln (RGBl. S. 380) u. v. 31. III. 11 gleichen Betreffs (RGBl. S. 181).
Nr. 4: GewO. §§ 16, 147 2, SprengstG. §§ 1, 9 (N. * zu § 311).
Nr. 5: SprengstG. §§ 1, 9 (N. * zu § 311), Eisenbahn-VerkehrsO. v. 23. XII. 08 (RGBl. 09 S. 93) §§ 29, 54, PostO. v. 20. III. 00 §§ 5 f., 10 ff.
Nr. 5a: PostO. v. 20. III. 00 §§ 5, 10 ff.
Nr. 7—9: Abs. 2.
Nr. 7 ist anwendbar, soweit nicht §§ 10 und 11 NahrMittelG. vom 14. V. 79 gegeben sind, die lauten:

§ 10. Mit Gefängnis bis zu sechs Monaten und mit Geldstrafe bis zu eintausendfünfhundert Mark oder mit einer dieser Strafen wird bestraft:

1. wer zum Zwecke der Täuschung im Handel und Verkehr Nahrungs- oder Genußmittel nachmacht oder verfälscht;
2. wer wissentlich Nahrungs- oder Genußmittel, welche verdorben oder nachgemacht oder verfälscht sind, unter Verschweigung dieses Umstandes verkauft oder unter einer zur Täuschung geeigneten Bezeichnung feilhält.

Zuständig: Strafk., Ueberw. lsg. an SchöffG.

§ 11. Ist die im § 10 Nr. 2 bezeichnete Handlung aus Fahrlässigkeit begangen worden, so tritt Geldstrafe bis zu einhundertfünfzig Mark oder Haft ein.

Vgl. §§ 222, 230, 324 Anm., Weinges. v. 7. IV. 09.
Nr. 8: § 368 7.
Nr. 9: Ueber Einschränkung der Befugnis, Waffen zu tragen, s. die einschläg. Landesgesetzgebung.
Nr. 10: § 227.
Nr. 13—15: §§ 330, 368 3, 4, 369 3.
Nr. 15: Uebertretung ist mit der Bauausführung begangen und beendigt, kein Dauerdelikt.
Abs. 2: §§ 40, 42.

§ 368. Mit Geldstrafe bis zu sechzig Mark oder mit Haft bis zu vierzehn Tagen wird bestraft:

1. wer den polizeilichen Anordnungen über die Schließung der Weinberge zuwiderhandelt;
2. wer das durch gesetzliche oder polizeiliche Anordnungen gebotene Raupen unterläßt;
3. wer ohne polizeiliche Erlaubnis eine neue Feuerstätte errichtet oder eine bereits vorhandene an einen anderen Ort verlegt;
4. wer es unterläßt, dafür zu sorgen, daß die Feuerstätten in seinem Hause in baulichem und brandsicherem Zustande unterhalten, oder daß die Schornsteine zur rechten Zeit gereinigt werden;

5. wer Scheunen, Ställe, Böden oder andere Räume, welche zur Aufbewahrung feuerfangender Sachen dienen, mit unverwahrtem Feuer oder Licht betritt, oder sich denselben mit unverwahrtem Feuer oder Licht nähert;
6. wer an gefährlichen Stellen in Wäldern oder Heiden, oder in gefährlicher Nähe von Gebäuden oder feuerfangenden Sachen Feuer anzündet;
7. wer in gefährlicher Nähe von Gebäuden oder feuerfangenden Sachen mit Feuergewehr schießt oder Feuerwerke abbrennt;
8. wer die polizeilich vorgeschriebenen Feuerlöschgerätschaften überhaupt nicht oder nicht in brauchbarem Zustande hält oder andere feuerpolizeiliche Anordnungen nicht befolgt;
9. wer unbefugt über Gärten oder Weinberge, oder vor beendeter Ernte über Wiesen oder bestellte Aecker, oder über solche Aecker, Wiesen, Weiden oder Schonungen, welche mit einer Einfriedigung versehen sind, oder deren Betreten durch Warnungszeichen untersagt ist, oder auf einem durch Warnungszeichen geschlossenen Privatwege geht, fährt, reitet oder Vieh treibt;
10. wer ohne Genehmigung des Jagdberechtigten oder ohne sonstige Befugnis auf einem fremden Jagdgebiete außerhalb des öffentlichen, zum gemeinen Gebrauche bestimmten Weges, wenn auch nicht jagend, doch zur Jagd ausgerüstet, betroffen wird;
11. wer unbefugt Eier oder Junge von jagdbarem Federwild oder von Singvögeln ausnimmt.

Nr. 3: Mit der Errichtung oder Verlegung beginnt die Verjährung; kein Dauerdelikt.
Nr. 7: § 367 [8].
Nr. 9: Vgl. EG. § 2 II, PostG. §§ 17 f.
Nr. 10: §§ 292 ff.
Nr. 11: VogelschutzG. v. 30. V. 08 §§ 1 ff., 6 f. gilt jetzt bezügl. der Singvögel und ersetzt insoweit die obige Nr. 11.

Gewerbepolizei.

§ 369. Mit Geldstrafe bis zu einhundert Mark oder mit Haft bis zu vier Wochen werden bestraft:

1. Personen, welche ohne obrigkeitliche Anweisung oder ohne Genehmigung des Inhabers einer Wohnung Schlüssel zu Zimmern oder Behältnissen in der letzteren anfertigen oder Schlösser an denselben öffnen, ohne Genehmigung des Hausbesitzers oder seines Stellvertreters einen Hausschlüssel anfertigen, oder ohne Erlaubnis der Polizeibehörde Nachschlüssel oder Dietriche verabfolgen;

[2. Gewerbetreibende, bei denen zum Gebrauche in ihrem Gewerbe geeignete, mit dem gesetzlichen Eichungsstempel nicht versehene oder unrichtige Maße, Gewichte oder Wagen vorgefunden werden, oder welche sich einer anderen Verletzung der Vorschriften über die Maß- und Gewichtspolizei schuldig machen;]

3. Gewerbetreibende, welche in Feuer arbeiten, wenn sie die Vorschriften nicht befolgen, welche von der Polizeibehörde wegen Anlegung und Verwahrung ihrer Feuerstätten, sowie wegen der Art und der Zeit, sich des Feuers zu bedienen, erlassen sind.

[Im Falle der Nr. 2 ist neben der Geldstrafe oder der Haft auf die Einziehung der vorschriftswidrigen Maße, Gewichte, Wagen oder sonstigen Meßwerkzeuge zu erkennen.]

Abs. 1 Nr. 1: Nov. v. 1912 hat das ursprüngl. Wort „Schlosser" durch „Personen" ersetzt.

Abs. 1 Nr. 2 und Abs. 2 sind durch § 22 Maß- und Gewichtsordnung v. 30. V. 08 ersetzt, die gem. Kais. V. v. 24. V. 11 (RGBl. S. 244) am 1. April 12 in Kraft getreten ist.*)

Abs. 2: §§ 40, 42.

---

*) Maß- und Gewichtsordnung v. 30. Mai 08 (RGBl. S. 349):

§ 22. Wer in Ausübung eines Gewerbes den Vorschriften der §§ 6 bis 9, 11, 13 dieses Gesetzes, den auf Grund des § 12 dieses Gesetzes erlassenen Anordnungen des Bundesrats oder den sonstigen Vorschriften der Maß- und Gewichtspolizei zuwiderhandelt, wird mit Geldstrafe bis zu einhundertfünfzig Mark oder mit Haft bestraft. Der Ausübung eines Gewerbes im Sinne dieser Vorschrift steht der Geschäftsbetrieb von Vereinen auch insoweit gleich, als er sich auf die Mitglieder beschränkt.

Neben der Strafe ist auf die Unbrauchbarmachung oder die Einziehung der vorschriftswidrigen Meßgeräte zu erkennen, auch kann

§ 370. Mit Geldstrafe bis zu einhundertfünfzig Mark oder mit Haft wird bestraft:

1. wer unbefugt ein fremdes Grundstück, einen öffentlichen oder Privatweg oder einen Grenzrain durch Abgraben oder Abpflügen verringert;
2. wer unbefugt von öffentlichen oder Privatwegen Erde, Steine oder Rasen, oder aus Grundstücken, welche einem anderen gehören, Erde, Lehm, Sand, Grand oder Mergel gräbt, Plaggen oder Bülten haut, Rasen, Steine, Mineralien, zu deren Gewinnung es einer Verleihung, einer Konzession oder einer Erlaubnis der Behörde nicht bedarf, oder ähnliche Gegenstände wegnimmt;
3. wer von einem zum Dienststande gehörenden Unteroffizier oder Gemeinen des Heeres oder der Marine ohne die schriftliche Erlaubnis des vorgesetzten Kommandeurs Montierungs- oder Armaturstücke kauft oder zum Pfande nimmt;
4. wer unberechtigt fischt oder krebst;
5. wer Nahrungs- oder Genußmittel oder andere Gegenstände des hauswirtschaftlichen Verbrauchs in geringer Menge oder von unbedeutendem Werte zum alsbaldigen Verbrauch entwendet oder unterschlägt.

---

deren Vernichtung ausgesprochen werden. Es macht keinen Unterschied, ob die Geräte dem Verurteilten gehören oder nicht. Ist die Verfolgung oder die Verurteilung einer bestimmten Person nicht ausführbar, so kann auf die Unbrauchbarmachung oder die Einziehung und auf die Vernichtung selbständig erkannt werden.

§ 23. Durch Kaiserliche Verordnung mit Zustimmung des Bundesrats wird der Zeitpunkt bestimmt, mit welchem diese Maß- und Gewichtsordnung ganz oder teilweise in Kraft tritt; jedoch soll das Inkrafttreten der Vorschriften über die Organisation der Eichbehörden nicht vor dem 1. Januar 1912 erfolgen. Auf demselben Wege können Uebergangsbestimmungen erlassen werden.

Den Landesregierungen liegt ob, soweit nicht durch dieses Gesetz die Zuständigkeit anderweit geregelt ist, diejenigen Anordnungen zu treffen, welche zur Sicherung der Einführung und Durchführung der in dem Gesetz enthaltenen Bestimmungen erforderlich sind.

Mit dem Inkrafttreten dieses Gesetzes treten außer Geltung 2c. 2c. § 369 Abs. 1 Nr. 2 und Abs. 2 des Strafgesetzbuchs.

Vgl. Eichordnung f. d. Dtsche Reich v. 8. XI. 11 (RGBl. S. 960, Beil. zu Nr. 62), f. Bayern v. 10. XII. 11 (GVBl. S. 1163).

Wer die Tat gegen einen Verwandten absteigender Linie oder gegen seinen Ehegatten begeht, bleibt straflos.

6. wer Getreide oder andere zur Fütterung des Viehes bestimmte oder geeignete Gegenstände wider Willen des Eigentümers wegnimmt, um dessen Vieh damit zu füttern.

In den Fällen der Nr. 5 und 6 tritt die Verfolgung nur auf Antrag ein. Die Zurücknahme des Antrages ist zulässig.

Abs. 1: Nr. 1: Idealkonk. mit § 274² mögl. Täter kann Eigentümer (Miteigentümer) des den Rain bildenden Grund und Bodens sein.
Nr. 2: Z. B. ungestochener Torf und dergl. Bodenbestandteile; bei gestoch. Torf: Nr. 5 oder § 242. „Plaggen“ = abgeschälte Rasen- oder Heidestreifen; „Bülten“ = mit Wurzeln durchwachsene Erdschollen.
Nr. 3: Auch wenn sie dem Verkäufer gehören. Andernfalls kann Hehlerei vorliegen.
Nr. 4: § 296, EG. § 2 II.
Nr. 5 und 6: Abs. 2.
Nr. 5: Nov. v. 1912. Bisher sog. Mundraub. Jetzt gehören auch Brenn- und Beleuchtungsmaterialien hierher. Vgl. §§ 242 f., 246, 248a. Diebst. bei sukzessiver Wegnahme einer größeren (Gesamt-) Menge (fortges. Handlung).
Nr. 6: Keine Zueignungsabsicht; anders bei Nr. 5. Nachträgl. Zueignung bedingt realkonkurrierende Unterschlagung.
Abs. 2: §§ 61 ff.

III.

Anhang.

Sachliche Zuständigkeit der Gerichte in Strafsachen

nach dem Gerichtsverfassungsgesetz vom 27. Jan. 1877
(in der Fassung der Novelle vom 5. Juni 1905).

1. Amtsgerichte (Schöffengerichte).

Gerichtsverfassungsgesetz §§ 27—29.

§ 27. Die Schöffengerichte sind zuständig:

1. für alle Uebertretungen;
2. für diejenigen Vergehen, welche nur mit Gefängnis von höchstens drei Monaten oder Geldstrafe von höchstens sechshundert Mark, allein oder neben Haft oder in Verbindung miteinander oder in Verbindung mit Einziehung bedroht sind, mit Ausnahme der im § 320 des Strafgesetzbuchs und der im § 74 dieses Gesetzes bezeichneten Vergehen;
3. für die nur auf Antrag zu verfolgenden Beleidigungen, wenn die Verfolgung im Wege der Privatklage geschieht;

3. a) für die nur auf Antrag zu verfolgenden Körperverletzungen;

3. b) für das Vergehen des Hausfriedensbruchs im Falle des § 123 Abs. 3 des Strafgesetzbuchs;*)

3. c) für das Vergehen der Bedrohung mit der Begehung eines Verbrechens im Falle des § 241 des Strafgesetzbuchs;

3. d) für das Vergehen des strafbaren Eigennutzes in den Fällen des § 286 Abs. 2, der §§ 290, 291 und 298 des Strafgesetzbuchs sowie des § 93 Abs. 3 der Seemannsordnung vom 2. Juni 1902 (Reichs-Gesetzbl. S. 175);

*) Jetzt § 123 Abs. 2 in der Fassung der Strafgesetznovelle vom 19. VI. 12.

4. für das Vergehen des Diebstahls im Falle des § 242 des Strafgesetzbuchs, wenn der Wert des Gestohlenen einhundertundfünfzig Mark nicht übersteigt;
5. für das Vergehen der Unterschlagung im Falle des § 246 des Strafgesetzbuchs, wenn der Wert des Unterschlagenen einhundertundfünfzig Mark nicht übersteigt;
6. für das Vergehen des Betrugs im Falle des § 263 des Strafgesetzbuchs, wenn der Schaden einhundertundfünfzig Mark nicht übersteigt;
7. für das Vergehen der Sachbeschädigung im Falle des § 303 des Strafgesetzbuchs, wenn der Schaden einhundertundfünfzig Mark nicht übersteigt;
8. für das Vergehen der Begünstigung und für das Vergehen der Hehlerei in den Fällen des § 258 Nr. 1 und des § 259 des Strafgesetzbuchs, wenn die Handlung, auf welche sich die Begünstigung oder die Hehlerei bezieht, zur Zuständigkeit der Schöffengerichte gehört.

§ 28. Ist die Zuständigkeit des Schöffengerichts durch den Wert einer Sache oder den Betrag eines Schadens bedingt und stellt sich in der Hauptverhandlung heraus, daß der Wert oder Schaden mehr als einhundertundfünfzig Mark beträgt, so hat das Gericht seine Unzuständigkeit nur dann auszusprechen, wenn aus anderen Gründen die Aussetzung der Verhandlung geboten erscheint.

§ 29. Vor die Schöffengerichte gehören auch diejenigen Strafsachen, deren Verhandlung und Entscheidung ihnen nach den Bestimmungen des fünften Titels von den Strafkammern der Landgerichte überwiesen wird.

Vgl. § 75.

Strafprozeßordnung:

§ 211, Abs. 2. Auch kann der Amtsrichter in dem Falle der Vorführung des Beschuldigten mit Zustimmung der Staatsanwaltschaft ohne Zuziehung von

Schöffen zur Hauptverhandlung schreiten, wenn der Beschuldigte nur wegen Uebertretung verfolgt wird und die ihm zur Last gelegte Tat eingesteht. Gegen die im Laufe der Hauptverhandlung ergehenden Entscheidungen und Urteile des Amtsrichters finden dieselben Rechtsmittel statt, wie gegen die Entscheidungen und Urteile des Schöffengerichts.

§ 447. In den zur Zuständigkeit der Schöffengerichte gehörigen Sachen, mit Ausnahme der im § 27 Nr. 3—8 des Gerichtsverfassungsgesetzes bezeichneten Vergehen, kann durch schriftlichen Strafbefehl des Amtsrichters ohne vorgängige Verhandlung eine Strafe festgesetzt werden, wenn die Staatsanwaltschaft schriftlich hierauf anträgt.

Durch einen Strafbefehl darf jedoch keine andere Strafe als Geldstrafe von höchstens einhundertfünfzig Mark oder Freiheitsstrafe von höchstens sechs Wochen, sowie eine etwa verwirkte Einziehung festgesetzt werden.

Die Ueberweisung des Beschuldigten an die Landespolizeibehörde darf in einem Strafbefehle nicht ausgesprochen werden.

2. Landgerichte (Strafkammern).

Gerichtsverfassungsgesetz §§ 72—76.

§ 72. Die Strafkammern sind zuständig für diejenigen die Voruntersuchung und deren Ergebnisse betreffenden Entscheidungen, welche nach den Vorschriften der Strafprozeßordnung von dem Gerichte zu erlassen sind; sie entscheiden über Beschwerden gegen Verfügungen des Untersuchungsrichters und des Amtsrichters, sowie gegen Entscheidungen der Schöffengerichte. Die Bestimmungen über die Zuständigkeit des Reichsgerichts werden hierdurch nicht berührt.

Die Strafkammern erledigen außerdem die in der Strafprozeßordnung den Landgerichten zugewiesenen Geschäfte.

§ 73. Die Strafkammern sind als erkennende Gerichte zuständig:

1. für die Vergehen, welche nicht zur Zuständigkeit der Schöffengerichte gehören;
2. für diejenigen Verbrechen, welche mit Zuchthaus von höchstens fünf Jahren, allein oder in Verbindung mit anderen Strafen bedroht sind. Diese Bestimmung findet nicht Anwendung in den Fällen der §§ 86, 100 und 106 des Strafgesetzbuchs;
3. für die Verbrechen der Personen, welche zur Zeit der Tat das achtzehnte Lebensjahr noch nicht vollendet hatten;
4. für das Verbrechen der Unzucht im Falle des § 176 Nr. 3 des Strafgesetzbuchs;
5. für die Verbrechen des Diebstahls in den Fällen der §§ 243 und 244 des Strafgesetzbuchs;
6. für das Verbrechen der Hehlerei in den Fällen der §§ 260 und 261 des Strafgesetzbuchs;
7. für das Verbrechen des Betruges im Falle des § 264 des Strafgesetzbuchs.

§ 74. Die Strafkammern sind als erkennende Gerichte ausschließlich zuständig:
1. für die nach § 145a des Strafgesetzbuchs strafbaren Handlungen;
2. (aufgehoben);
3. für Zuwiderhandlungen gegen die Bestimmungen der §§ 1, 2 und 3 des Gesetzes vom 8. Juni 1871, betreffend die Inhaberpapiere mit Prämien;
4. für die nach § 67 und § 69 des Gesetzes vom 6. Februar 1875, betreffend die Beurkundung des Personenstandes 2c., strafbaren Handlungen;
5. für die nach § 59 des Bankgesetzes vom 14. März 1875 strafbaren Handlungen.

§ 75. Die Strafkammer kann bei Eröffnung des Hauptverfahrens wegen der Vergehen:
1. des Widerstandes gegen die Staatsgewalt in den Fällen der §§ 113, 114, 117 Abs. 1 und des § 120 des Strafgesetzbuchs;

2. wider die öffentliche Ordnung im Falle des § 137 des Strafgesetzbuchs;
3. wider die Sittlichkeit in den Fällen der §§ 180 und 183 des Strafgesetzbuchs;
4. der Beleidigung in den Fällen der nur auf Antrag eintretenden Verfolgung;
5. der Körperverletzung in den Fällen des § 223 a und des § 230 Abs. 2 des Strafgesetzbuchs;
5. a) der Nötigung im Falle des § 240 des Strafgesetzbuchs;
6. des Diebstahls im Falle des § 242 des Strafgesetzbuchs;
7. der Unterschlagung im Falle des § 246 des Strafgesetzbuchs;
8. der Begünstigung;
9. der Hehlerei in den Fällen des § 258 Nr. 1 und des § 259 des Strafgesetzbuchs;
10. des Betrugs im Falle des § 263 des Strafgesetzbuchs;
11. des strafbaren Eigennutzes in den Fällen des § 286 Abs. 1 und der §§ 288 und 289 des Strafgesetzbuchs;
12. der Sachbeschädigung in den Fällen der §§ 303 und 304 des Strafgesetzbuchs;
12. a) der Bestechung im Falle des § 333 des Strafgesetzbuchs

und

13. wegen der gemeingefährlichen Vergehen in den Fällen der §§ 309, 316, 318, 318 a, des § 327 Abs. 1 und des § 328 Abs. 1 des Strafgesetzbuchs;

ferner

14. wegen derjenigen Vergehen, welche nur mit Gefängnisstrafe von höchstens sechs Monaten oder Geldstrafe von höchstens eintausendfünfhundert Mark, allein oder neben Haft oder in Verbindung miteinander oder in Verbindung mit Einziehung bedroht sind, mit Ausnahme der in den §§ 128, 271, 296 a, 301, 320, 331 und 347 des Strafgesetzbuchs und der im § 74 dieses Gesetzes bezeichneten Vergehen;

14. a) wegen der Vergehen derjenigen Personen, welche zur Zeit der Tat das achtzehnte Lebensjahr noch nicht vollendet hatten;

sowie

15. wegen solcher Zuwiderhandlungen gegen die Vorschriften über die Erhebung öffentlicher Abgaben und Gefälle, deren Strafe in dem mehrfachen Betrag einer hinterzogenen Abgabe oder einer anderen Leistung besteht;

auf Antrag der Staatsanwaltschaft die Verhandlung und Entscheidung dem Schöffengerichte, soweit dieses nicht schon zuständig ist, überweisen, wenn nach den Umständen des Falles anzunehmen ist, daß wegen des Vergehens auf keine andere und höhere Strafe als auf eine Gefängnisstrafe von höchstens sechs Monaten oder eine Geldstrafe von höchstens eintausendfünfhundert Mark allein oder neben Haft oder in Verbindung miteinander oder in Verbindung mit Einziehung und auf keine höhere Buße als eintausendfünfhundert Mark zu erkennen sein werde.

Beschwerde findet nicht statt.

Hat im Falle der Nr. 15 die Verwaltungsbehörde die öffentliche Klage erhoben, so steht ihr der Antrag auf Ueberweisung an das Schöffengericht in gleicher Weise wie der Staatsanwaltschaft zu.

§ 76. Die Strafkammern sind als erkennende Gerichte ferner zuständig für die Verhandlung und Entscheidung über das Rechtsmittel der Berufung gegen die Urteile der Schöffengerichte.

3. Schwurgerichte.

Gerichtsverfassungsgesetz.

§ 80. Die Schwurgerichte sind zuständig für die Verbrechen, welche nicht zur Zuständigkeit der Strafkammern oder des Reichsgerichts gehören.

Vgl. EG z GVG. § 6.

4. Oberlandesgerichte

(Kammergericht Berlin, Oberstes Landesgericht München).

Gerichtsverfassungsgesetz.

§ 123. Die Oberlandesgerichte sind zuständig für die Verhandlung und Entscheidung über die Rechtsmittel:

1. der Berufung gegen die Endurteile der Landgerichte in bürgerlichen Rechtsstreitigkeiten;
2. der Revision gegen Urteile der Strafkammern in der Berufungsinstanz;
3. der Revision gegen Urteile der Strafkammern in erster Instanz, sofern die Revision ausschließlich auf die Verletzung einer in den Landesgesetzen enthaltenen Rechtsnorm gestützt wird;
4. der Beschwerde gegen Entscheidungen der Landgerichte in bürgerlichen Rechtsstreitigkeiten;
5. der Beschwerde gegen strafrichterliche Entscheidungen erster Instanz, soweit nicht die Zuständigkeit der Strafkammer begründet ist, und gegen Entscheidungen der Strafkammern in der Beschwerdeinstanz und Berufungsinstanz.

5. Reichsgericht.

Gerichtsverfassungsgesetz.

§ 136. In Strafsachen ist das Reichsgericht zuständig:

1. für die Untersuchung und Entscheidung in erster und letzter Instanz in den Fällen des Hochverrats und des Landesverrats, insofern diese Verbrechen gegen den Kaiser oder das Reich gerichtet sind;
2. für die Verhandlung und Entscheidung über die Rechtsmittel der Revision gegen Urteile der Strafkammern in erster Instanz, insoweit nicht die Zuständigkeit der Oberlandesgerichte begründet ist, und gegen Urteile der Schwurgerichte.

In Strafsachen wegen Zuwiderhandlungen gegen die Vorschriften über die Erhebung öffentlicher in die Reichskasse fließender Abgaben und Gefälle ist das

Reichsgericht auch für die Verhandlung und Entscheidung über das Rechtsmittel der Revision gegen Urteile der Strafkammern in der Berufungsinstanz zuständig, sofern die Entscheidung des Reichsgerichts von der Staatsanwaltschaft bei der Einsendung der Akten an das Revisionsgericht beantragt wird.

Sachregister.

Die Zahlen ohne Zusatz bezeichnen die §§ des Strafgesetzbuches.
EG. = Einführungsgesetz zum StGB.; A. = Absatz.

A.

B.

C.

D.

E.

F.

G.

H.

J.

K.

S.

W.

Z.

Kolibri 360 GmbH
Ferdinand-Jühlke-Straße 7
99095 Erfurt, Deutschland
produktsicherheit@kolibri360.de